Richard Wagner
Götterdämmerung

Richard Wagner

Götterdämmerung
Der Ring des Nibelungen

Textbuch
Einführung und Kommentar
von Kurt Pahlen
unter Mitarbeit von Rosmarie König

SCHOTT

Bibliografische Information der Deutschen Nationalbibliothek
Die Deutsche Nationalbibliothek verzeichnet diese Publikation in der Deutschen
Nationalbibliografie; detaillierte bibliografische Daten sind im Internet über
http://dnb.d-nb.de abrufbar.

Libretto: Richard Wagner (Originaltext)

Abdruck der Notenbeispiele aus dem Klavierauszug erfolgt mit Genehmigung von
C. F. Peters Musikverlag, Frankfurt am Main/Leipzig/London/New York.

Bildvorlagen wurden zur Verfügung gestellt von Ilse Buhs, Berlin (S. 235), Anne
Kirchbach, Söcking (S. 244/245), Siegfried Lauterwasser, Überlingen (S. 226/227)
und Sabine Toepffer, München (S. 231, 237, 241, 249, 250). Die übrigen Abbildun-
gen entstammen dem Archiv Kurt Pahlen.

Opern der Welt

Bestellnummer SEM 8029
ISBN 978-3-254-08029-5
Originalausgabe Februar 1983
© 2008 Schott Music GmbH & Co. KG, Mainz
www.schott-music.com

Umschlagmotiv: Arthur Rackham, 1911 »Siegfried & The Twilight of the Gods«,
Satz: Gutfreund, Darmstadt
Lektorat: Gerda Weiss / Norbert Henning
BSS 46541

Inhalt

Richard Wagner.
Nach einer Lithographie von P. Rohrbach.
(Richard-Wagner-Museum in Eisenach)

Zur Aufführung

TITEL
Der Ring des Nibelungen

BEZEICHNUNG
Ein Bühnenfestspiel für drei Tage und einen Vorabend.

Im Vertrauen auf den deutschen Geist entworfen und zum Ruhme seines erhabenen Wohltäters, des Königs Ludwig II. von Bayern vollendet von Richard Wagner

Dritter Tag: *Götterdämmerung*

URAUFFÜHRUNG
17. August 1876, Bayreuth

PERSONENVERZEICHNIS

Siegfried . . . . (Helden-)Tenor
Brünnhilde . . . . (hochdramatischer) Sopran
Gunther . . . . hoher Baß oder Bariton
Gutrune . . . . (lyrisch-dramatischer) Sopran
Hagen . . . . tiefer Baß
Alberich . . . . (Charakter-)Bariton
Waltraute, Walküre . . . . . . (dramatischer) Alt
                                    oder Mezzosopran
1. Norne . . . . Alt
2. Norne . . . . Mezzosopran
3. Norne . . . . Sopran
Woglinde ⎤   (Koloratur-)Sopran
Wellgunde ⎬ Rheintöchter   Mezzosopran
Floßhilde ⎦   Alt
Frauen- und Männerchor

SCHAUPLÄTZE
Vorspiel: Auf dem Brünnhildenfelsen.
I. Aufzug: Palast der Gibichungen am Rhein; auf dem Brünnhildenfelsen.

II. Aufzug: Palast der Gibichungen am Rhein.
III. Aufzug: Waldige Landschaft am Rheinufer; Palast der Gibichungen.

ZEIT

Mythische Vergangenheit

SPIELDAUER

fast 4 Stunden (reine Spielzeit)

ORCHESTERBESETZUNG

3 große, 1 kleine Flöte, 3 Oboen und Englischhorn (das manchmal als 4. Oboe verwendet wird), 3 Klarinetten, Baßklarinette, 3 Fagotte (eventuell 2 und 1 Kontrafagott); 8 Hörner (von denen 4 auch als Tubaspieler eingesetzt werden), 3 Trompeten, Baßtrompete, 3 Posaunen, Kontrabaßposaune, Kontrabaßtuba; 2 Paar Pauken, Triangel, 1 Paar Becken, 1 Trommel, 1 Glockenspiel. 6 Harfen; 16 erste und 16 zweite Violinen, 12 Bratschen, 12 Violoncelli, 8 Kontrabässe.
Dazu auf der Bühne: 4 Hörner, 3 Stierhörner (in C, Des, D).

8

Textbuch mit Erläuterungen
zu Musik und Handlung

Mit dem großen Erwachensmotiv Brünnhildes (aus »Siegfried«) setzt die »Götterdämmerung« ein. Es besteht aus zwei langgehaltenen aufeinanderfolgenden Akkorden (1 a)[1], die ihm Größe, Weite, Feierlichkeit verleihen. Zu seinen Klängen schlug die lange in Schlaf gebannte Walküre nun als irdische Frau die Augen auf, die zuerst ergriffen auf Himmel und Sonne ruhen, bevor sie den Mann anblicken, der sie wachküßte.

Doch das bei seinem ersten Erscheinen überaus strahlende Motiv ertönt hier dunkel, geheimnisvoll: Wagner hat es um einen halben Ton abwärts transponiert. Aus der Folge e-Moll/ C-Dur, e-Moll/d-Moll ist nun es-Moll/Ces-Dur, es-Moll/ des-Moll geworden. So geringfügig dem Laien diese »Rückungen« erscheinen mögen, so bedeutungsvolle Wirkungen wissen die romantischen Komponisten des 19. Jahrhunderts – mit Wagner an der Spitze – aus ihnen zu ziehen:

(1)

---

[1] Wenn bei Wagner Motive direkt aufeinander folgen oder sich sogar überschneiden, machen wir in den Notenbeispielen eine Unterteilung mit a, b, c usw., die im Notenbeispiel so bezeichnet werden.

VORSPIEL

Die langen Akkorde werden durch zwei weitere Motive kontrapunktiert: vom 2. Takt angefangen (und von uns mit b bezeichnet), taucht in den tiefen Streichern das Motiv des ewig dahinflutenden Rheins auf, wie es zu Beginn der Tetralogie, in »Rheingold«, als Symbol unendlicher Zeiträume dem gesamten Drama seinen grundlegenden Sinn gab. Wagner verdichtet es (von uns mit c bezeichnet) zum Erda-Motiv (in tiefen Klarinetten, Baßklarinette und dem dritten Fagott). Also ertönen hier, zu Beginn des letzten Dramas, drei bedeutungsvolle Motive gleichzeitig.

Wagners »Leitmotive« besitzen weit über ihre vordergründige Bedeutung hinaus einen tieferen Sinn, was vor allem bei ihren Verbindungen klar wird. Hier wird Brünnhildes Erwachen zu neuem Leben nicht nur ins Dunkle, Tragische gewendet (durch die verdüsterten Tonarten), sondern auch mit dem »Ewigkeitsmotiv« verbunden, das gewissermaßen auch ihr künftiges Erdengeschick in den unabänderlichen Ablauf der Zeitenfolge einzubinden scheint, und zudem mit dem Erda-Motiv, das in sich wieder vielerlei Deutungen zuläßt, darunter jene von »Ewigkeit«, die wissend über allen irdischen Abläufen steht.

Dieses an sich kurze Orchestervorspiel schafft unmittelbar die Grundstimmung der Szene, die den Hörer umfangen wird: Zwar schlafen Siegfried und Brünnhilde in der Felsenhöhle fern der Welt den seligen Schlaf der Liebenden, aber rund um sie, in stürmischem Dunkel der Nacht, weben die Nornen – die Parzen der mittelmeerischen Mythologie, die ebenfalls stets zu dritt auftreten – (was auf uralte Zusammenhänge schließen läßt) das Schicksalsseil, das düsteres Geschehen anzukündigen scheint.

Brünnhilde, die einstige Halbgöttin und Walküre, ist zur irdischen Frau geworden und nun vollends dem menschlichen Schicksal untertan; und das droht düster. Seit dem Raub des Goldes und dem Fluch, der auf ihm liegt, strebt alles unentrinnbar dem Untergang zu.

Beim Aufgehen des Vorhangs verdeutlicht Wagner dies noch mehr: das Schicksalsmotiv ertönt, das einst (in der »Walküre«) Siegmunds Tod und damit die Tragik der Wälsungen ankündigte:

Mäßig langsam

(2)

Es ist eins von Wagners kürzesten Motiven: nur zwei hart nebeneinanderstehende, harmonisch, aber weit auseinanderliegende Akkorde, durch eine einzige Übergangsnote verbunden.
Ruhig, aber düster fließt die Musik dahin, so nächtlich wie die Szene, die sie begleitet, und das Unheimlich-Unirdische ausmalend, das die seltsamen, in der Dunkelheit kaum auszunehmenden Gestalten der Nornen begleitet. Das Aufflackern des Feuerscheins in der Tiefe bringt im Orchester eines der vielen Motive Loges in den Vordergrund.

(3)

Das Motiv ruft uns die Vielgestaltigkeit dieses seltsamen Gottes in Erinnerung, des einzigen, der längst den Verfall Walhalls, die »Götterdämmerung«, vorausahnt.

14

Auf dem Walkürenfelsen
Die Szene ist dieselbe wie am Schlusse des zweiten Tages[1] –
Nacht. – Aus der Tiefe des Hintergrundes leuchtet Feuer-
schein.
(Die drei Nornen, hohe Frauengestalten in langen, dunklen
und schleierartigen Faltengewändern. Die erste [älteste] la-
gert im Vordergrunde rechts unter der breitästigen Tanne; die
zweite [jüngere] ist an einer Steinbank hingestreckt vor dem
Felsengemache, die dritte [jüngste] sitzt in der Mitte des Hin-
tergrundes auf einem Felssteine des Höhensaumes.
Düsteres Schweigen und Bewegungslosigkeit.)

Die erste Norn: Welch Licht leuchtet dort?
Die zweite Norn: Dämmert der Tag schon auf?
Die dritte Norn:
  Loges Heer
  lodert feurig um den Fels.
  Noch ist's Nacht.
  Was spinnen und singen wir nicht?
Die zweite Norn (zu der ersten):
  Wollen wir spinnen und singen,
  woran spannst du das Seil?

---

[1] der »zweite Tag«: das Drama *Siegfried.*

Das sparsam instrumentierte Nornengespräch steckt textlich wie musikalisch voll dunkler Andeutungen. Wer sie genau studiert – was beim bloßen Hören unmöglich ist–, entnimmt ihnen Andeutungen auf fernste Vergangenheit, auf jene Zeiten, in denen Wotan seine Weltherrschaft antrat. Aus diesen Versen erhellt sich sozusagen der Beginn des Zeitalters, an dessen Ende die Welt nun angekommen zu sein scheint: die »Weltesche« (nordisches Symbol des Erdenbaues), die in ihrem Schatten fließende Urquelle, Sinnbild der ewigen Weisheit, aus der zu trinken ein junger Gott begehrte und dafür eines seiner Augen zu opfern bereit war. Daß dies Wotan war, erfährt der Hörer gleichzeitig aus dem im Orchester (von den Hörnern leise und wie aus der Ferne) aufsteigenden Walhall-Motiv:

(4)

Die erste Norn (während sie ein goldenes Seil von sich löst
und es mit dem einen Ende an einen Ast der Tanne knüpft):
> So gut und schlimm es geh',
> schling ich das Seil und singe.
> An der Weltesche
> wob ich einst,
> da groß und stark
> dem Stamm entgrünte
> weihlicher Äste Wald.
> Im kühlen Schatten
> rauscht' ein Quell,
> Weisheit raunend
> rann sein Gewell';
> da sang ich heil'gen Sinn.

> Ein kühner Gott
> trat zum Trunk an den Quell;
> seiner Augen eines
> zahlt' er als ewigen Zoll.

Der Hörer erlebt auch musikalisch die weitere »Weltgeschichte«, die die erste Norne textlich – nach Wagners epischer Art – ausführlich ausbreitet: von Wotans Weltherrschaft ist nun die Rede, von den Verträgen, die in das Symbol seiner Macht, den heiligen Speer, geritzt sind:

(5)

»In langer Zeiten Lauf« nähert sich diese Herrschaft nun ihrem Ende, das Götterdämmerungs-Motiv erklingt:

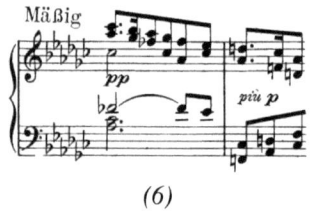

(6)

Gleich darauf das Walhall-Motiv, nach Moll gewendet. In einer nicht leicht zu lösenden Ideenverbindung wirft die erste Norne der zweiten das Schicksalsseil unter dem Erklingen der »Todverkündigung« zu, so wie sie (in der »Walküre«) beim Erscheinen Brünnhildes vor dem zum Tode bestimmten Siegmund erklungen war:

(7)

Bedeutet es, daß nun Wotan, der Götterherrschaft, das Ende bestimmt sei wie seinerzeit dem Wälsungen?

Von der Weltesche
brach da Wotan einen Ast;
eines Speeres Schaft
entschnitt der Starke dem Stamm.

In langer Zeiten Lauf
zehrte die Wunde den Wald;
falb fielen die Blätter,
dürr darbte der Baum,
traurig versiegte
des Quelles Trank:
trüben Sinnes
ward mein Gesang.
Doch, web ich heut
an der Weltesche nicht mehr,
muß mir die Tanne
taugen zu fesseln das Seil:
singe, Schwester,
dir werf ich's zu.
Weißt du, wie das wird?

In den Gesang der zweiten Norne mischt sich ein neues musikalisches Motiv, das in gewissem Sinne die Umkehrung des Speer- oder Vertrags-Motivs ist: es führt mit einem auffallenden Quartensprung am Anfang dann stufenweise aufwärts (das Speer-Motiv führt ebenso abwärts). Einige Deuter haben ihm, späteren Verwendungen entsprechend, den Namen eines »Weltesche-Motivs« gegeben: Aus der Weltesche schnitt Wotan zu Beginn seiner Herrschaft den Speer, und aus den Scheiten der gefällten Esche erwächst der Brand, der Walhall vernichten wird:

(8)

(Das Weltesche-Motiv umspannt die Takte 1 und 2, dann 5 und 6, während 3 und 4 als Wotans Speer-Motiv gedeutet werden können.)
Zur Rede der dritten Norne ertönt, obwohl sie von Walhall berichtet, nicht dessen Motiv, sondern es erklingen die beiden düsteren Motive der Götterdämmerung (6) und der zerschlagenen Weltesche (8). Die Norne sieht »das Ende« voraus, das Wotan nun immer stärker selbst ersehnt.

Die zweite Norn (windet das ihr zugeworfene Seil um einen
hervorspringenden Felsstein am Eingange des Gemaches):
 Treu beratner
 Verträge Runen

 schnitt Wotan
 in des Speeres Schaft:
 den hielt er als Haft der Welt.
 Ein kühner Held
 zerhieb im Kampfe den Speer;
 in Trümmer sprang
 der Verträge heiliger Haft.
 Da hieß Wotan
 Walhalls Helden
 der Weltesche
 welkes Geäst
 mit dem Stamm in Stücke zu fällen.
 Die Esche sank,
 ewig versiegte der Quell!
 Feßle ich heut
 an den scharfen Fels das Seil:
 singe, Schwester,
 dir werf ich's zu.
 Weißt du, wie das wird?

Die dritte Norn (das Seil auffangend und dessen Ende hinter
sich werfend):
 Es ragt die Burg,
 von Riesen gebaut:
 mit der Götter und Helden
 heiliger Sippe

Wagners Musik ist hier nahezu durchgehend von Motiven oder – noch öfter – von deren Andeutung durchzogen, über denen sich das (oft recht dunkle, schwer verständliche) Gespräch der Nornen entwickelt. Zum bevorstehenden, von ihnen vorausgesehenen Ende der Götter, zum Sturz der Weltesche, zum Brande Walhalls gehört natürlich Loge, der Gott des Feuers, der die alles verzehrenden Flammen eines Tages entzünden wird. Und so entwickelt sich Loges stets chromatisch gehaltene Tonfolge (womit sehr plastisch das Züngeln des Feuers, das Flackern, die Gestaltlosigkeit der Flammen oder ihre ständige verschiebungsartige Verwandlung nachgeahmt wird) hier zu wachsender Bedeutung:

(9)

sitzt dort Wotan im Saal.
Gehau'ner Scheite
hohe Schicht
ragt zu Hauf
rings um die Halle:
die Weltesche war dies einst!
Brennt das Holz
heilig brünstig und hell,
sengt die Glut
sehrend den glänzenden Saal:
der ewigen Götter Ende
dämmert ewig da auf.
Wisset ihr noch?
So windet von neuem das Seil;
von Norden wieder
werf ich's dir nach.

(Sie wirft das Seil der zweiten Norn zu.)
(Die zweite Norn schwingt es der ersten hin, welche das Seil
vom Zweige löst und es an einen anderen Ast wieder an-
knüpft.)
Die dritte Norn: Spinne, Schwester, und singe!
Die erste Norn (nach hinten blickend):
Dämmert der Tag?
Oder leuchtet die Lohe?
Getrübt trügt sich mein Blick;
nicht hell eracht ich
das heilig Alte,
da Loge einst
entbrannte in lichter Glut.
Weißt du, was aus ihm ward?
Die zweite Norn (das zugeworfene Seil wieder um den Stein
windend):
Durch des Speeres Zauber
zähmte ihn Wotan;
Räte raunt' er dem Gott.
An des Schaftes Runen,
frei sich zu raten,
nagte zehrend sein Zahn:

23

Neben ihr das Motiv der Todverkündigung (7), das der Welt-
esche (8), Brünnhildes Einschlafen, ihr Entrücktwerden ins
Unbewußte (aus der »Walküre«). Auf einem Höhepunkt das
Walhall-Motiv, die Todesverkündigung löst es ab, dann
bemächtigt sich das Ring-Motiv (11 a) des musikalischen Ge-
schehens, kurz unterbrochen vom Motiv des Rheingolds
(11 c).

Wagners intensive »motivische Arbeit« (die Komposition mit
Hilfe von Motiven) erreicht ständig neue Höhepunkte –, wie
hier, wo im Raum von nur zehn Takten drei wichtige Motive an-
einandergereiht werden: a das Walhall-Motiv, b Brünnhildes
Einschlafen, c das Schicksals-Motiv):

(10)

Das Schwirren der Motive wird immer dichter und gemahnt
den sachkundigen Hörer an alles, was er im Laufe der vorher-
gehenden Dramen mitzuerleben Gelegenheit hatte. Nun immer
wieder das Kernmotiv des Dramas, das Ring-Motiv (11 a), das
in jenes des Rheingoldes und das der Rheintöchter (11 c und d)

Da, mit des Speeres
zwingender Spitze
bannte ihn Wotan,
Brünnhildes Fels zu umbrennen.
Weißt du, was ihm wird?

Die dritte Norn:
Des zerschlagnen Speeres
stechende Splitter
taucht' einst Wotan
dem Brünstigen tief in die Brust:
zehrender Brand
zündet da auf;
den wirft der Gott

in der Weltesche
zu Hauf geschichtete Scheite.
*(Sie wirft das Seil zurück, die zweite Norn windet es auf und
wirft es der ersten wieder zu.)*

Die zweite Norn:
Wollt ihr wissen,
wann das wird?
Schwinget, Schwestern, das Seil!

Die erste Norn (das Seil von neuem anknüpfend):
Die Nacht weicht;
nichts mehr gewahr ich:
des Seiles Fäden
find ich nicht mehr;
verflochten ist das Geflecht.

*sowie jenes grundlegend wichtige des Verzichts, der Liebes-
entsagung – ursprünglich Alberichs – (11 b) verschlungen auftritt:*

(11)

*Der Morgen dämmert, die Stunde der Nornen löst sich auf. Die
beiden Siegfried-Motive, deutlich dem anbrechenden Tag zugeordnet, erklingen; unsere Beispiele 12 und 13 mögen
Wagners Vorgehen illustrieren:*

(12)

*Beispiel 12 setzt mit einem oft auftauchenden Motiv ein, dem
Erklärer den Namen eines »Goldherrschafts-Motivs« gegeben
haben (a). Ist es diese Herrschaft des Goldes, des Geldes, des
Materialismus, der durch Zwerge (Alberich!), Riesen (Fafner!) und schließlich Menschen (Hagen!) verkörpert wird und*

Ein wüstes Gesicht
wirrt mir wütend den Sinn.
Das Rheingold
raubte Alberich einst.
Weißt du, was aus ihm ward?
Die zweite Norn (windet mit mühvoller Hast das Seil um den
zackigen Stein des Gemaches):
Des Steines Schärfe
schnitt in das Seil;
nicht fest spannt mehr
der Fäden Gespinst;
verwirrt ist das Geweb'.
Aus Not und Neid
ragt mir des Niblungen Ring:
ein rächender Fluch

nagt meiner Fäden Geflecht.
Weißt du, was daraus wird?

dessen Vernichtung durch einen »reinen Helden« (Siegfried) Wagners Grundidee zum »Ring des Nibelungen« im Jahre 1848 war? Hier unterbricht (Siegfrieds) Schwert-Motiv (b) jenes Geld-Motiv sehr deutlich und energisch. Gleich darauf – das Seil der Nornen läßt sich nicht mehr spannen: uralte Weissagungen verlieren in umstürzenden Zeiten ihre Geltung – erklingt Siegfrieds Horn, als künde seine unwissende Unbekümmertheit diesen Zeitenwandel:

(13)

Das Seil zerreißt: drohend erhebt sich (von der Baßtrompete »sehr gewichtig« geblasen) das Fluch-Motiv (das neben dem Ring-Motiv wohl das wichtigste des Werks darstellt):

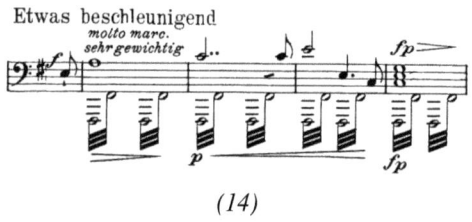

(14)

Mit dem Motiv der Götterdämmerung (6), dem des Einschlafens (10b) und dem des Schicksals (2) verschwinden in der heranbrechenden Morgendämmerung die Nornen.
Ein langsames Zwischenspiel setzt ein, während dem der Tag aufgeht, der Walkürenfelsen sichtbar wird. Die Violoncelli singen eine geruhsame, überaus ausdrucksvolle Melodie (als male Wagner hier den innigen Schlaf der Liebenden). Zwei neue Motive kristallisieren sich zart aus dem Orchester. Das

Die dritte Norn (das zugeworfene Seil hastig fassend):
    Zu locker das Seil,
    mir langt es nicht.
    Soll ich nach Norden
    neigen das Ende,
    straffer sei es gestreckt!

    (Sie zieht gewaltsam das Seil an: dieses reißt)
Es riß!

Die zweite: Es riß!
Die erste: Es riß!
(Sie fassen die Stücke des zerrissenen Seiles und binden damit
        ihre Leiber aneinander.)
Die drei Nornen:
    Zu End' ewiges Wissen!
    Der Welt melden
    Weise nichts mehr.
Die dritte Norn: Hinab!
Die zweite Norn: Zur Mutter!
Die erste Norn: Hinab!
        (Sie verschwinden.)
        (Tagesgrauen)

erste, den Hörnern zugeordnet, gehört Siegfried (a), es ist aus seinem Horn-Motiv entwickelt – durch rhythmische Veränderung, die ihm größeres Gewicht gibt – und bedeutet zweifellos den nun gereiften Helden, der den Drachen erschlagen und das Feuer durchschritten hat. (Es soll, auch um Verwirrungen um ein neues Siegfried-Motiv aus dem Wege zu gehen, Helden-Motiv genannt sein.) Das zweite, zartere (zuerst von der Baß-klarinette gebracht, dann von den Geigen und Violoncelli entwickelt) stellt Brünnhilde dar (b):

(15)

Immer heller erstrahlt das Orchester, wird voll und voller, bewegter, freudiger. Die Sonne geht auf, Siegfried und Brünnhilde treten aus dem Steingemach, ihrer beider Motive (15 a und b) beherrschen das musikalische Geschehen; ihre enge Verkettung deutet symbolisch die Liebe an, die das Paar eint. Als drittes Motiv gesellt sich jenes der Walküren hinzu (17); eine Erinnerung an Brünnhildes Vergangenheit, aber ihr Aufgehen in den neuen Motiven des »Helden« Siegfrieds und der liebenden Frau deuten wohl Brünnhildes unsagbares Glücks-gefühl über den Wandel ihres Schicksals an. Bei Brünnhildes zärtlicher Erwähnung ihres nunmehr fraulichen Zustands

30

(Wachsende Morgenröte; immer schwächeres Leuchten des Feuerscheines aus der Tiefe.)

(Sonnenaufgang – voller Tag.
Siegfried und Brünnhilde treten aus dem Steingemache auf.
Er ist in vollen Waffen, sie führt ihr Roß am Zaume.)
Brünnhilde:

    Zu neuen Taten,
    teurer Helde,
    wie liebt' ich dich,
    ließ ich dich nicht?
    Ein einzig' Sorgen
    läßt mich säumen:
    daß dir zu wenig
    mein Wert gewann!

stimmen Oboe und Englischhorn (»ausdrucksvoll« oder »es-
pressivo«) das Motiv des Entzückens oder der Liebesekstase
an, das im entsprechenden letzten Bild des »Siegfried« eine
Rolle spielte:

(16)

Wie immer, wenn Wagner aus gedanklichen Zusammenhängen
in die reine Gefühlssphäre – vor allem die der Liebe – gelangt,
geht seine Musik zu langen, überaus schwungvollen, leiden-
schaftlichen Melodien über, die motivische Arbeit bildet
dann – wo sie vorhanden ist, so vor allem im »Ring des Nibe-
lungen« – nur noch ein Gerüst, ein Skelett, das von Formen
mitreißender Schönheit überzogen wird.
Doch die Motive sind vorhanden und bilden auch hier einen
wesentlichen Bestandteil der Komposition. So, wenn das Wal-
küren-Motiv (in der Baßtrompete) zitiert wird, als Brünnhilde
Siegfried an ihre erste Begegnung erinnert:

(Notenbeispiel S. 34)

Was Götter mich wiesen,
gab ich dir:
heiliger Runen
reichen Hort;
doch meiner Stärke
magdlichen Stamm
nahm mir der Held,
dem ich nun mich neige.

Des Wissens bar,
doch des Wunsches voll:
an Liebe reich,
doch ledig der Kraft:
mögst du die Arme
nicht verachten,
die dir nur gönnen,
nicht geben mehr kann!

Siegfried:
Mehr gabst du, Wunderfrau,
als ich zu wahren weiß.
Nicht zürne, wenn dein Lehren
mich unbelehret ließ!
Ein Wissen doch wahr ich wohl: *(feurig)*
daß mir Brünnhilde lebt;
eine Lehre lernt' ich leicht:
Brünnhildes zu gedenken!

Brünnhilde:
Willst du mir Minne schenken,
gedenke deiner nur,
gedenke deiner Taten,
gedenk des wilden Feuers,
das furchtlos du durchschrittest,
da den Fels es rings umbrann.[1]

Siegfried: Brünnhilde zu gewinnen.

---

[1] in den Quellen: »entbrann« – Druck- oder anderer Fehler für »entbrannt«.

(17)

*Auf dem Höhepunkt der Szene setzen die Harfen ein, und die
Geigen spielen – zwar piano, aber mit starkem Ausdruck – das
Liebes-Motiv, das die Begegnung des Paares im letzten Bild
des »Siegfried« krönte:*

(18)

*(Dieses Beispiel müßte, um es in seiner ganzen Bedeutung zu
würdigen, in Partitur zitiert werden, nicht – wie selbstverständlich hier – im Klavierauszug. Denn zu den hier angegebenen Stimmen der Geigen und der Harfen treten ausdrucksvolle Gegenstimmen in den Bläsern, den Violoncelli und den
[in der Baßlinie angedeuteten] Kontrabässen: Wagner war
nicht nur ein großartiger »Harmoniker«, sondern ein ebensol-
cher »Kontrapunktiker«.)*

*Siegfried überläßt Brünnhilde den Ring (von dessen Fluch er
nichts ahnt). Dabei erinnert er sich einen Augenblick des Lindwurms, von dem er ihn eroberte: Gelegenheit für Wagner, das
Helden-Motiv und das Drachen-Motiv gleichzeitig zu bringen
– das erste in den Hörnern, das zweite in Fagott, Baßklarinette, Celli und Bässen (a und b):*
(Notenbeispiel S. 36)

Brünnhilde:

    Gedenk der beschildeten Frau,
    die in tiefem Schlaf du fandest,
    der den festen Helm du erbrachst.

Siegfried: Brünnhilde zu erwecken.

Brünnhilde:

    Gedenk der Eide,
    die uns einen;
    gedenk der Treue,
    die wir tragen;
    gedenk der Liebe,
    der wir leben:
    Brünnhilde brennt dann ewig
    heilig dir in der Brust! –

           (Sie umarmt Siegfried.)

Siegfried:

    Laß ich, Liebste, dich hier
    in der Lohe heiliger Hut;

*(Er hat den Ring Alberichs von seinem Finger gezogen und
         reicht ihn jetzt Brünnhilde dar)*

    zum Tausche deiner Runen
    reich ich dir diesen Ring.
    Was der Taten je ich schuf,
    des Tugend schließt er ein.

35

(19)

*Auch die Stimmen werden – gemeinsam mit dem Orchester –
ausdrucksvoller, ja hymnischer, ihre Melodielinien erheben
sich immer mehr über den bei Wagner auf weite Strecken ge-
pflegten Sprechgesang.*
*Selbst dort, wo starke Motivverwendung auftritt, wie hier, wo
Brünnhilde als Gegengeschenk für den Ring Siegfried ihr Roß
Grane überläßt, gestaltet die Singstimme sich höchst melo-
disch, während das motivische Geschehen im Orchester ver-
ankert ist (Walkürenritt-Motiv a und Helden-Motiv b):*

(20)

*Diese beiden energischen Motive werden von einem der
lyrischsten Motive abgelöst, die Wagner für die Tetralogie
erfand. Es handelt sich um ein zartes Liebes-Motiv, das bei
der Begegnung Siegfrieds und Sieglindes erstmals auftauchte:*

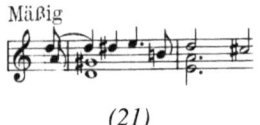

(21)

Ich erschlug einen wilden Wurm,
der grimmig lang ihn bewacht.
Nun wahre du seine Kraft
als Weihegruß meiner Treu'!

Brünnhilde (voll Entzücken den Ring sich ansteckend):
Ihn geiz ich als einziges Gut!
Für den Ring nimm nun auch mein Roß!
Ging sein Lauf mit mir
einst kühn durch die Lüfte –
mit mir
verlor es die mächt'ge Art;
über Wolken hin
auf blitzenden Wettern
nicht mehr
schwingt es sich mutig des Wegs;
doch wohin du ihn führst
– sei es durchs Feuer –,
grauenlos folgt dir Grane;
denn dir, o Helde,
soll er gehorchen!
Du hüt ihn wohl;
Er hört dein Wort:

o bringe Grane
oft Brünnhildes Gruß!

Tempo, Ausdruck und Klangstärke werden unaufhörlich ge-
steigert, Siegfrieds Gesang immer drängender, froher, bis er
in Tonfolgen gerät, die an seine jugendlichen Lieder beim
Schmieden seines Schwertes Nothung gemahnen:

(22)

Wie in einer gewaltigen »stretta« – die zwar nur die italieni-
sche Oper kennt, in ihren dramatischen Prinzipien aber jeder
Theatermusiker als legitimes Spannungselement verwendet –
führt Wagner das Liebesduett zu Ende. Er enthält sich zwar,
seinen Grundsätzen getreu, der echten Opernduett-Form, des
gleichzeitigen Singens der beiden Partner, aber kommt ihm
gegen Ende sehr nahe, als Siegfried und Brünnhilde einander
die hymnisch-ekstatischen Phrasen geradezu aus dem Mund
zu nehmen scheinen. Und bei den letzten vier Jubelrufen
(»Heil!«) münden die beiden Stimmen in die Gleichzeitigkeit,
ja Brünnhilde ist hier, genau wie am Schluß des »Siegfried«,
ein strahlendes, langgehaltenes hohes C zugedacht, das an viel
südlichere Opernwerke denken läßt ...

Siegfried:
>Durch deine Tugend allein
>soll so ich Taten noch wirken?
>Meine Kämpfe kiesest du,
>meine Siege kehren zu dir:
>auf deines Rosses Rücken,
>in deines Schildes Schirm,
>nicht Siegfried acht ich mich mehr,
>ich bin nur Brünnhildes Arm.

Brünnhilde: O wäre Brünnhild' deine Seele!
Siegfried: Durch sie entbrennt mir der Mut.
Brünnhilde: So wärst du Siegfried und Brünnhild'?
Siegfried: Wo ich bin, bergen sich beide.
Brünnhilde (lebhaft): So verödet mein Felsensaal?
Siegfried: Vereint faßt er uns zwei!

Brünnhilde (in großer Ergriffenheit):
>O heilige Götter,
>hehre Geschlechter!
>Weidet eu'r Aug'
>an dem weihvollen Paar!
>Getrennt – wer will uns[1] scheiden?
>Geschieden – trennt es sich nie!

Siegfried:
>Heil dir, Brünnhilde,
>prangender Stern!

Brünnhilde:
>Heil dir, Siegfried,
>siegendes Licht!

Siegfried: Heil, strahlende Liebe!
Brünnhilde: Heil, strahlendes Leben!
Siegfried: Heil, strahlender Stern!
Brünnhilde: Heil, siegendes Licht!
Siegfried: Heil, Brünnhild'!
Beide: Heil! Heil! Heil! Heil!

---

[1] TV: Anstelle von »uns« auch »es«.

Wehmütig und doch stolz blickt Brünnhilde Siegfried lange nach. Ihr fortissimo geschmettertes Walkürenritt-Motiv zum Rauschen aller Harfen (Wagner verlangt als Idealfall nicht weniger als 6!) vermählt sich dem ebenfalls lautstark geblasenen Helden-Motiv. Die Streicher in rasenden Akkordbrechungen geben dem riesigen Ensemble einen wild erregten, erregenden Unterton. Dann konzentriert sich alle Kraft auf eines der Schmiede-Motive Siegfrieds (das Beispiel 22 triumphal ausgestaltet).

Siegfrieds Worte aus dem 1. Akt des gleichnamigen Dramas fallen dem Hörer ein: »Aus dem Wald fort in die Welt ziehn . . .« Nun geht Siegfrieds tiefster Wunsch in Erfüllung; er ist gereift: Mimes Verrat und Tod, Fafners Sterben, das zum ersten Mal Fragen in sein Leben einführte, das Durchschreiten des Feuers, wie in Trance-Zustand der Stimme eines Waldvogels folgend, und – als tiefstes Erlebnis – die Erweckung Brünnhildes und ihr beiderseitiges Liebesentbrennen haben einen neuen Menschen aus ihm gemacht.

Eine Verwandlung ist in ihm vorgegangen, nicht unähnlich jener, die Wagner mit seinem nächsten Werk – dem letzten, »Parsifal« – auf die Bühne bringen wird. Das »Geheimnis der Verwandlung« (Hofmannsthal-Strauss »Ariadne auf Naxos«) hat Siegfried berührt. Aus dem wilden, ungestümen Waldbuben ist in kurzer Frist ein Mann geworden. Nun wäre er wohl einer »Welteroberung« fähig, gemeinsam mit der idealen Gefährtin bliebe ihm nichts Menschliches unerreichbar, jedes Geheimnis zugänglich. Aber in seinem stürmischen Siegeslauf harrt seiner das Verderben: die dunklen Mächte, der Verrat, der Fluch des tödlichen Ringes.

Was sich nun während einer längeren Zeitspanne im Orchester abspielen wird, könnte beinahe als »sinfonische Dichtung« bezeichnet werden; ihr Titel wäre »Siegfrieds Rheinfahrt«. Lange Zeit hindurch herrschen Siegfrieds »Helden«-Motiv (20 b) und

40

(Siegfried geleitet schnell das Roß dem Felsenabhange zu, wohin ihm Brünnhilde folgt. Siegfried ist mit dem Rosse hinter dem Felsenvorsprunge abwärts verschwunden, so daß der Zuschauer ihn nicht mehr sieht: Brünnhilde steht so plötzlich allein am Abhange und blickt Siegfried in die Tiefe nach.)

*das Motiv Brünnhildes (15b) vor, die eben erfolgte Trennung
der Liebenden erfüllt beider Sinne. Lange hat die einstige
Walküre ihrem Erwecker noch nachgeblickt, seinem Weg ins
Tal zu folgen versucht, und als die Augen dazu nicht mehr im-
stande sind, gehen ihre Gedanken mit ihm. Wie ein letzter
Gruß dringt sein Hornruf an ihr Ohr:*

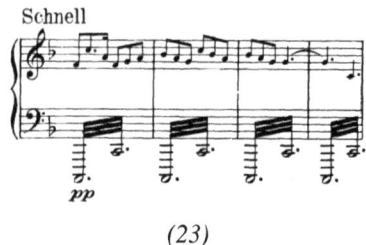

(23)

*Er verklingt weithin, wiederholt sich noch einmal, dann ist die
Trennung endgültig vollzogen, Brünnhilde in der Felsenein-
samkeit zurückgeblieben, Siegfried auf dem Wege zu Abenteuern und kühnen Taten. Aus dem stark bewegten Orchester ertönt noch lange das (am Schluß des »Siegfried« aufgetauchte)
Motiv des Liebesbundes:*

(24)

(Brünnhildes Gebärde zeigt, daß jetzt Siegfried ihrem Blicke entschwindet.)

(Man hört Siegfrieds Horn aus der Tiefe. Brünnhilde lauscht. Sie tritt weiter auf den Abhang hinaus. Jetzt erblickt sie Siegfried nochmals in der Tiefe, sie winkt ihm mit entzückter Gebärde zu. Aus ihrem freudigen Lächeln deutet sich der Anblick des lustig davonziehenden Helden.)

*Es ist, als wollte es noch einmal die unverbrüchliche Treue
dokumentieren, die von den Liebenden aus vollem Herzen
beschworen wurde.*
*Dann tauchen immer wieder neue Motive im Orchester auf;
wogend und volltönend nun das Rhein-Motiv (1 b), mit dessen
stillem, geheimnisvollem Dahinziehen die Tetralogie vor langen Zeiten (zu Anfang des »Rheingold«) begonnen hatte.
Ebenfalls im fff Anklänge an das Motiv der Götterdämmerung
(6), ihres visionären Schreckens beraubt – will Wagner aus-
drücken, wie problemlos und von seiner Kraft zu meistern
Siegfried die Welt vorkommt?*
*Es wäre fast unmöglich, alle Motivzitate anzuführen, die Wag-
ner in diese »Rheinfahrt« einflicht. Sie nur anzugeben, hätte
auch wenig Sinn, wollte man nicht gleichzeitig versuchen, die
tiefe Bedeutung ihrer Zusammenhänge zu entdecken (was eine
philosophische Auseinandersetzung bedeutete). Hell und klar
ist alles: froh stürmt ein des Lebens und seiner Schmerzen un-
kundiger Held in die Welt hinaus. Ob sein Weg unmittelbar
zum Gibichungenschloß führt oder ob er, wie Parsifal, durch
ungezählte Abenteuer hindurch muß, wird nirgends gesagt.
Die prachtvoll instrumentierte Musik läßt, so wie die Motive,
die sie andeutet, viele Interpretationen zu.*
*Schließlich wird die Fahrt zusehends langsamer, nachdenk-
lichere Motive tauchen auf – jenes der Entsagung (11 b)
vor allem – und zuletzt, beim Aufgehen des Vorhangs, jenes
Hagens:*

Gemächliches Zeitmaß

(25)

und unmittelbar darauf jenes der Gibichungen:

(Notenbeispiel S. 46)

44

ERSTER AUFZUG

ERSTE SZENE
Die Halle der Gibichungen am Rhein
Diese ist dem Hintergrunde zu ganz offen; den Hintergrund
selbst nimmt ein freier Uferraum bis zum Flusse hin ein;
felsige Anhöhen umgrenzen das Ufer.
(Gunther und Gutrune auf dem Hochsitze zur Seite, vor wel-
chem ein Tisch mit Trinkgerät steht; davor sitzt Hagen.)

Gemächliches Zeitmaß

(26)

Mit diesen beiden Motiven wird musikalisch der Anfang der Szene zwischen den beiden so ungleichen Halbbrüdern gebaut. Geschickt weiß der finstere, aber gescheite Hagen das Gespräch auf die Unbeweibtheit Gunthers zu lenken: sinngemäß spielt das Orchester – in der expressiven Soloklarinette – das Liebes-Motiv an, das seinerzeit (in »Rheingold«) die junge, schöne Göttin Freia begleitete und sich zu einem allgemeinen Liebes- und Liebessehnsuchts-Motiv entwickelt hat:

Langsam

(27)

Nun wird sehr rasch klar, worauf Hagen hinauswill. Ahnt er bereits den ganzen künftigen Verlauf des Dramas? Plant er Siegfrieds Landung, den Vergessenstrank, den Verrat, den Mord, die ihn in unerbittlicher Folge seinem höchsten, einzigen Ziel zuführen sollen, dem Ring? Er rät Gunther zu Brünnhilde, von der er genau wissen muß, daß sie unlösbar zu Siegfried gehört und nur diesem erreichbar ist:

(Notenbeispiel S. 48)

Gunther:
> Nun hör, Hagen,
> sage mir, Held:
> sitz ich herrlich[1] am Rhein,
> Gunther zu Gibichs Ruhm?

Hagen:
> Dich echt genannten
> acht ich zu neiden:
> die beid' uns Brüder gebar,
> Frau Grimhild' ließ mich's begreifen.

Gunther:
> Dich neide ich:
> nicht neide mich du!
> Erbt' ich Erstlingsart,
> Weisheit ward dir allein:
> Halbbruderzwist
> bezwang sich nie besser.
> Deinem Rat nur red ich Lob,
> frag ich dich nach meinem Ruhm.

Hagen:
> So schelt ich den Rat,
> da schlecht noch dein Ruhm;
> denn hohe Güter weiß ich,
> die der Gibichung noch nicht gewann.

Gunther:
> Verschwiegst du sie,
> so schelt auch ich.

Hagen:
> In sommerlich reifer Stärke
> seh ich Gibichs Stamm,
> dich, Gunther, unbeweibt,
> dich, Gutrun', ohne Mann.

(Gunther und Gutrune sind in schweigendes Sinnen verloren.)

---

[1] TV: Für »herrlich« steht auch »selig«.

47

(28)

*Dabei geht die vorher ruhige, klare Orchesterstimmung in iri-
sierende Streicherklänge (b) über: das den Brünnhildenfelsen
umbrennende Feuer. Und Fragmente des Walkürenritts (a)
deuten sehr klar an, daß Hagen nur zu gut weiß, zu welcher
Frau er seinem Halbbruder und König rät. Es fällt ihm nicht
schwer, Gunthers gespanntes Interesse zu erregen. Hagen weiß
noch mehr: die Worte, mit denen er Gunthers Neugier erregt,
sind – auch in der Musik – die gleichen, mit denen das Wald-
vöglein Siegfried zum brennenden Felsen gelockt hatte:*

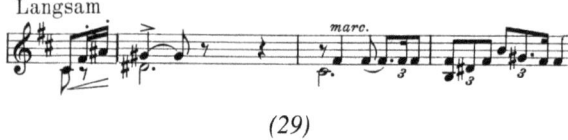

(29)

Gunther:
> Wen rätst du nun zu frein,
> daß unsrem Ruhm es fromm'?

Hagen:
> Ein Weib weiß ich,
> das herrlichste der Welt:
> auf Felsen hoch ihr Sitz,
> ein Feuer umbrennt ihren Saal;

> nur wer durch das Feuer bricht,
> darf Brünnhildes Freier sein.

Und damit ist Hagen bei Siegfried: ihn wünscht er Gutrune zum Gatten (und weiß sehr genau, daß dies dessen Tod zur Folge haben muß). Er erzählt in Kürze, was er von Siegfried weiß, von seinem tragischen Elternpaar angefangen (wozu das Wälsungen-Motiv erklingt):

(30)

Weiter erzählt Hagen von Siegfrieds Kampf mit dem Drachen (wobei die Musik das Wurm- und das Riesen-Motiv in den dunkelsten Instrumenten – Fagotte, Celli, Bässe – zitiert):

(31)

Hagen berichtet, welche Stücke Siegfried dem Nibelungenschatz des getöteten Fafner entnahm. Hier klingt das Ring-Motiv (11a) sehr leise in den Klarinetten, später in den Trompeten.
Das Orchester wird sparsamer: der Hörer soll die entscheidenden Textstellen verstehen.

Gunther: Vermag das mein Mut zu bestehn?
Hagen: Einem Stärkren noch ist's nur bestimmt.
Gunther: Wer ist der streitlichste Mann?

Hagen:
  Siegfried, der Wälsungen Sproß:
  der ist der stärkste Held.
  Ein Zwillingspaar,
  von Liebe bezwungen,
  Siegmund und Sieglinde,
  zeugten den echtesten Sohn.
  Der im Walde mächtig erwuchs,
  den wünsch' ich Gutrun' zum Mann.
Gutrune (schüchtern beginnend):
  Welche Tat schuf er so tapfer,
  daß als herrlichster Held er genannt?
Hagen:
  Vor Neidhöhle
  den Niblungenhort
  bewachte ein riesiger Wurm:
  Siegfried schloß ihm
  den freislichen Schlund,
  erschlug ihn mit siegendem Schwert.
  Solch ungeheurer Tat
  enttagte des Helden Ruhm.
Gunther (in Nachsinnen):
  Vom Niblungenhort vernahm ich:
  er birgt den neidlichsten Schatz?
Hagen:
  Wer wohl ihn zu nützen wüßt',
  dem neigte sich wahrlich die Welt.
Gunther: Und Siegfried hat ihn erkämpft?
Hagen: Knecht sind die Niblungen ihm.
Gunther: Und Brünnhild' gewänne nur er?
Hagen: Keinem andren wiche die Brunst.
Gunther (erhebt sich unwillig vom Sitze):
  Was weckst du Zweifel und Zwist!
  Was ich nicht zwingen soll,

Es findet sich erst wieder zu einer Motivbildung, als Hagen seinen geheimen Plan vorsichtig mitzuteilen beginnt: mit Hilfe des Tarnhelms soll Siegfried die eigene Geliebte in Gunthers Gestalt erobern und diesem zuführen; das Tarnhelm-Motiv wird angedeutet (gerade seine stark abgeänderte Zitierung soll wohl Hagens noch halb verborgenen teuflischen Plan andeuten):

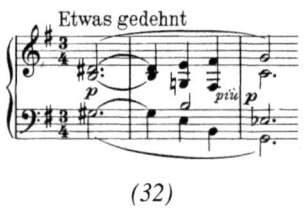

(32)

Nun bezieht Hagen Gutrune in seine Pläne ein. Sehr bewußt hat er ihre weibliche Neugier zum Wunsch nach dem »herrlichsten Helden der Welt« geweckt. Wie könnte sie einen solchen unerreichbaren Mann verlocken? Wagner führt hier ein neues Motiv ein (das zumeist »Verlockungs-Motiv« genannt wird):

(33)

danach zu verlangen
machst du mir Lust?
(Er schreitet bewegt in der Halle auf und ab. Hagen, ohne
seinen Sitz zu verlassen, hält Gunther, als dieser wieder in
seine Nähe kommt, durch einen geheimnisvollen Wink fest.)

Hagen:
Brächte Siegfried
die Braut dir heim,
wär' dann nicht Brünnhilde dein?
Gunther (wendet sich wieder zweifelnd und unmutig ab):
Was[1] zwänge den frohen Mann,
für mich die Braut zu frein?
Hagen (wie vorher):
Ihn zwänge bald deine Bitte,
bänd' ihn Gutrun' zuvor.
Gutrune:
Du Spötter, böser Hagen,
wie sollt' ich Siegfried binden?
Ist er der herrlichste
Held der Welt,
der Erde holdeste Frauen
friedeten längst ihn schon.

---

[1] TV: Für »was« steht »wer«.

Hagen entwickelt seinen Plan immer deutlicher, macht Gutrune Mut, läßt Gunther ahnen, daß er durch ihn die legendäre, wunderbare Walküre Brünnhilde zu seinem Weibe machen könnte. Hagen beschließt seine Rede mit »seinem« Motiv (25), das hier vielleicht in seiner ursprünglichsten Form zitiert wird: mit einem auffallenden Tritonus-Sprung in der Melodie (C-Fis), dessen hohler, fahler, irgendwie unfaßbarer Klang seit jeher in der abendländischen Musik einen bösen Beiklang hatte.

Begeistert begrüßen die Geschwister den Plan Hagens, dessen vernichtend-furchtbarer Sinn sich ihnen hier noch nicht offenbart.

Und als wolle das Schicksal seine Hand zu dessen Ausführung bieten, erklingt von fern über den Rhein Siegfrieds Hornruf.
Gespannt blicken alle drei auf den von Siegfrieds starker Hand gegen den Strom getriebenen Kahn. Das Motiv von Siegfrieds Hornruf vermischt sich mit dem der Rheintöchter (als Symbol des Stroms). Des Orchesters bemächtigt sich wachsende Erregung, Motive und Bewegungen wogen durcheinander, tonmalerische Klangfiguren schildern das dem Zuschauer noch verborgene Rudern Siegfrieds gegen den Strom.

Hagen (sich vertraulich zu Gutrune hinneigend):
    Gedenk des Trankes im Schrein: *(heimlicher)*
    vertraue mir, der ihn gewann:
    den Helden, des du verlangst,
    bindet er liebend an dich.
(Gunther ist wieder an den Tisch getreten und hört, auf ihn ge-
               lehnt, jetzt aufmerksam zu.)
    Träte nun Siegfried ein,
    genöss' er des würzigen Tranks,
    daß vor dir ein Weib er ersah,
    daß je ein Weib ihm genaht,
    vergessen müßt' er dess' ganz.
    Nun redet,
    wie dünkt euch Hagens Rat?
Gunther (lebhaft auffahrend):
    Gepriesen sei Grimhild',
    die uns den Bruder gab!
Gutrune: Möcht' ich Siegfried je ersehn!
Gunther: Wie fänden ihn wir auf?[1]
(Ein Horn klingt aus dem Hintergrunde von links her. Hagen
               lauscht.)

Hagen (wendet sich zu Gunther):
    Jagt er auf Taten
    wonnig umher,
    zum engen Tann
    wird ihm die Welt:
    wohl stürmt er in rastloser Jagd
    auch zu Gibichs Strand an den Rhein.
Gunther:
    Willkommen hieß' ich ihn gern.
    (Horn näher, aber immer noch fern. Beide lauschen.)
    Vom Rhein her tönt das Horn.
Hagen (späht den Fluß hinab und ruft zurück):
    In einem Nachen Held und Roß!
    Der bläst so munter das Horn!
    (Gunther bleibt auf halbem Wege lauschend zurück.)

---

[1] TV: Dieser Vers lautet auch: »Wie suchten wir ihn auf?«

Und da, zu Hagens ersten Begrüßungsworten (inmitten eines
fortissimo rasenden Orchesters) führt Wagner drei mit ganzer
Kraft schmetternde Posaunen zum sich drohend erhebenden
Fluch-Motiv (14). Verstünde Siegfried diesen Klang, er führe
besser an der Gibichungen Schloß vorbei ...
Wieder, wie so oft bei Wagner, weiß der kundige Hörer mehr
als die handelnden Personen auf der Bühne (Hagen in diesem
Fall ausgenommen, der alles bis zu Siegfrieds Tod weit vor-
ausgeplant hat): Er sieht unschwer voraus, daß hier Alberichs,
des Nibelungen Fluch, in seiner ganzen Schärfe an Siegfried
wirksam werden wird. Der fatale Klang verebbt schnell, in
stummer Betrachtung stehen alle einander zugewandt. Dann
erheben sich über nunmehr leisen Akkorden die Hörner zum
Siegfried-Motiv:

(Notenbeispiel S. 58)

Hagen (wie vorher):
    Ein gemächlicher Schlag,
    wie von müßiger Hand,
    treibt jach den Kahn
    wider den Strom;
    so rüstiger Kraft
    in des Ruders Schwung
    rühmt sich nur der,
    der den Wurm erschlug.
    Siegfried ist es, sicher kein andrer!
Gunther: Jagt er vorbei?
Hagen (ruft durch die hohlen Hände nach dem Flusse zu):
    Hoiho! Wohin,
    du heitrer Held?
Siegfried (aus der Ferne):
    Zu Gibichs starkem Sohne.
Hagen: Zu seiner Halle entbiet ich dich.
      (Siegfried erscheint im Kahne am Ufer.)
    Hieher! Hier lege an! Heil!

ZWEITE SZENE

(Siegfried legt mit dem Kahne an. Hagen schließt den Kahn
mit der Kette am Ufer fest.
Siegfried springt mit dem Rosse auf den Strand.)
Hagen: Heil! Siegfried, teurer Held!
(Gunther ist zu Hagen an das Ufer getreten. Gutrune blickt
vom Hochsitze aus in staunender Bewunderung auf Siegfried.
Gunther will freundlichen Gruß bieten. Alle sind in gegenseiti-
ger stummer Betrachtung gefesselt.)

(34)

Wie zögernd entwickelt sich die Begegnung. Unruhige Motiv-zitate beleben das Orchester: Gutrunes Verlockungs-Motiv (33), das Walkürenritt-Motiv (17) bei Erwähnung von Brünnhildes Roß Grane. Dann, als Siegfried sich fragend zu Hagen wendet, tönt im Horn nochmals das Fluch-Motiv auf, aber Siegfried kann die Warnung nicht verstehen, sicher und ruhig setzt er sein eigenes Motiv dem noch nicht geahnten dunklen Feinde entgegen. Dann schweifen Siegfrieds Gedanken zur fernen Brünnhilde: der Klarinette, dann den Geigen ist ihr Motiv (15 b) anvertraut.

Siegfried (auf sein Roß gelehnt, bleibt ruhig am Kahne stehen):

Wer ist Gibichs Sohn?
Gunther: Gunther, ich, den du suchst.
Siegfried:
    Dich hört' ich rühmen
    weit am Rhein:
    nun ficht mit mir
    oder sei mein Freund!
Gunther:
    Laß den Kampf!
    Sei willkommen!
Siegfried (sieht sich ruhig um):
    Wo berg ich mein Roß?
Hagen: Ich biet ihm Rast.
Siegfried (zu Hagen gewendet):
    Du riefst mich Siegfried:
    sahst du mich schon?
Hagen:
    Ich kannte dich nur
    an deiner Kraft.
Siegfried (indem er an Hagen das Roß übergibt):
    Wohl hüte mir Grane!
    Du hieltest nie
    von edlerer Zucht
    am Zaume ein Roß.
(Hagen führt das Roß. Während Siegfried ihm gedankenvoll nachblickt, entfernt sich auch Gutrune, durch einen Wink Hagens bedeutet, von Siegfried unbemerkt, nach links durch eine Tür in ihr Gemach. Gunther schreitet mit Siegfried, den er dazu einlädt, in die Halle vor.)

Arglos, in einfachem Tonsatz, mit einer gewissen Feierlichkeit, entbietet Gunther dem Ankömmling seinen Willkommensgruß, bietet ihm seine Freundschaft.

Einfach auch entgegnet Siegfried. Aber schon nach wenigen Takten wird seine Rede von Motiven beschwert. Das begleitende Orchester zitiert zuerst (völlig sinngemäß) das Wälsungen-Motiv seiner Eltern (30) und häuft dann nicht weniger als fünf Motive im kurzen Raum von nur sechs Takten: a das Motiv der Rheintöchter, b ein Jubel-Motiv (das in »Siegfried« eine Rolle gespielt hatte), c ein Motiv aus Siegfrieds übermütigen Schmiedeszenen, d das Schwert- und e das Nibelungen-Motiv:

(35)

Gunther:
> Begrüße froh, o Held,
> die Halle meines Vaters;
> wohin du schreitest,
> was du ersiehst,
> das achte nun dein eigen:
> dein ist mein Erbe,
> Land und Leut' –
> hilf, mein Leib, meinem Eide!
> Mich selbst geb ich zum Mann.

Siegfried:
> Nicht Land noch Leute biete ich,
> noch Vaters Haus und Hof:

> einzig erbt' ich
> den eignen Leib;
> lebend zehr ich den auf.
> Nur ein Schwert hab ich,
> selbst geschmiedet:
> hilf, mein Schwert, meinem Eide!
> Das biet ich mit mir zum Bund.

Hagen lenkt das Gespräch auf den Nibelungenschatz, den Siegfried durch den Sieg über Fafner erwarb. Im Orchester tauchen wiederum zwei Motive gleichzeitig auf: a das Schmiede-Motiv, Symbol der Nibelungen, b das Motiv des Horts (und des träge schleichenden Drachens, der ihn hütete):

(36)

Hier erwähnt Siegfried erstmals den Tarnhelm, ohne seinen Namen oder seine Bedeutung zu kennen: Bringt Wagner deshalb das Tarnhelm-Motiv noch nicht an dieser Stelle? Es erklingt erst (32, doch hier in voller ursprünglicher Ausdehnung wie seinerzeit in »Rheingold«), als Hagen das Geschmeide mit Namen benennt und seine Wirkung schildert. (Er behauptet, den Tarnhelm zu kennen, der »Niblungen künstliches Werk«: woher? Als sein Vater Alberich ihn an die Götter verlor, war Hagen noch lange nicht auf der Welt.) Bei Erwähnung des Ringes erklingt dessen Motiv (11 a).

Hagen (der zurückgekommen ist und jetzt hinter Siegfried steht):

Doch des Niblungenhortes
nennt die Märe dich Herrn?
Siegfried (sich zu Hagen wendend):
Des Schatzes vergaß ich fast:
so schätz ich sein müß'ges Gut!
In einer Höhle ließ ich's liegen,
wo ein Wurm es einst bewacht'.
Hagen: Und nichts entnahmst du ihm?
Siegfried: Dies Gewirk, unkund seiner Kraft.
Hagen:
Den Tarnhelm kenn ich,
der Niblungen künstliches Werk:
er taugt, bedeckt er dein Haupt,
dir zu tauschen jede Gestalt;
verlangt dich's an fernsten Ort,
er entführt flugs dich dahin.
Sonst nichts entnahmst du dem Hort?
Siegfried: Einen Ring.
Hagen: Den hütest du wohl?
Siegfried: Den hütet ein hehres Weib.
Hagen (für sich): Brünnhild'!...
Gunther:
Nicht, Siegfried, sollst du mir tauschen:
Tand gäb' ich für dein Geschmeid',
nähmst all mein Gut du dafür.
Ohn' Entgelt dien ich dir gern.
(Hagen ist zu Gutrunes Tür gegangen und öffnet sie jetzt. Gut-rune tritt heraus, sie trägt ein gefülltes Trinkhorn und nähert sich damit Siegfried.)

Gutrune, die sich bei Siegfrieds Auftritt zurückgezogen hatte, betritt nun neuerdings den Saal. Bei ihrem Erscheinen erklingt in Holzbläsern und Harfe ein neues, ihr zugeordnetes Motiv voll schlichter Lieblichkeit. Wie vorher von Gunther scheint Wagner nun auch von Gutrune den Verdacht auf Mittäterschaft in Hagens dunklen Plänen nehmen zu wollen:

(37)

Ihr Motiv geht im Orchester in das Brünnhildes über, deren Siegfried gedenkt, als er den Trank in Händen hält. Wagner schließt noch das Liebes-Motiv (18) an, bevor Siegfried trinkt. Doch in diesem Augenblick geht eine starke Veränderung vor sich. Ist es ein neues Motiv (das des Vergesens, des tragischen Auslöschens der Erinnerung) oder ist es eine Ableitung aus dem Tarnhelm-Motiv (32), das ja ebenfalls eine Persönlichkeitsverwandlung symbolisiert?

(38)

Gutrunes Motiv (37) kehrt wieder, es leitet in das Verlockungs-Motiv (33) über, dessen abstürzende Septime nun mit einem chromatischen Wiederaufstieg verbunden wird. Das Zeitmaß der Musik beschleunigt sich (»heftig« überschreibt Wagner nun lange Passagen). Als Regisseur der Uraufführung soll Wagner erklärt haben, daß aus Siegfrieds nun gänzlich veränderter

64

Gutrune:
Willkommen, Gast,
in Gibichs Haus!
Seine Tochter reicht dir den Trank.
Siegfried (neigt sich ihr freundlich und ergreift das Horn; er hält es gedankenvoll vor sich hin):
Vergäß' ich alles,
was du mir gabst,
von einer Lehre
laß ich doch nie!
Den ersten Trunk
zu treuer Minne,
Brünnhilde, bring ich dir!

(Er setzt das Trinkhorn an und trinkt in einem langen Zuge. Er reicht das Trinkhorn an Gutrune zurück, welche verschämt und verwirrt die Augen vor ihm niederschlägt. Siegfried heftet den Blick mit schnell entbrannter Leidenschaft auf sie.)
Die so mit dem Blitz
den Blick du mir sengst,
was senkst du dein Auge vor mir?
(Gutrune schlägt errötend das Auge zu ihm auf.)
Ha, schönstes Weib!
Schließe den Blick;
das Herz in der Brust
brennt mir sein Strahl:
zu feurigen Strömen fühl ich
ihn zehrend zünden mein Blut!

Haltung hervorgehen solle, wie der Vergessenstrank (»das Gift«), den er eben zu sich genommen, ihn nun wie in Fieber stürze und »ganz ungeheuer heftig« beeinflusse.
Bei seiner Frage nach Gutrunes Namen erklingt – im nun wieder ruhiger gewordenen Orchester – ihr Motiv (37). Das Verlockungs-Motiv (33) wird einmal in Siegfrieds Gesangsstimme zitiert (auf sein Wortspiel Gutrune – gute Runen), dann setzt das Orchester fast ganz aus, um Siegfrieds Werbung um Gutrune klar hervortreten zu lassen. Gutrunes Erschrecken wird von ihrem Motiv in zarter Form (in den Klarinetten) untermalt, aber das Auftauchen von Hagens Motiv (25) macht klar, daß Gutrunes Entscheidung nicht bei ihr liegt, sondern, so sehr sie ihrem eigenen Wunsch auch entsprechen mag, von Hagen vorgeplant ist.

Unter dem gleichen Zwang steht auch Gunthers nun zur Sprache kommender Entscheid, ein Weib zu freien, was im Orchester sehr deutlich wird.
Auf Siegfrieds Frage kreist Gunthers Antwort nun, ohne sie zu nennen, um Brünnhilde. Aber im Orchester springt sofort das Thema des Walkürenritts (17) auf und leitet den Hörer zur Erfassung der Lage. Hagens Motiv (25) scheint Gunther anzutreiben. Siegfrieds siegesbewußte Antwort erfolgt auf das Jubel-Motiv (35 b), dann bemächtigt das unruhige Flackern von Loges Feuer-Motiv (in der ursprünglichen Form, wie im »Feuerzauber« der »Walküre«, erkennbar im Notenbeispiel 68 b) sich der buntschillernden Streicher.

Siegfried kämpft mit einer Erinnerung, die in ihm aufsteigen will, aber der Trank ist stärker; auch des Waldvögleins Ruf (29) sucht die Wand des Vergessens zu durchbrechen – vergebens. Leise, resignierend, tragisch breitet sich das Vergessens-Motiv (38) in den gedämpften Hörnern über das Geschehen: Siegfrieds Erinnerung an Brünnhilde ist ausgelöscht.

(Mit bebender Stimme.)
Gunther, wie heißt deine Schwester?
Gunther: Gutrune.
Siegfried (leise):
Sind's gute Runen,
die ihrem Aug' ich entrate?
    (Er faßt Gutrune feurig bei der Hand.)
Deinem Bruder bot ich mich zum Mann:
der Stolze schlug mich aus;
trügst du, wie er, mir Übermut,
böt' ich mich dir zum Bund?
(Gutrune trifft unwillkürlich auf Hagens Blick. Sie neigt demütig das Haupt, und mit einer Gebärde, als fühle sie sich seiner nicht wert, verläßt sie wankenden Schrittes die Halle.)
Siegfried (von Hagen und Gunther aufmerksam beobachtet, blickt wie festgezaubert Gutrune nach):
Hast du, Gunther, ein Weib?
Gunther:
Nicht freit' ich noch,
und einer Frau
soll ich mich schwerlich freun!
Auf eine setzt' ich den Sinn,
die kein Rat mir je gewinnt.
Siegfried (wendet sich lebhaft zu Gunther):
Was wär' dir versagt,
steh ich zu dir?
Gunther: Auf Felsen hoch ihr Sitz;
Siegfried (mit verwunderungsvoller Hast einfallend):
Auf Felsen hoch ihr Sitz...?
Gunther: Ein Feuer umbrennt den Saal –
Siegfried: Ein Feuer umbrennt den Saal...?
Gunther: Nur wer durch das Feuer bricht –
Siegfried (mit der heftigsten Anstrengung, um eine Erinnerung festzuhalten):
»Nur wer durch das Feuer bricht«...?

67

*Loges Feuer-Motiv springt wieder auf (es nimmt immer wieder
andere Gestalten an, bleibt aber durch die flackernde Chromatik dem Hörer stets erkennbar – hier ist es 9 ähnlich) und begleitet übermütig Siegfrieds frohes Anerbieten an Gunther, für
ihn »die Frau« zu freien –, es ist einer der erschütterndsten Augenblicke des Werkes. Zweimal noch mischt das Motiv des Walkürenritts (17) sich in das des Feuerzaubers, aber Brünnhildes
Bild dringt nicht mehr ins Bewußtsein Siegfrieds. Dessen Ungeduld, die Tat zu vollbringen, mit der er der Gatte Gutrunes werden soll, läßt das Orchester nicht mehr innehalten: Die Erwähnung des Tarnhelms ruft nicht das auf diesen bezügliche
Leitmotiv auf den Plan, das langsam und geheimnisvoll ist –
das Orchester verharrt auf dem drängenden Motiv der
Flammen, die Siegfried zu durchbrechen wünscht.*

*Die Zeremonie der Eidesleistung, der beschworenen Blutsbrü-
derschaft wird mit den (in den Tuben) drohenden Klängen des
Fluch-Motivs (14) über einem dumpfen Paukenwirbel eingeleitet. »Sehr drängend« geht dieses in Wotans Speer-Motiv
über (5), das von den Posaunen geschmettert wird; was mag es
hier bedeuten? Es kehrt in der Folge noch einige Male wieder,
auch andere Motive (die des Schwertes 12 b, der Gibichungen
26, Hagens 25) mischen sich in das wieder aufgeflackerte
Flammen-Motiv Loges (3, 9, 68 b) und lassen vielfache Deutungen zu.*
*Die Stimmen der beiden Verschworenen, klar von einem hier
nur begleitenden Orchestergrund abgehoben, vereinigen sich
zu einem kurzen Zwiegesang (dem man den Namen eines
»Blutsbrüderschaft«-Motivs gegeben hat):*

(Notenbeispiel S. 70)
(39)

68

Gunther: – darf Brünnhildes Freier sein.
(Siegfried verrät durch eine Gebärde, daß bei der Nennung
von Brünnhildes Namen die Erinnerung ihm vollends gänzlich
schwindet.)
Gunther:
> Nun darf ich den Fels nicht erklimmen;
> das Feuer verglimmt mir nie!

Siegfried (kommt aus einem traumartigen Zustande zu sich
und wendet sich mit übermütiger Lustigkeit zu Gunther):
> »Ich – fürchte kein Feuer,
> für dich frei ich die Frau;
> denn dein Mann bin ich,
> und mein Mut ist dein,
> gewinn ich mir Gutrun' zum Weib.

Gunther: Gutrune gönn ich dir gerne.
Siegfried: Brünnhilde bring ich dir.
Gunther: Wie willst du sie täuschen?
Siegfried:
> Durch des Tarnhelms Trug
> tausch ich mir deine Gestalt.

Gunther: So stelle Eide zum Schwur!
Siegfried: Blut-Brüderschaft
> schwöre ein Eid!

(Hagen füllt ein Trinkhorn mit frischem Wein; dieses hält er
dann Siegfried und Gunther hin, welche sich mit ihren Schwer-
tern die Arme ritzen und diese kurze Zeit über die Öffnung des
Trinkhorns halten. Beide legen zwei ihrer Finger auf das Horn,
welches Hagen fortwährend in ihrer Mitte hält.)

Siegfried:
> Blühenden Lebens
> labendes Blut
> träufelt' ich in den Trank.

Schnell und heftig

Dann fließen die beiden Stimmen wieder gesondert dahin, in sehr klaren Tonfolgen, bis sie sich abermals kurz vereinen. Die Posaunen unterstreichen mächtig das Geschehen mit dem Vertrags-Motiv (das zugleich das Motiv von Wotans Speer ist, der als Garant oder Hüter der Pakte gilt). Ist auch dieser Vertrag oder Pakt, der zu unheiligstem Zweck geschlossen wird, des Gottes Schutzes würdig? Die Sanktionen für einen Bruch der Blutsbrüderschaft werden festgelegt; Wagner schafft hier ein Motiv, das man als Sühne-Motiv bezeichnen kann:

(40)

Seine auffallenden absteigenden Terzintervalle lassen daran denken, es sei die Umkehrung des Fluch-Motivs; ergäbe das einen von Wagner beabsichtigten Sinn?
Nach einer längeren, von beiden Männern feierlich und mit Begeisterung gesungenen Duettstelle erklingen schnell hintereinander das Fluch- und das Vertrags-Motiv. Beide werden wiederholt, und das zweite Mal mischt sich andeutungsweise Hagens Motiv hinein. Doch Siegfried denkt nur an Gutrune:

70

Gunther:
>   Bruder-brünstig
>   mutig gemischt,
>   blüh im Trank unser Blut.

Beide: Treue trink ich dem Freund.

>   Froh und frei
>   entblühe dem Bund
>   Blut-Brüderschaft heut!

Gunther: Bricht ein Bruder den Bund –
Siegfried: Trügt den Treuen der Freund –
Beide:
>   Was in Tropfen heut
>   hold wir tranken,
>   in Strahlen ström' es dahin,
>   fromme Sühne dem Freund!

Gunther (trinkt und reicht das Horn Siegfried):
>   So biet ich den Bund.

Siegfried: So –
>   *(Er trinkt und hält das geleerte Trinkhorn Hagen hin.)*

71

*zwar will er wissen, warum der düstere Hagen nicht am Pakt
teilgenommen habe, aber die Musik (mit dem Gutrune-Motiv
37) deutet an, daß es ihm nur noch um Gutrune zu tun ist. Auch
das Sühne-Motiv (40) verhallt in Hagens Erwiderung, dann
treibt Siegfried zur Fahrt.*

*Die Musik gewinnt wieder äußerst lebhaften Charakter, rasch
entwirft Siegfried seinen Plan, der mehrmals vom Walkürenritt-Motiv untermalt wird; das Feuer-Motiv erglänzt und glitzert
(wie immer vor allem in den Streichern), ein ununterbrochener
Aufschwung bemächtigt sich des Orchesters.*

*Unter den drängenden Klängen besteigen Siegfried und
Gunther das Schiff und fahren mit dem Strom schnell davon.
Das immer wieder sich aufbäumende Walkürenritt-Motiv (17)
erinnert den Hörer an das Ziel dieser so fröhlich unternom-
menen, im Grunde so tieftraurigen Fahrt.*

Siegfried: trink ich dir Treu'!
(Hagen zerschlägt mit seinem Schwerte das Horn in zwei Stücke. Gunther und Siegfried reichen sich die Hände.)
Siegfried (betrachtet Hagen, welcher während des Schwures hinter ihm gestanden):
    Was nahmst du am Eide nicht teil?
Hagen:
    Mein Blut verdürb' euch den Trank;
    nicht fließt mir's echt
    und edel wie euch;
    störrisch und kalt
    stockt's in mir;
    nicht will's die Wange mir röten.
    Drum bleib ich fern
    vom feurigen Bund.
Gunther (zu Siegfried):
    Laß den unfrohen Mann!
Siegfried (hängt sich den Schild wieder über):
    Frisch auf die Fahrt!
    Dort liegt mein Schiff;
    schnell führt es zum Felsen.
      (Er tritt näher zu Gunther und bedeutet diesen.)
    Eine Nacht am Ufer
    harrst du im Nachen;
    die Frau fährst du dann heim.
(Er wendet sich zum Fortgehen und winkt Gunther, ihm zu folgen.)
Gunther: Rastest du nicht zuvor?
Siegfried: Um die Rückkehr ist's mir jach!
      (Er geht an das Ufer, um das Schiff loszubinden.)
Gunther: Du, Hagen, bewache die Halle!
(Er folgt Siegfried zum Ufer. – Während Siegfried und Gunther, nachdem sie ihre Waffen darin niedergelegt, im Schiff das Segel aufstecken und alles zur Abfahrt bereitmachen, nimmt Hagen seinen Speer und Schild. Gutrune erscheint an der Tür ihres Gemaches, als jetzt soeben Siegfried das Schiff abstößt, welches sogleich der Mitte des Stromes zutreibt.)

Gutrune ist zu Hagen getreten, das Orchester hält wie nach-
denklich ein. Triumphierend antwortet Hagen, das Orchester
unterstreicht – auch mit dem Walkürenritt-Motiv in den Hör-
nern (die durch die Technik des »Stopfens« hier höhnisch und
grausam klingen) – diesen seinen Sieg. Doch Gutrune wird
sich der Tragik dieses Sieges und ihrer Teilnahme an ihm noch
nicht bewußt: zart, mädchenhaft erwartungsvoll erklingt ihr
Thema, ihr Gesang.

Dann setzt Hagen sich vor die Halle, sein Gesicht dem Rhein
zugewandt. Es ist, als erklänge von weitem noch Siegfrieds
Horn. Düster unterstreichen synkopierte Rhythmen in den
dumpfen Streichern das Tragische der Situation. Vielerlei
Motive mischen sich im Orchester: jenes der Entsagung, Wal-
halls, des Rheingolds, der Rheintöchter und andere. Sie spie-
geln wohl Hagens nächtliche Gedanken: Sein Vater Alberich
hat sie ihm eingeimpft, seit er denken kann. Denn zu Haß und
Rache ist Hagen erzogen worden. Und Alberich hat seinem
Sohn die Kenntnis der Welt mitgegeben, wie er sie erleben
mußte.
Nun steht Hagens größte Stunde endlich bevor. Sein Monolog
ist von tiefer Bedeutung und von Wagner reich mit bezie-
hungsvollen Orchestermotiven ausgestattet, so daß man wie-
derum fast von einer sinfonischen Dichtung sprechen kann. Sie
ist voll bewegten Inhalts und spiegelt doch nur Hagens
Gedanken, während er die Nachtwache vor dem Gibichungen-
palast hält und auf die Rückkehr seines Königs wartet. Doch
nicht an diesen denkt er hier: Die ganze Kraft seines Hasses
und Wunsches konzentriert sich nur auf den Ring, auf die Welt-
herrschaft, die er, seinen Vater rächend, anzutreten denkt.

So motiverfüllt, wie die vorige Szene zu Ende gegangen ist –
Hagens dunkle Gedankenwelt hat sich in ungezählten Orche-
sterkombinationen gespiegelt –, so beziehungsreich ist die
musikalische Sprache beim Beginn der neuen Szene, die pau-

Gutrune: Wohin eilen die Schnellen?

Hagen (während er sich gemächlich mit Schild und Speer vor der Halle niedergesetzt):

Zu Schiff – Brünnhild' zu frein.

Gutrune: Siegfried?

Hagen:

Sieh, wie's ihn treibt,

zum Weib dich zu gewinnen!

Gutrune: Siegfried – mein!

(Sie geht, lebhaft erregt, in ihr Gemach zurück. Siegfried hat das Ruder erfaßt und treibt jetzt mit dessen Schlägen den Nachen stromabwärts, so daß dieser bald gänzlich außer Gesicht kommt.)

Hagen (sitzt mit dem Rücken an den Pfosten der Halle gelehnt, bewegungslos):

Hier sitz ich zur Wacht,

wahre den Hof,

wehre die Halle dem Feind.

Gibichs Sohne

wehet der Wind,

auf Werben fährt er dahin.

Ihm führt das Steuer

ein starker Held,

Gefahr ihm will er bestehn.

Die eigne Braut

ihm bringt er zum Rhein;

mir aber bringt er – den Ring!

Ihr freien Söhne,

frohe Gesellen,

segelt nur lustig dahin!

Dünkt er euch niedrig,

ihr dient ihm doch,

des Niblungen Sohn.

(Ein Teppich, welcher dem Vordergrunde zu die Halle einfaßte, schlägt zusammen und schließt die Bühne vor dem Zuschauer ab.)

75

senlos an die vergangene anschließt. Ein langer, sehr dumpfer
Paukenwirbel schafft den Übergang.

Bei geschlossenem Vorhang gibt Wagner seinem klanglich so
reichhaltigen Orchester wiederum eine Art sinfonische Dich-
tung, ein bedeutungsvolles Zwischenspiel. Das Ring-Motiv
spielt darin eine wichtige Rolle (11 a), Siegfrieds Motiv (34)
taucht auf. Brünnhildes Motiv (15 b) schiebt sich schließlich in
den Vordergrund, bedeutungsvoll vom Fluch-Motiv (14)
kontrapunktiert. Der immer wieder angedeutete synkopierte
Rhythmus – der manchmal als Ausdruck des Nibelungenhasses
interpretiert wird – weicht allmählich liebevolleren
Tonfolgen.

Brünnhilde ist in den Anblick von Siegfrieds Ring versunken;
das Orchester läßt (in Klarinetten und Fagotte zart) das Lie-
besglücks-Motiv wie in Erinnerung ertönen:
(41)

Das Kopfstück des Walkürenritt-Motivs taucht wie ein fernes
Gewittergrollen auf. Doch das Liebesglück (41) behält die
Oberhand, bis das Kampfes-Motiv des Walkürenritts (17 und
20 a) immer drängender ertönt. Es teilt sich den unruhig wer-
denden Streicherfiguren mit, die Luft scheint zu beben. Dann
Waltrautes Ruf (auf das Motiv des einstigen Walkürenrufs
»Hojotoho!«):

(Notenbeispiel S. 78)

DRITTE SZENE
Der Vorhang wird wieder aufgezogen.
Die Felsenhöhle
Wie im Vorspiel
(Brünnhilde sitzt am Eingange des Steingemaches, in stummem Sinnen Siegfrieds Ring betrachtend; von wonnigen Erinnerungen ergriffen, bedeckt sie den Ring mit ihren Küssen. Ferner Donner läßt sich vernehmen, sie blickt auf und lauscht. Sie wendet sich wieder zu dem Ring. Ein feuriger Blitz. Brünnhilde lauscht von neuem und späht nach der Ferne, von woher eine finstere Gewitterwolke dem Felsensaume zuzieht.)

Brünnhilde:
  Altgewohntes Geräusch
  raunt meinem Ohr die Ferne.
  Ein Luftroß jagt
  im Laufe daher;
  auf der Wolke fährt es
  wetternd zum Fels.
  Wer fand mich Einsame auf?

(42)

Das Beben der Lüfte und die gewaltige Erregung Brünnhildes halten noch eine geraume Zeit an. Im wogenden Orchester die Motive des Walkürenritts und jener Rufe, die das Herz der einstigen Walküre Brünnhilde in rasendes Schlagen versetzen.

Auch Waltrautes Pulse fliegen – von dem rasenden Ritt, wie Brünnhilde meint, die lange Zeit hindurch die schwere Besorgnis der Schwester nicht bemerkt. Sie wähnt sogar einen Augenblick lang, Waltraute brächte ihr Wotans endgültiges Verzeihen: Das Orchester wird zärtlich im Ausdruck, hoffnungsvoll. Dann öffnet sie Waltraute ganz ihr Herz, singt vom tiefen Glück, das sie an Siegfrieds Seite erlangt hat. In höchstem Ausdruck blüht das Motiv der Wälsungenliebe auf:

Waltrautes Stimme (aus der Ferne):
 Brünnhilde! Schwester!
 Schläfst oder wachst du?
Brünnhilde (fährt vom Sitze auf):
 Waltrautes Ruf,
 so wonnig mir kund! *(In die Szene rufend.)*
 Kommst du, Schwester?
 Schwingst dich kühn zu mir her?
 (Sie eilt nach dem Felsrande.)
 Dort im Tann
 – dir noch vertraut –
 steige vom Roß
 und stell den Renner zur Rast!
(Sie stürmt in den Tann, von wo ein starkes Geräusch, gleich einem Gewitterschlage, sich vernehmen läßt. Brünnhilde kommt in heftiger Bewegung mit Waltraute zurück; sie bleibt freudig erregt, ohne Waltrautes ängstliche Scheu zu beachten.)
 Kommst du zu mir?
 Bist du so kühn,
 magst ohne Grauen
 Brünnhild' bieten den Gruß?
Waltraute:
 Einzig dir nur
 galt meine Eil'!
Brünnhilde:
 So wagtest du, Brünnhild' zulieb,
 Walvaters Bann zu brechen?
 Oder wie – o sag –
 wär' wider mich
 Wotans Sinn erweicht?
 Als dem Gott entgegen
 Siegmund ich schützte,
 fehlend – ich weiß es –
 erfüllt' ich doch seinen Wunsch.
 Daß sein Zorn sich verzogen,
 weiß ich auch;
 denn verschloß er mich gleich in Schlaf,

Im Zeitmaß etwas gemäßigt

(43)

Hier leuchtet das Siegfried-Motiv (34), in Oboen und Hörnern, durch das jubelnde Orchester, das Brünnhildes wachsende Ekstase ausdrückt. Auf dem Höhepunkt übernimmt Brünnhildes Stimme dieses strahlende Motiv, während im Orchester Violoncelli und Baßklarinette das Entzückungs-Motiv (im Baßschlüssel des Beispiels) anstimmen:

(44)

fesselt' er mich auf den Fels,
wies er dem Mann mich zur Magd,
der am Weg mich fänd' und erweckt' –
meiner bangen Bitte
doch gab er Gunst:
mit zehrendem Feuer
umgab er den Fels,
dem Zagen zu wehren den Weg.
So zur Seligsten
schuf mich die Strafe:

der herrlichste Held
gewann mich zum Weib!
In seiner Liebe
leucht' und lach' ich heut auf.

*Es ebbt erst ab, als Brünnhilde sich zärtlich wieder der Schwe-
ster zuwendet: Die Walküren-Motive, das Entzückungs-Motiv
(16) machen fragenden Tonfolgen Platz. Mit Waltrautes Antwort wird das Orchester wieder heftig. Aber Wagner nimmt
seine Dichte, seine Stärke weise zurück, um den folgenden,
hochwichtigen Dialog verständlich werden zu lassen.*

*Immer deutlicher wird, selbst für die in Liebestaumel lebende
Brünnhilde, ihrer Schwester ernsthafte Sorge. Nun unterstreicht das Orchester die Bedrückung Waltrautes: Wagner
greift auf ein »Unmuts-Motiv« zurück, das (in der »Walküre«)
Brünnhildes Bestrafung, Wotans grimmigen Zorn, begleitete:*

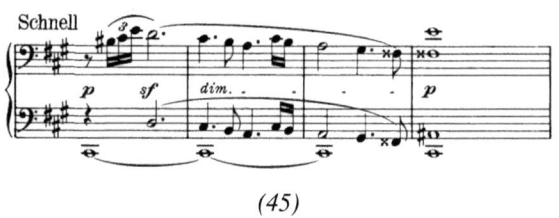

(45)

*Schrecken ergreift Brünnhilde, ein Aufschrei des Orchesters
begleitet den ihren: die Sorge um Wotan und Walhall packt sie
plötzlich furchtbar an.*
*Nun beginnt Waltraute ihre lange Schilderung. Wagner unter-
streicht sie sinngemäß mit Motiven oder plastisch schildernden Orchesterphrasen. Eine lange Zeit durchlaufende Baß-
figur, in punktiertem Rhythmus, drückt Wotans Unrast, sein
Durchschweifen der Welt aus. Das Speer-Motiv untermalt den
Bericht vom Zerschlagen dieser Waffe durch »einen Helden«
(Siegfried), das der Hörer (gegen Ende des Dramas »Siegfried«) miterlebte; das Weltesche-Motiv (8), Wotans Befehl
zum Fällen dieses die Erde tragenden Baumes.*

82

(Sie umarmt Waltraute, unter stürmischen Freudenbezeigun-
gen, welche diese mit scheuer Ungeduld abzuwehren sucht.)
>Lockte dich, Schwester, mein Los?
>An meiner Wonne
>willst du dich weiden,
>teilen, was mich betraf?

Waltraute (heftig):
>Teilen den Taumel,
>der dich Törin erfaßt?
>Ein andres bewog mich in Angst,
>zu brechen Wotans Gebot.

(Brünnhilde gewahrt hier erst mit Befremdung die wildauf-
geregte Stimmung Waltrautes.)

Brünnhilde:
>Angst und Furcht
>fesseln dich Arme?
>So verzieh der Strenge noch nicht?
>Du zagst vor des Strafenden Zorn?

Waltraute (düster):
>Dürft' ich ihn fürchten,
>meiner Angst fänd' ich ein End'!

Brünnhilde: Staunend versteh ich dich nicht!

Waltraute:
>Wehre der Wallung,
>achtsam höre mich an!
>Nach Walhall wieder
>treibt[1] mich die Angst,
>die von Walhall hieher mich trieb.

Brünnhilde (erschrocken):
>Was ist's mit den ewigen Göttern?

Waltraute:
>Höre mit Sinn, was ich dir sage!
>Seit er von dir geschieden,
>zur Schlacht nicht mehr
>schickte uns Wotan;

---

[1] TV: Anstelle von »treibt« auch »drängt«.

Düstere Blechbläser-Akkorde malen nun die Todesstimmung aus, die Walhall umgibt. Paukenschläge, völlig unbegleitet, scheinen stockender Herzschlag zu sein. Dann formen die Streicher, piano und mit Dämpfer gespielt, das Schicksals-Motiv (2 und 10c). Wie aus ferner Erinnerung erklingt das Jugend-Motiv – das der goldenen Äpfel, die in Freias Garten wachsen–, die Jugend der Götter, Symbol ihrer Sorglosigkeit, ist lange, lange vorbei:

(Notenbeispiel S. 86)

irr und ratlos
ritten wir ängstlich zu Heer;
Walhalls mutige Helden
mied Walvater.
Einsam zu Roß,
ohne Ruh noch Rast,
durchschweift' er als Wandrer die Welt.
Jüngst kehrte er heim;
in der Hand hielt er
seines Speeres Splitter:
die hatte ein Held ihm geschlagen.
Mit stummem Wink
Walhalls Edle
wies er zum Forst,
die Weltesche zu fällen.
Des Stammes Scheite
hieß er sie schichten
zu ragendem Hauf
rings um der Seligen Saal.
Der Götter Rat
ließ er berufen;
den Hochsitz nahm
heilig er ein:
ihm zu Seiten
hieß er die Bangen sich setzen,
in Ring und Reih'
die Hall' erfüllen die Helden.
So sitzt er,
sagt kein Wort,
auf hehrem Sitze
stumm und ernst,
des Speeres Splitter
fest in der Faust;

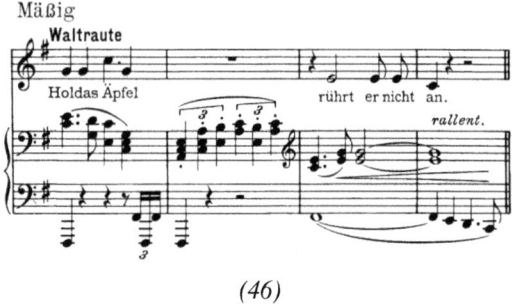

(46)

Das Motiv der Rheintöchter taucht auf (11 d), ebenfalls
sehr leise, sehr fern, wie in Erinnerung.
Dann dominiert das »Unmuts-Motiv« wieder, das hier den
Sinn von Trauer, stiller Verzweiflung annimmt (45).
Beim Gedenken Brünnhildes erklingt die ergreifende Tonfolge,
die einst – zu Ende der »Walküre« – Wotans Abschied von sei-
nem Lieblingskind begleitete, sein Scheidegruß
(»Zum letzten Mal letz' es mich heut' …«)

(47)

Unmittelbar aus diesem entwickelt sich (in den Klarinetten)
das Ring-Motiv (11 a), das Entsagungs-Motiv (11 b) wird angedeutet, das Motiv der Rheintöchter (11 d) löst das Fluch-
Motiv (14) ab und geht in den versöhnlich ausklingenden
Schluß des Walhall-Motivs (4 letzte Takte) über.
Wagner »erzählt« in Motiven, Text und Musik in völlige geistige Einheit zusammengefaßt. Die nachdenklich gewordene,

Holdas Äpfel
rührt er nicht an.
Staunen und Bangen
binden starr die Götter.
Seine Raben beide
sandt' er auf Reise:
kehrten die einst
mit guter Kunde zurück,
dann noch einmal,
zum letztenmal,
lächelte ewig der Gott.
Seine Knie umwindend,
liegen wir Walküren;
blind bleibt er
den flehenden Blicken;
uns alle verzehrt
Zagen und endlose Angst.
An seine Brust
preßt' ich mich weinend: *(zögernd)*
da brach sich sein Blick –
er gedachte, Brünnhilde, dein!
Tief seufzt' er auf,
schloß das Auge,
und wie im Traume
raunt' er das Wort: »Des tiefen Rheines Töchtern
gäbe den Ring sie wieder zurück,
von des Fluches Last
erlöst wär' Gott und Welt!«
Da sann ich nach:

resignierte Musik erfährt eine Belebung: Mit dem »Unmuts-Motiv«, dem Motiv von Sorge und Verzweiflung (45), erwächst Waltrautes Entschluß, zur verbannten Schwester zu eilen. Das Motiv des Walkürenritts (17 in gedrängtester Form) begleitet ihre Fahrt durch die Lüfte, mit gewaltigem Orchesterausbruch wirft sie sich Brünnhilde flehend zu Füßen. Brünnhildes ruhige Antwort erfolgt auf das Unmuts-, das Sorge-Motiv (45): Waltrautes Verzweiflung über das Schicksal Wotans berührt sie nur noch wie von weitem: Sie gehört nicht mehr zur Götterwelt. Auch das Walhall-Motiv (4, Takt 4) klingt nur noch (von drei Hörnern pianissimo geblasen) wie eine Erinnerung.

Ein scharfer Akzent im Orchester (mit dem Ring-Motiv 11 a in den Streichern und Schicksals-Motiv 2 in der Posaune gleichzeitig) enthüllt Waltrautes Anliegen. Brünnhilde kann und will es nicht fassen: das Höchste, was sie besitzt, soll sie fernen Göttern, die sich längst von ihr getrennt haben, opfern? Heftig wogt das Orchester, wie Brünnhildes empörte Gedanken, immer wieder, immer stärker formt es das Ring-Motiv (11 a).

von seiner Seite
durch stumme Reihen
stahl ich mich fort;
in heimlicher Hast
bestieg ich mein Roß
und ritt im Sturme zu dir.
Dich, o Schwester,
beschwör ich nun:
was du vermagst,
vollend' es dein Mut!
Ende der Ewigen Qual!
(Sie hat sich vor Brünnhilde niedergeworfen.)

Brünnhilde (ruhig):

Welch banger Träume Mären
meldest du Traurige mir!
Der Götter heiligem
Himmelsnebel
bin ich Törin enttaucht:
nicht faß ich, was ich erfahre.
Wirr und wüst
scheint mir dein Sinn;
in deinem Aug',
so übermüde,
glänzt flackernde Glut.
Mit blasser Wange,
du bleiche Schwester,
was willst du Wilde von mir?

Waltraute (heftig):

An deiner Hand, der Ring,
er ist's; hör meinen Rat:
für Wotan wirf ihn von dir!

Brünnhilde: Den Ring? Von mir?

Waltraute: Den Rheintöchtern gib ihn zurück!

Brünnhilde:

Den Rheintöchtern, ich, den Ring?
Siegfrieds Liebespfand?
Bist du von Sinnen?

Auf dem Höhepunkt von Brünnhildes leidenschaftlicher Er-
klärung erklingt im vollen, harfenverstärkten Orchester das
glühende Motiv der Liebe (18), von Siegfrieds Liebe zu
Brünnhilde.
Aus dem Unmuts- oder Sorge-Motiv (45) steigt feierlich, wie
ein Schwur Brünnhildes, jenes Motiv, mit dem einst (in »Rhein-
gold«) Alberich der Liebe entsagte und damit das Drama des
Rings, des Goldes – als Gegenpol der Liebe – in Gang setzte:
Sie wird diesen Weg nie gehen, denn sie hat erkannt, daß
die Liebe das Höchste des Lebens ist:

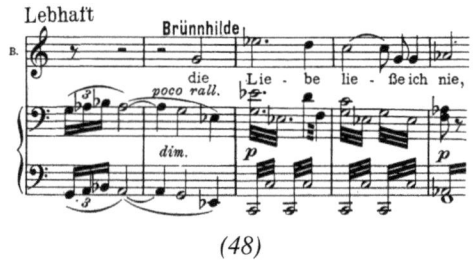

(48)

Waltraute:

Hör mich, hör meine Angst!
Der Welt Unheil
haftet sicher an ihm.
Wirf ihn von dir,
fort in die Welle!
Walhalls Elend zu enden,
den verfluchten wirf in die Flut!

Brünnhilde:

Ha, weißt du, was er mir ist?
Wie kannst du's fassen,
fühllose Maid!
Mehr als Walhalls Wonne,
mehr als der Ewigen Ruhm
ist mir der Ring:
ein Blick auf sein helles Gold,
ein Blitz aus dem hehren Glanz
gilt mir werter
als aller Götter
ewig währendes Glück!
Denn selig aus ihm
leuchtet mir Siegfrieds Liebe,
Siegfrieds Liebe!
O ließ' sich die Wonne dir sagen!
Sie – wahrt mir der Reif.
Geh hin zu der Götter
heiligem Rat!
Von meinem Ringe
raune ihnen zu:

Die Liebe ließe ich nie,
mir nähmen nie sie die Liebe,
stürzt' auch in Trümmern
Walhalls strahlende Pracht!

Verzweifelt erwidert Waltraute: Ihr Gesang nimmt die Tonfolge des Fluch-Motivs (14) an, das noch im Orchester fortklingt: Wieder erfährt der Hörer mehr, viel mehr als die handelnden Personen auf der Bühne wissen. Er sieht voraus, daß Alberichs entsetzlicher Fluch auch Brünnhildes überwältigendes Liebesglück zerstören wird...
Waltraute stürzt davon, mit voller Kraft vom Orchester untermalt. Aus diesem wird es wie Seufzer vernehmbar – mancher Deuter will in dieser oft vorkommenden Folge von nur zwei, schrittweise abwärts führenden Tönen ein »Wehe-Motiv« herauslesen –, bevor das Walkürenritt-Motiv (17) Waltrautes sich entfernenden rasenden Ritt durch die Lüfte begleitet. Mit ihm (in den Blechbläsern) mischt sich der Walkürenruf (42) in den fortissimo-Streichern. Langsam entfernen sich Sturm und Erregung, im Abendlicht glänzt nun wieder ruhig die Höhe, auf der Brünnhilde in glücklichen Liebesgedanken an Siegfried versinkt.
Das stillgewordene Motiv des Feuerzaubers (28 b) glitzert und deutet Brünnhildes Schutz an. Aber der Flammenschein – und zugleich das Orchester – werden unruhiger (die Motive Loges, 9, und des Feuerzaubers, 28 letzter Takt, verbinden sich: Das gebändigte Brennen des Feuerwalls um den Brünnhildenfelsen wird vom Feuergott abermals entfacht, in Unruhe versetzt).

Da, ein Hornruf aus der Tiefe: Siegfrieds Motive (34 und 23) erschallen zu Brünnhilde hin, die jubelnd aufspringt und »ihrem Gott« (wohl sehr bewußt legt ihr Wagner hier diesen Aufschrei in den Mund, nachdem sie ihre endgültige Abkehr von Walhall

Waltraute:

    Dies deine Treue?

    So in Trauer

    entlässest du lieblos die Schwester?

Brünnhilde:

    Schwinge dich fort!

    Fliege zu Roß!

    Den Ring entführst du mir nicht!

Waltraute:

    Wehe! Wehe!

    Weh dir, Schwester!

    Walhalls Göttern weh!

(Sie stürzt fort. Bald erhebt sich unter Sturm eine Gewitter-wolke aus dem Tann.)

Brünnhilde (während sie der davonziehenden, hell erleuchteten Gewitterwolke, die sich bald gänzlich in der Ferne verliert, nachblickt):

    Blitzend Gewölk,

    vom Wind getragen,

    stürme dahin:

    zu mir nie steure mehr her!

(Es ist Abend geworden. Aus der Tiefe leuchtet der Feuerschein allmählich heller auf. Brünnhilde blickt ruhig in die Landschaft hinaus.)

    Abendlich Dämmern

    deckt den Himmel;

    heller leuchtet

    die hütende Lohe herauf.

(Der Feuerschein nähert sich aus der Tiefe. Immer glühendere Flammenzungen lecken über den Felsensaum auf.)

    Was leckt so wütend

    die lodernde Welle zum Wall?

    Zur Felsenspitze

    wälzt sich der feurige Schwall.

        (Brünnhilde fährt entzückt auf.)

    Siegfried!

    Siegfried zurück?

    Seinen Ruf sendet er her!

vollzogen hat) entgegenstürzt. Das stürmisch, wie Brünnhildes Blut dahinrasende volle Orchester reißt plötzlich ab, nur wie ein Echo liegt der mit jedem Augenblick schwächer werdende Hörnerklang in der Luft. Fast tonlos stammelnd erlebt Brünnhilde den grausamsten, entsetzlichsten Augenblick ihres Daseins (gegen den selbst Wotans einstige Bestrafung verblaßt). Ist es Hagens Motiv, das hier kurz in den tiefsten Streichern angedeutet wird? Es hätte einen Sinn: Seinem furchtbaren Plan gemäß entwickelt sich alles, was nun geschieht. Dann formen, nach langem Verklingen, die Hörner das Tarnhelm-Motiv (32, siehe auch Leitmotivtafel!), dessen geheimnisvolle Klänge das Schaurige der Stimmung grauenvoll unterstreichen. Sie gehen in das Vergessens-Motiv (38) über, das Wagner wohl mit voller Absicht dem Tarnhelm-Motiv so ähnlich gemacht hat: Das einzige Mal, da der »herrlichste Held der Welt« sich des Tarnhelms, also einer Täuschung bedient, geschieht es unter dem Einfluß, dem Zwang eines magischen Trankes!

Das Gibichungen-Motiv (26) unterstreicht Siegfrieds Werbung: denn er wirbt nicht in eigener, sondern in Gunthers Gestalt. Aber das Motiv ist gegenüber seinem ersten – gewissermaßen stolzen – Auftreten im heimischen Palast sozusagen kleinlauter geworden, fast als wäre Siegfried in dieser täuschenden Rolle nicht wohl.

Wagner wendet hier einen musikalischen Kunstgriff an. Da Siegfried Tenor, Gunther aber Bariton ist, läßt er hier Siegfried durchgehend in tieferer, also fast Baritonlage singen. Dazu ist es notwendig, das Orchester »durchsichtig« zu halten, um die Worte verständlich zu machen.

Auf seine Identität angesprochen, verbirgt Siegfried sich hinter der Maske: im Orchester das (dem Tarnhelm-Motiv verwandte) Motiv des tiefen Vergessens, wie zuvor. Und wieder das schon vorher aufgetauchte Gibichungen-Motiv bei der Nennung des vorgetäuschten Namens Gunthers durch Siegfried.

Auf! – Auf, ihm entgegen!
In meines Gottes Arm!

(Sie eilt in höchstem Entzücken dem Felsrande zu. Feuerflam-
men schlagen herauf, aus ihnen springt Siegfried auf einen
hochragenden Felsstein empor, worauf die Flammen sogleich
wieder zurückweichen und abermals nur aus der Tiefe herauf-
leuchten. Siegfried, auf dem Haupte den Tarnhelm, der ihm bis
zur Hälfte das Gesicht verdeckt und nur die Augen freiläßt, er-
scheint in Gunthers Gestalt.)
Brünnhilde (weicht voll Entsetzen zurück, flieht bis in den Vor-
dergrund und heftet von da aus in sprachlosem Erstaunen
ihren Blick auf Siegfried):

Verrat! – Wer drang zu mir?

(Siegfried im Hintergrunde auf dem Steine verweilend, be-
trachtet Brünnhilde, regungslos auf seinen Schild gelehnt.)

Siegfried (mit verstellter [rauherer] Stimme):
Brünnhild'! Ein Freier kam,
den dein Feuer nicht geschreckt.
Dich werb ich nun zum Weib:
du folge willig mir!

Brünnhilde (heftig zitternd):
Wer ist der Mann,
der das vermochte,
was dem Stärksten nur bestimmt?
Siegfried (unverändert wie zuvor):
Ein Helde, der dich zähmt,
bezwingt Gewalt dich nur.
Brünnhilde:
Ein Unhold schwang sich
auf jenen Stein!
Ein Aar kam geflogen,
mich zu zerfleischen!
Wer bist du, Schrecklicher? *(Langes Schweigen.)*

Brünnhildes verzweifelter Aufschrei zeichnet sich – psychologisch sehr begründet – durch gewaltige Stimmsprünge aus, von denen einige die Oktave überschreiten (Ähnliches wird dann eigentlich erst wieder in der Musik des 20.Jahrhunderts zu finden sein!). Im Gegensatz dazu tauchen im Orchester immer wieder enge, dramatische Tonfolgen auf.

Die grauenhafte Kampfszene, höchst erregt von einem immer wieder hochgepeitschten Orchester begleitet, bringt auch im-

Stammst du von Menschen?
Kommst du von Hellas
nächtlichem Heer?

Siegfried (wie zuvor, mit etwas bebender Stimme beginnend,
alsbald aber wieder sicherer fortfahrend):

Ein Gibichung bin ich,
und Gunther heißt der Held,
dem, Frau, du folgen sollst.

Brünnhilde (in Verzweiflung ausbrechend):

Wotan! Ergrimmter,
grausamer Gott!
Weh! Nun erseh ich
der Strafe Sinn;
zu Hohn und Jammer
jagst du mich hin!

Siegfried (springt vom Steine herab und tritt näher heran):

Die Nacht bricht an:
in deinem Gemach
mußt du dich mir vermählen!

Brünnhilde (indem sie den Finger, an welchem sie Siegfrieds
Ring trägt, drohend ausstreckt):

Bleib fern! Fürchte dies Zeichen!
Zur Schande zwingst du mich nicht,
so lang der Ring mich beschützt.

Siegfried:

Mannesrecht gebe er Gunther,
durch den Ring sei ihm vermählt!

Brünnhilde:

Zurück, du Räuber!
Frevelnder Dieb!
Erfreche dich nicht, mir zu nahn!
Stärker als Stahl
macht mich der Ring:
nie – raubst du ihn mir!

Siegfried:

Von dir ihn zu lösen,
lehrst du mich nun!

(Er dringt auf sie ein; sie ringen miteinander. Brünnhilde
windet sich los, flieht und wendet sich um, wie zur Wehr.)

mer wieder Motive oder ihre Andeutung: Das Walküren-Motiv,
das Fluch-Motiv, das Vergessens-Motiv, das Ring-Motiv und
immer wieder das des Tarnhelms, zuletzt das Motiv der Blutsbrüderschaft (39) und das des Schwerts (12 b), die andeuten
sollen, Siegfried werde sich Brünnhilde nicht ehelich nähern,
sondern dem Freund, dem Blutsbruder die Treue halten.

Dies ist nur einiges vom Auffallendsten der musikalischen Gestaltung dieser Szene: Fast aus jedem Takt ließe sich durch die
Motivverwendung ein neuer dramatischer Sinn herauslesen.
Der Aktschluß aber gehört, wie in einer strahlenden Apotheose,
Brünnhilde, deren Motiv (15 b) in den Geigen hoch aufleuch-
tet: Zerbrochen und gedemütigt ist sie doch die moralische
Siegerin, nichts von ihrer tiefen, inneren Größe ist ihr durch
das schändliche Spiel genommen, das Hagen rund um sie –
im Namen des rächenden Alberich – entfesselt hat.

(Siegfried greift sie von neuem an. Sie flieht, er erreicht sie.
Beide ringen heftig miteinander. Er faßt sie bei der Hand und
entzieht ihrem Finger den Ring. Brünnhilde schreit heftig auf.
Als sie wie zerbrochen in seinen Armen niedersinkt, streift ihr
Blick bewußtlos die Augen Siegfrieds.)
Siegfried (läßt die Machtlose auf die Steinbank vor dem Fel-
sengemach niedergleiten):
    Jetzt bist du mein,
    Brünnhilde, Gunthers Braut –
    Gönne mir nun dein Gemach!
Brünnhilde (starrt ohnmächtig vor sich hin, matt):
    Was könntest du wehren,
    elendes Weib?
(Siegfried treibt sie mit einer gebietenden Gebärde an. Zitternd
und wankenden Schrittes geht sie in das Gemach.)
Siegfried (zieht sein Schwert, mit seiner natürlichen Stimme):
    Nun, Nothung, zeuge du,
    daß ich in Züchten warb.
    Die Treue wahrend dem Bruder,
    trenne mich von seiner Braut.
    (Er folgt Brünnhilde nach. Der Vorhang fällt.)

Das Vorspiel zum zweiten Aufzug legt eine äußerst düstere Grundstimmung fest, ohne bis zum Aufgehen des Vorhangs klare Motive zu zitieren. Lange Posaunenakkorde und ein sehr unruhiger, synkopierter Rhythmus in tiefen Geigen und Bratschen werden von ebenfalls sehr langen, hohen Holzbläsereinsätzen abgelöst. Die Celli, Kontrabässe und Fagotte deuten ein dumpfes dramatisches Geschehen an.

Wer darin nach Motiven sucht, kann sie als das »Haß-Motiv« der Nibelungen (die synkopierten, gleichbleibenden Streicherakkorde), das Hagen-Motiv (25, im Melodiesprung) und ein »Wehe-Motiv« (ein im Sekundschritt angedeuteter Seufzer) identifizieren. Als die Personen sichtbar werden, erklingt leise in den hohen, gedämpften Geigen das Ring-Motiv (49 a); dünn bringen die Klarinetten das Nibelungenhaß-Motiv (49 b), bei dem zu den synkopierten, gleichbleibenden Akkorden noch eine rasche, seufzerartig auffahrende Bratschenfigur (in der linken Hand) als integrierender Bestandteil tritt:

(49)

ZWEITER AUFZUG

VORSPIEL UND ERSTE SZENE
Uferraum
Vor der Halle der Gibichungen; rechts der offene Eingang zur Halle; links das Rheinufer; von diesem aus erhebt sich eine durch verschiedene Bergpfade gespaltene, felsige Anhöhe quer über die Bühne, nach rechts dem Hintergrunde zu aufsteigend. Dort sieht man einen der Fricka errichteten Weihstein, welchem höher hinauf ein größerer für Wotan sowie seitwärts ein gleicher für Donner geweihter entspricht.
Es ist Nacht.

(Hagen, den Speer im Arme, den Schild zur Seite, sitzt schlafend an einen Pfosten der Halle gelehnt. Hier tritt der Mond plötzlich hervor und wirft ein grelles Licht auf Hagen und seine nächste Umgebung; man gewahrt Alberich vor Hagen kauernd, die Arme auf dessen Knie gelehnt.)

Alberich (leise):
    Schläfst du, Hagen, mein Sohn?
    Du schläfst und hörst mich nicht,
    den Ruh' und Schlaf verriet?

101

Das Ring-Motiv (11 a, 49 a) wird hier mit dem Entsagungs-Motiv ergänzt (11 b, 48): Alberich mußte, um das Gold rauben und den Ring schmieden zu können, auf die Liebe verzichten (nicht aber auf die »Lust« als niederen Trieb zum einzigen Zweck der Zeugung).
Immer wieder bricht das Haß-Motiv (49 b) durch. Das nächtliche Zwiegespräch dreht sich um dieses einzige Thema: Haß, Rache, Wiedereroberung des Ringes, also der Macht.

Hier taucht in Alberichs Gesangsmelodie das Schwert-Motiv auf (von den Oboen nur andeutungsweise unterstützt) und wird sofort in das Walhall-Motiv (4) übergeleitet. Dieses aber erscheint in harmonisch »verminderter« Form und drückt dadurch wohl verächtlich das für Alberich zweifellos nahe bevorstehende Ende der Götter aus. Das Haß-Motiv (49 b) bleibt weiterhin führend. Wagner sorgt hier für sehr deutliche Dekla-

Hagen (leise, ohne sich zu rühren, so daß er immerfort
zu schlafen scheint, obwohl er die Augen offen
hat):

    Ich höre dich, schlimmer Albe:
    was hast du meinem Schlaf zu sagen?

Alberich:

    Gemahnt sei der Macht,
    der du gebietest,
    bist du so mutig,
    wie die Mutter dich mir gebar!

Hagen (immer wie zuvor):

    Gab mir die Mutter Mut,
    nicht mag ich ihr doch danken,
    daß deiner List sie erlag:
    frühalt, fahl und bleich,
    haß ich die Frohen,
    freue mich nie!

Alberich (wie zuvor):

    Hagen, mein Sohn!
    Hasse die Frohen!
    Mich Lustfreien,
    Leidbelasteten
    liebst du so, wie du sollst!
    Bist du kräftig,
    kühn und klug:
    die wir bekämpfen
    mit nächtigem Krieg,
    schon gibt ihnen Not unser Neid.
    Der einst den Ring mir entriß,
    Wotan, der wütende Räuber,
    vom eignen Geschlechte
    ward er geschlagen:
    an den Wälsung verlor er
    Macht und Gewalt;
    mit der Götter ganzer Sippe
    in Angst ersieht er sein Ende.
    Nicht ihn fürcht ich mehr:
    fallen muß er mit allen!
    Schläfst du, Hagen, mein Sohn?

mation, wie immer, wenn eine Textstelle ihm besonders bedeutungsvoll scheint.

Alberich erkennt Siegfrieds wahres Wesen; das Schwert-Motiv (12 b) blitzt auf, das Riesen-Motiv (verwandelt in Fafner-Motiv 31) erscheint und geht in das Ring-Motiv (11 a, 49 a) über, in voller Übereinstimmung mit Alberichs Erzählung von Siegfrieds Werdegang. (Wozu er diesen allerdings erzählt, ist eine kaum befriedigend zu beantwortende Frage: Hagen kennt diese Geschichte selbst sehr genau.)
Das Ring-Motiv bleibt vorherrschend, denn um den Ring bewegt sich Alberichs Denken ohne Unterlaß, um seinetwillen hat er seinen Sohn Hagen aufgesucht und mahnt ihn nun zu erhöhter Anstrengung, zu steter Bereitschaft im Kampf gegen die Ur- und Erzfeinde, denen die Weltherrschaft abgerungen werden muß.

Die Tonfolge von Siegfrieds Hornruf erschallt, vom Horn angestimmt, von den Geigen fortgeführt; sie weist, mehr als die anderen Siegfried-Motive, auf die Naivität, die Weltunkenntnis des Helden hin (23). Das abermalige Ring-Motiv geht bei Hagens Erwiderung in das Haß-Motiv über. Gleichzeitig deuten die Kontrabässe das Hagen-Motiv (25) – als Melodiesprung Es-A, eines Tritonusintervalls – kurz an.

Brünnhildes Liebes-Motiv (43, ursprünglich auch Liebes-Motiv der Wälsungen) klingt im Orchester (Klarinette) auf, doch verschwindet das Nibelungenhaß-Motiv mit seinem synkopierten Rhythmus niemals vollkommen, sondern kehrt im-

Hagen (bleibt unverändert wie zuvor):
    Der Ewigen Macht,
    wer erbte sie?
Alberich:
    Ich – und du!
    Wir erben die Welt.
    Trüg ich mich nicht
    in deiner Treu',
    teilst du meinen Gram und Grimm.
    Wotans Speer
    zerspellte der Wälsung,
    der Fafner, den Wurm,
    im Kampfe gefällt
    und kindisch den Reif sich errang.
    Jede Gewalt
    hat er gewonnen;
    Walhall und Nibelheim *(immer heimlich)*
    neigen sich ihm.
    An dem furchtlosen Helden
    erlahmt selbst mein Fluch:
    denn nicht kennt er
    des Ringes Wert,
    zu nichts nützt er
    die neidlichste Macht.
    Lachend in liebender Brunst,
    brennt er lebend dahin.
    Ihn zu verderben,
    taugt uns nun einzig!
    Schläfst du, Hagen, mein Sohn?
Hagen (wie zuvor):
    Zu seinem Verderben
    dient er mir schon.
Alberich:
    Den goldnen Ring,
    den Reif gilt's zu erringen!
    Ein weises Weib
    lebt dem Wälsung zulieb:
    riet es ihm je
    des Rheines Töchtern,

mer wieder. Es begleitet auch die kurze Andeutung des seiner-
zeitigen Gesangs der Rheintöchter (aus »Rheingold«, siehe
Leitmotivtabelle), der wieder in das Ring-Motiv zurückleitet.

Bei der Erwähnung Fafners ertönt auch eine Andeutung
seines Riesen-Motivs. Kurz wird das Schwert-Motiv eingeblen-
det, als »der Wälsung« als Besieger des Drachens in Alberichs
Rede auftaucht. Und ein ebenso kurzes Zitat des (verzerrten)
Walhall-Motivs begleitet die Erwähnung Wotans: Hier wird
klar, daß Wagner seine textlichen Erzählungen mit den jeweils
entsprechenden musikalischen Motiven untermalt und damit
gewissermaßen dem Hörer auf zwei verschiedenen, von ihm in
Übereinstimmung gebrachten Ebenen nahebringt.
Das Zeitmaß, in steigender Erregung während Alberichs Er-
mahnungen, beruhigt sich wieder mit Hagens steinerner Hal-
tung und Rede. Das Nibelungenhaß-Motiv beherrscht das
Ende dieser dunklen Szene, genau wie es ihren Anfang kenn-
zeichnete: lange Bläserakkorde, der unruhig synkopierende,
bohrende, klopfende Streicherrhythmus in tiefen Lagen. Die
Posaunen blasen, mahnend und gefahrdrohend, das Fluch-
Motiv (14). Unter dem mehrmaligen Wehe- oder Seufzer-Motiv
(siehe Leitmotivtafel) – der abfallenden Sekunde – verschwin-
det Alberich im Dunkel, das Orchester beginnt in sehr zarten
Farben (einer langen Melodie der Baßklarinette über einer
ausgehaltenen Note der Violoncelli: beide gehen zuletzt in An-
deutungen von Motiven über). Dann treten die Hörner hervor:
Ihr stärkerer, lebhafterer Klang malt das Morgenrot auf dem
Rhein. Ihre Einsätze erfolgen – ein bei Wagner eher seltener
Rekurs – in kanonischer Form. In ununterbrochenem Cres-

die in Wassers Tiefen
einst mich betört,
zurückzugeben den Ring,
verloren ging' mir das Gold,
keine List erlangte es je.
Drum ohne Zögern
ziel auf den Reif!
Dich Zaglosen
zeugt' ich mir ja,
daß wider Helden
hart du mir hieltest.
Zwar stark nicht genug,
den Wurm zu bestehn,
was allein dem Wälsung bestimmt,
zu zähem Haß doch
erzog ich Hagen,
der soll mich nun rächen,
den Ring gewinnen
dem Wälsung und Wotan zum Hohn!
Schwörst du mir's, Hagen, mein Sohn?

(Von hier an bedeckt ein immer finsterer werdender Schatten
wieder Alberich. Zugleich beginnt das erste Tagesgrauen.)

Hagen (immer wie zuvor):
Den Ring soll ich haben:
harre in Ruh'!

Alberich: Schwörst du mir's, Hagen, mein Held?

Hagen:
Mir selbst schwör ich's;
schweige die Sorge!

Alberich (wie mit dem Folgenden seine Gestalt immer mehr
dem Blicke entschwindet, wird auch seine Stimme immer
unvernehmbarer):
Sei treu, Hagen, mein Sohn!
Trauter Helde! – Sei treu!
Sei treu! – Treu!

(Alberich ist gänzlich verschwunden. Hagen, der unverändert
in seiner Stellung verblieben, blickt regungslos und starren

cendo bilden sie ein wiederum stark tonmalerisches Stück von Morgenstimmung und Tagesanbruch.

Mit einem scharf abwärtsführenden Lauf in Bratschen und Celli erscheint plötzlich Siegfried, ein Horn intoniert seinen Ruf (23, verkürzt).

Der lebhaft, energisch bewegte Begrüßungsrhythmus geht bei Siegfrieds Erwähnung des »Brünnhildensteins« in das flakkernde Motiv des Feuerzaubers über (9). Siegfrieds Hornruf wird angedeutet und gleich darauf – nur mit der ersten Figur – das Walküren-Motiv. Da dieser Rhythmus dreimal hintereinander auftaucht, dürfte er nicht zufällig sein: Er bezieht sich auf Brünnhilde, die aber, längst nicht mehr Walküre und nun sogar erniedrigt und gebrochen, nur noch Reste des einstigen Motivs zu besitzen scheint.
Hagens Ruf nach Gutrune läßt deren Motiv immer stärker hervortreten. Nach einer kurzen Erwähnung des Feuerzauber- oder Loge-Motivs (9) wandelt Wagner das Gutrune-Motiv (37) in ein fanfarenartigeres Motiv, das wenig später in Hagens Hochzeitsruf verwandelt werden wird:

(50)

Auges nach dem Rhein hin, auf welchem sich die Morgendäm-
merung ausbreitet. Der Rhein färbt sich vom immer stärker er-
glühenden Morgenrot.)

ZWEITE SZENE

(Hagen macht eine zuckende Bewegung. Siegfried tritt plötz-
lich, dicht am Ufer, hinter einem Busche hervor.)
Siegfried:
    Hoioh, Hagen!
    Müder Mann!
    Siehst du mich kommen?
(Er ist in seiner eigenen Gestalt; nur den Tarnhelm hat er noch
auf dem Haupte. Diesen zieht er jetzt ab und hängt ihn,
während er hervorschreitet, in den Gürtel.)
Hagen (erhebt sich gemächlich):
    Hei, Siegfried!
    Geschwinder Helde!
    Wo brausest du her?
Siegfried:
    Vom Brünnhildenstein!
    Dort sog ich den Atem ein,
    mit dem ich dich rief:
    so schnell war meine Fahrt!
    Langsamer folgt mir ein Paar:
    zu Schiff gelangt das her!
Hagen: So zwangst du Brünnhild'?
Siegfried: Wacht Gutrune?
Hagen (in die Halle rufend):
    Hoiho, Gutrune,
    komm heraus!
    Siegfried ist da:
    was säumst du drin?
Siegfried (sich zur Halle wendend):
    Euch beiden meld ich,
    wie ich Brünnhild' band.
      (Gutrune tritt ihm aus der Halle entgegen.)
Siegfried:
    Heiß mich willkommen,

109

In der Erzählung Siegfrieds wird wiederum jede Textstelle durch das ihr sinngemäß zugeordnete musikalische Motiv begleitet: ein stark umgearbeitetes, aber doch erkennbares »Waberlohe«-Motiv (aus dem Finale der »Walküre«, 61) begleitet den Bericht über das Feuer, es wird von Gutrunes Motiv (37) unterbrochen, da Siegfried das Feuer in Gedanken an diese durchbrach, nicht an die ihm gleichgültig gewordene Brünnhilde.

Eine Mischung von Loge-(Feuerzauber-) und Tarnhelm-Motiv begleitet dessen Erwähnung. Bei Nennung von Gunthers Namen ist das Gibichungen-Motiv (26) gegenwärtig. Dann taucht, wie kurz zuvor in nur angedeuteter Form, das Walküren-Motiv (17) auf, als Gutrune sich weiblich eifersüchtig nach Einzelheiten der »Werbung« erkundigt. Siegfried beruhigt sie mit dem Gutrune-Motiv (37), nachdem in den Hörnern das Vergessens-Motiv (38) erklang.

Kurz das Schwert-Motiv (35 d) (zu dem Siegfried Gutrune erklärt, Nothung habe ihn während der ganzen Nacht von Brünnhilde getrennt). Dann beherrschen die Feuer-Motive (Feuerzauber, Loge) durch längere Strecken das musikalische Geschehen.

Gibichskind!
Ein guter Bote bin ich dir.
Gutrune: Freia grüße dich
zu aller Frauen Ehre!
Siegfried:
Frei und hold
sei nun mir Frohem:
zum Weib gewann ich dich heut.
Gutrune: So folgt Brünnhild' meinem Bruder?
Siegfried: Leicht ward die Frau ihm gefreit.
Gutrune: Sengte das Feuer ihn nicht?
Siegfried:
Ihn hätt' es auch nicht versehrt,
doch ich durchschritt es für ihn,
da dich ich wollt' erwerben.
Gutrune: Doch dich hat es verschont?
Siegfried: Mich freute die schwebende Brunst.
Gutrune: Hielt Brünnhild' dich für Gunther?
Siegfried:
Ihm glich ich auf ein Haar:
der Tarnhelm wirkte das,
wie Hagen tüchtig es wies.
Hagen: Dir gab ich guten Rat.
Gutrune: So zwangst du das kühne Weib?
Siegfried: Sie wich – Gunthers Kraft.
Gutrune: Und vermählte sie sich dir?
Siegfried:
Ihrem Mann gehorchte Brünnhild'
eine volle bräutliche Nacht.
Gutrune: Als ihr Mann doch galtest du?
Siegfried: Bei Gutrune weilte Siegfried.
Gutrune: Doch zur Seite war ihm Brünnhild'?
Siegfried (auf sein Schwert deutend):
Zwischen Ost und West der Nord:
so nah – war Brünnhild' ihm fern.
Gutrune: Wie empfing Gunther sie nun von dir?
Siegfried:
Durch des Feuers verlöschende Lohe
im Frühnebel vom Felsen

111

Die Anspielung auf den Tarnhelm (»des Geschmeides Tu-gend«) läßt dessen Motiv andeutungsweise in der Musik auf-tauchen (32 oder 51 d). Es geht in Siegfrieds Hornruf (23) über.

Hier begleitet Wagner Gutrunes besorgte Worte mit dem Ver-gessens-Motiv (38).

Eine freundlich-helle Tonfolge begleitet Gutrunes Wunsch, Brünnhilde »hold« zu empfangen; sie ahnt demnach wirklich nicht, welche unauslöschliche Kränkung sie ihr zugefügt hat. Die Musik geht in Hagens Hochzeitsruf über (50), der immer mächtiger wird.

Hagen stößt in sein Stierhorn, das wie alle derartigen Instru-mente nur einen einzigen, aber sehr klangstarken, wenn auch rauhen Ton hervorbringen kann. Und ebenso kreist seine Stimme hier um einen einzigen zentralen Ton: das C seiner oberen Oktave, von dem die Melodie sich nur wenig entfernt (zum Des, D, Es darüber sowie zum As und A darunter). Es ist ein gewaltiger, wilder Ruf, der wenig Hochzeitliches an sich hat. Ebenso hart, ja heftig ist das Orchester behandelt: Durch das dichte Streichertremolo dringen Bläserrufe.

folgte sie mir zu Tal;
dem Strande nah,
flugs die Stelle
tauschte Gunther mit mir:
durch des Geschmeides Tugend
wünscht' ich mich schnell hieher.
Ein starker Wind nun treibt
die Trauten den Rhein herauf:
drum rüstet jetzt den Empfang!
Gutrune:
Siegfried, mächtigster Mann!
Wie faßt mich Furcht vor dir!
Hagen (vom Ufer herrufend):
In der Ferne seh ich ein Segel.
Siegfried: So sagt dem Boten Dank!
Gutrune:
Lasset uns sie hold empfangen,
daß heiter sie und gern hier weile!
Du, Hagen, minnig
rufe die Mannen
nach Gibichs Hof zur Hochzeit!
Frohe Frauen
ruf ich zum Fest:
der Freudigen folgen sie gern.
(Nach der Halle zuschreitend, wendet sie sich wieder um.)
Rastest du, schlimmer Held?
Siegfried: Dir zu helfen, ruh ich aus.
(Er reicht ihr die Hand und geht mit ihr in die Halle.)

DRITTE SZENE
*Hagen (hat einen Felsenstein in der Höhe des Hintergrundes
erstiegen; dort setzt er jetzt sein Stierhorn zum Blasen an):*
Hoiho! Hoihohoho!
Ihr Gibichsmannen,
machet euch auf!
Wehe! Wehe!
Waffen! Waffen!
Waffen durchs Land!

113

Welche Bedeutung dieser Kriegsruf Hagens haben kann, gehört nicht in diese Analyse: Spielt er auf die Katastrophe an, die sich aus diesen Hochzeiten ergeben muß und die er ja herbeiführen will? Ist es sein »grimmiger Humor« (wie manche Wagner-deuter meinen), der einen freundlich-liebenswürdigen Hoch-zeitsruf, eine Einladung zur Freudenfeier, ins Gegenteil ver-kehrt? Die Stelle gibt zu denken. Rein musikalisch fallen Wagners »Modernismen« auf: Die drei Stierhörner auf der Bühne sind in chromatisch nebeneinanderliegenden Tönen ge-stimmt: C, Des, D. So ergeben sich harte Reibungen und Disso-nanzen, die zum oben erwähnten kriegerisch wilden Charakter von Hagens Ruf passen, aber harmonisch für jene Zeit als sehr kühn bezeichnet werden müssen.

Die einzige Chorstelle des gesamten Nibelungenringes be-ginnt: die der Männer des Gibichungenreiches. (Einen Trauer-chor, den Wagner ursprünglich beim nächtlichen Zug der Männer mit Siegfrieds Leiche geplant hatte, ließ er zugunsten eines großen, rein orchestralen Trauermarsches fallen.) Aus Einzelstimmen erwächst durch ununterbrochenes, auch zah-lenmäßiges Anwachsen, rhythmisch immer stärker ineinander-greifend ein wilderregter, durch knappe kanonische Einsätze gesteigerter, äußerst machtvoller Chor der Männerstimmen. Er löst sich später in einen immer noch erregten Dialog zwi-schen Hagen und den in Waffen herbeigeeilten Männern, die an Not und Gefahr glauben.

Hagens Antworten werden auf verschiedene Motive erfolgen: das des Hochzeitsrufs (50) ...

114

Gute Waffen!
Starke Waffen,
Scharf zum Streit.
Not ist da!
Not! Wehe! Wehe!
Hoiho! Hoihohoho!
(Hagen bleibt immer in seiner Stellung auf der Anhöhe.)
(Auf verschiedenen Pfaden stürmen in Hast und Eile gewaffnete Mannen herbei, erst einzelne, dann immer mehrere zusammen.)

Die Mannen (erst einzelne, dann immer neu hinzukommende):
Was tost das Horn?
Was ruft es zu Heer?
Wir kommen mit Wehr,
wir kommen mit Waffen!
Hagen! Hagen!
Hoiho! Hoiho!
Welche Not ist da?
Welcher Feind ist nah?
Wer gibt uns Streit?
Ist Gunther in Not?
Wir kommen mit Waffen,
mit scharfer Wehr.[1]
Hoiho! Ho! Hagen!
Hagen (immer von der Anhöhe herab):
Rüstet euch wohl
und rastet nicht;
Gunther sollt ihr empfahn:
ein Weib hat der gefreit.
Die Mannen: Drohet ihm Not?
Drängt ihn der Feind?
Hagen: Ein freisliches Weib
führet er heim.

---

[1] TV: Im 2. Tenor lautet der Vers: »mit schneidiger Wehr«.

... das Entsagungs-Motiv (11b), dessen tieferer Sinn an dieser Stelle nur schwer zu erfassen ist,

das Siegfried-Motiv (19a in rhythmischer Vereinfachung), als Hagen dem »Wurmtöter« das Verdienst an Gunthers Erfolg zuschreibt, da er »der Not wehrte«.
Die Wahrheit, wie sich die Szene am Brünnhildenfelsen wirklich abgespielt, bleibt natürlich Geheimnis der vier Personen Siegfried, Hagen, Gunther und Gutrune, die dadurch alle – vielleicht in unterschiedlichem Ausmaß – schuldig werden.

Die Mannen: Ihm folgen der Magen
    feindliche Mannen?
Hagen:
    Einsam fährt er:
    keiner folgt.
Die Mannen:
    So bestand er die Not?
    So bestand er den Kampf?
    Sag es an!
Hagen:
    Der Wurmtöter
    wehrte der Not:
    Siegfried, der Held,
    der schuf ihm Heil!
Ein Mann: Was soll ihm das Heer nun noch helfen?
Zehn weitere: Was hilft ihm nun das Heer?
Hagen:
    Starke Stiere
    Sollt ihr schlachten;
    am Weihstein fließe
    Wotan ihr Blut!
Ein Mann: Was, Hagen, was heißest du uns dann?
Acht Mannen: Was heißest du uns dann?
Vier weitere: Was soll es dann?
Alle Mannen: Was heißest du uns dann?
Hagen:
    Einen Eber fällen
    sollt ihr für Froh!
    Einen stämmigen Bock
    stechen für Donner!
    Schafe aber
    schlachtet für Fricka,
    daß gute Ehe sie gebe!
  (Die Mannen in immer mehr ausbrechender Heiterkeit.)
Zwei Mannen:
    Schlugen wir Tiere,
    was schaffen wir dann?
Zwei Mannen: Schlugen wir Tiere.
Acht Mannen: Was schaffen wir dann?

117

Wird hier (und bei seinem nächsten Einsatz) Hagens Verlo-genheit kund, wenn seine Musiksprache sich italienischem Belcanto annähert?

Von hier an und mit einem längeren Unisono-Gesang auf einen zerlegten C-Dur-Dreiklang setzt ein traditioneller Chorteil ein, der an deutsche Opernvorbilder gemahnt. Lediglich im Harmonischen zeigt Wagner Eigenheiten.

Hagen gebietet der überschäumenden Lustigkeit der Männer Einhalt und führt die Szene wieder zum Ernst zurück. Noch mehrmals schmettern Bläser das Motiv des Hochzeitsrufes (50), aus dessen letztem rhythmischen Bestandteil das Orche-ster die Untermalung zu Hagens wichtiger Ermahnung an die Männer gewinnt. Sie ist sowohl stimmlich wie instrumental so gestaltet, daß die bedeutungsvollen Worte voll verständlich werden können.

In ihnen wird sehr klar erkennbar, daß Hagen die kommende Entwicklung genau voraussieht: daher seine Aufforderung zu »rascher Rache«, im Falle Brünnhilde »ein Leid« träfe. Das »Leid« – so erkennt er – wird das Erkennen Siegfrieds sein. Noch ahnt er allerdings nicht, wie leicht die Entdeckung des

Weitere acht Mannen:
> Schlugen wir Tiere,
> was schaffen wir dann?

Hagen:
> Das Trinkhorn nehmt,
> von trauten Fraun
> mit Met und Wein
> wonnig gefüllt!

Alle Mannen:
> Das Trinkhorn zur Hand,
> wie halten wir es dann?

Hagen:
> Rüstig gezecht,
> bis der Rausch euch zähmt!
> Alles den Göttern zu Ehren,
> daß gute Ehe sie geben!

Die Mannen (brechen in ein schallendes Gelächter aus):
> Groß Glück und Heil
> lacht nun dem Rhein,
> da Hagen, der Grimme,
> so lustig mag sein!
> Der Hagedorn
> sticht nun nicht mehr;
> zum Hochzeitsrufer
> ward er bestellt.

Hagen (der immer sehr ernst verblieben, ist zu den Mannen herabgestiegen und steht jetzt unter ihnen):
> Nun laßt das Lachen,
> mut'ge Mannen!
> Empfangt Gunthers Braut!
> Brünnhilde naht dort mit ihm.

(Er deutet die Mannen nach dem Rheine hin; diese eilen zum Teil auf die Anhöhe, während andere sich am Ufer aufstellen, um die Ankommenden zu erblicken.)

Hagen (näher zu einigen Mannen tretend):
> Hold seid der Herrin,
> helfet ihr treu:
> traf sie ein Leid,
> rasch seid zur Rache!

*Betrugs ihr fallen wird, da Siegfried den ihr entrissenen Ring
am Finger trägt.*

*Mit dem Hochzeitsruf (50) wird jubelnd vom ganzen Orchester
und den Chorstimmen der Männer dem ankommenden Boot
»Heil!« entgegengejauchzt.*

*In ständig verlangsamtem Tempo und in feierlichen Rhythmen
sammeln die Jubelrufe sich zu einem Chorgesang, vom Orchester wuchtig und vollklingend untermalt. Als dieses stufenweise abebbt und die Männer erwartungsvoll schweigen, erklingt zu einem scharf einsetzenden und rasch verhauchenden
Streichakkord die Baßklarinette mit einer kurzen Erinnerung
an das Walküren-Motiv (17); wie traurig wirkt die einst so
stolze Tonfolge! Die völlig gebrochene einstige Walküre steht
allein inmitten verständnisloser Fremder und ihrer Peiniger.
Gunther rafft sich auf und singt, zu liegenden Streicherakkor-
den, ihre Vorstellung. Die Begleitung belebt sich und geht
schließlich in eine bewußt feierliche Melodik mit Anspielungen
auf das Gibichungen-Motiv (26) über.*

*Wieder jubeln ihm die Mannen in festem Rhythmus zu. Aber
kaum bricht deren letzter Ton ab, taucht das Walküren-Motiv
(17) in tiefer Klarinette und zwei dumpfen (»gestopften«) Hörnern auf, um sofort in eine schmerzlich absteigende, chromatische Bewegung überzugehen (der von einigen Motivdeutern
die Bedeutung von »Unheil« gegeben wird). Die Düsternis
verschwindet schnell, als die Geigen den Hochzeitsruf (50,
auch als verkürztes Gutrune-Motiv aufzufassen) anstimmen.*

120

*(Er wendet sich langsam zur Seite, in den Hintergrund.
Während des Folgenden kommt der Nachen mit Gunther und
Brünnhilde auf dem Rheine an.)*
Die Mannen *(erst einer, dann mehrere, schließlich alle):*
    Heil! Heil!
    Willkommen! Willkommen!
*(Einige Mannen springen in das Wasser und ziehen den Kahn
an das Land. Alles drängt sich immer dichter an das Ufer.)*
    Willkommen! Gunther!
    Heil! Heil!

VIERTE SZENE

*(Gunther steigt mit Brünnhilde aus dem Kahn; die Mannen rei-
hen sich ehrerbietig zu ihrem Empfange. Während des Folgenden geleitet Gunther Brünnhilde feierlich an der Hand.)*
Die Mannen: Heil dir, Gunther!
    Heil dir und deiner Braut!
    Willkommen!
        (Sie schlagen die Waffen tosend zusammen.)
Gunther *(Brünnhilde, welche bleich und gesenkten Blickes
ihm folgt, den Mannen vorstellend):*
    Brünnhild', die hehrste Frau,
    bring ich euch her zum Rhein.
    Ein edleres Weib
    ward nie gewonnen.
    Der Gibichungen Geschlecht,
    gaben die Götter ihm Gunst,
    zum höchsten Ruhm
    rag' es nun auf!
Die Mannen *(feierlich an ihre Waffen schlagend):*
    Heil! Heil dir,
    glücklicher Gibichung!
*(Gunther geleitet Brünnhilde, welche nie aufblickt, zur Halle,
aus welcher jetzt Siegfried und Gutrune, von Frauen begleitet,
heraustreten.)*

*Zu seinen Klängen begrüßt Gunther – wirklich froh oder sich
so stellend? – Siegfried und Gutrune, die ihm aus dem Palast
entgegenkommen.*

*Bei der Nennung von Siegfrieds Namen erfolgt ein wilder
Aufschrei im Orchester: Er soll zeitlich mit dem Erkennen
Siegfrieds durch Brünnhilde übereinstimmen. Eine Trompete bläst schmetternd das Schwert-Motiv (12 b), zwei gewaltige, abstürzende Tutti-Schläge wirken wie krachender Donner. Die vorher erwähnte »Unheil«-Tonfolge erklingt, durch-
setzt von einer leise klopfenden Pauke. In den Posaunen erscheint pianissimo das Schicksals-Motiv (2) und gleich
danach das des Tarnhelms (32 und, genauer, 51 d). Die un-
heimliche Spannung dieser Szene wird nun durch die in völlige
Leere dumpf hineinschlagende Pauke unterstrichen.*
*Und damit beginnt eine der dramatischsten Szenen des Nibe-
lungenringes, ja des Musiktheaters. Zu Siegfrieds ersten Worten erklingt das Vergessens-Motiv (38), das mit dem Hagen-
Motiv (25) sinngemäß eng verbunden ist. Sie gehen in
Gutrunes Motiv (37) über.*

*Auf Brünnhildes »furchtbar heftigen« Ausbruch folgt in
Holzbläsern und Streichern das spannend verlängerte Schicksals-Motiv (2). Aus der unheimlichen Stille der pianissimo tre-
molierenden Streicher steigt leise in der Klarinette das Brünnhilden-Motiv (15 b), das aus ihrer großen Liebesszene mit
Siegfried stammt. Die Violoncelli wiederholen es, spinnen es in
langsamer Aufwärtsbewegung fort. Brünnhilde kann es nicht
fassen, daß Siegfried sie nicht mehr erkennt.*

Gunther:
>Gegrüßt sei, teurer Held;
>gegrüßt, holde Schwester!
>Dich seh ich froh ihm zur Seite,
>der dich zum Weib gewann.
>Zwei sel'ge Paare
>seh ich hier prangen:
>*(Er führt Brünnhilde näher heran.)*
>Brünnhild' und Gunther,
>Gutrun' und Siegfried!

(Brünnhilde schlägt erschreckt die Augen auf und erblickt Siegfried; wie in Erstaunen bleibt ihr Blick auf ihn gerichtet. Gunther, welcher Brünnhildes heftig zuckende Hand losgelassen hat, sowie alle übrigen zeigen starre Betroffenheit über Brünnhildes Benehmen.)

Einige Mannen: Was ist ihr? Ist sie entrückt?
>*(Brünnhilde beginnt zu zittern.)*

Siegfried (geht einige Schritte auf Brünnhilde zu):
>Was müht Brünnhildens Blick?
Brünnhilde (kaum ihrer mächtig):
>Siegfried ... hier ... Gutrune ...?
Siegfried:
>Gunthers milde Schwester:
>mir vermählt
>wie Gunther du.
Brünnhilde (furchtbar heftig):
>Ich ... Gunther ...? Du lügst!
>*(Sie schwankt und droht umzusinken; Siegfried stützt sie.)*
>Mir schwindet das Licht ...
>>*(Sie blickt in seinen Armen matt zu ihm auf.)*
>Siegfried – kennt mich nicht?
Siegfried:
>Gunther, deinem Weib ist übel!
>*(Gunther tritt hinzu.)*
>Erwache, Frau!
>Hier steht dein Gatte.

*Und wieder mit donnerndem Einschlag begleitet das Orche-
ster Brünnhildes furchtbare Entdeckung: den ihr im Kampf –
vom angeblichen Gunther – entrissenen Ring an Siegfrieds
Hand. Wie ein Blitz stürzt das Ring-Motiv (11 a) über fast vier
Oktaven abwärts. Aus der Tiefe steigt nun (in der Baßtrompete) das Fluch-Motiv (14) empor, es unterstreicht Brünnhildes fassungsloses Stammeln. Die Geigen in tiefer Lage bringen das Nibelungenhaß-Motiv (49 b) mit seinem kurz, wie
ächzend auf- oder abwärtsfahrenden Lauf der Bratschen und
Violoncelli. Hagen hat sich in den Vordergrund gespielt, wo er
die ihn umdrängenden Männer zu wachsamer Aufmerksamkeit
anspornt: Er hat erkannt, was nun folgen muß. Mit mühsamer
Zurückhaltung und zu sparsamst angewendeten Orchester-
klängen, deren Pausen die Spannung erhöhen, beginnt Brünnhilde nun ihre Anklage.*

*Die Verteilung des Haß-Motivs auf verschiedene Instrumen-
tengruppen unterstreicht Siegfrieds plötzliche Nachdenklich-
keit; eine tiefe Trompete deutet wie von ferne das Rheingold-
Motiv an (51 c) – eine seltsame Assoziation Wagners. Das
Orchester wird dichter, als Brünnhilde sich nun an Gunther
wendet, der »in großer Verwirrung« zu antworten sucht;*

*im Orchester dazu das immer wiederholte, drängendere Ver-
gessens-Motiv (38). Ist es Gunther in diesem entscheidenden
Augenblick, als habe (durch seine Mitschuld) nicht nur Siegfried die Vergangenheit vergessen, sondern auch ihm sei Wichtiges entfallen? Wo – fragt ihn Brünnhilde nun direkt – habe er
den Ring, den er ihr im Kampf entrissen? An dieser Stelle häuft
Wagner, ineinander übergehend, nicht weniger als vier Motive:*

(Notenbeispiel S. 126)

*Brünnhilde (erblickt am ausgestreckten Finger Siegfrieds den
Ring und schrickt mit furchtbarer Heftigkeit auf):*
    Ha! – der Ring
    an seiner Hand!
    Er ... Siegfried?

Einige Mannen: Was ist? Was ist?
Hagen (aus dem Hintergrunde unter die Mannen tretend):
    Jetzt merket klug,
    was die Frau euch klagt!

*Brünnhilde (sucht sich zu ermannen, indem sie die schreck-
lichste Aufregung gewaltsam zurückhält):*
    Einen Ring sah ich
    an deiner Hand.
    Nicht dir gehört er,
    ihn entriß mir *(auf Gunther deutend)*
    dieser Mann!
    Wie mochtest von ihm
    den Ring du empfahn?
*Siegfried (betrachtet aufmerksam den Ring an seinem
Finger):*
    Den Ring empfing ich
    nicht von ihm.
Brünnhilde (zu Gunther):
    Nahmst du von mir den Ring,
    durch den ich dir vermählt;
    so melde ihm dein Recht,
    fordre zurück das Pfand!
Gunther (in großer Verwirrung):
    Den Ring? Ich gab ihm keinen:
    Doch – kennst du ihn auch gut?
Brünnhilde:
    Wo bärgest du den Ring,
    den du von mir erbeutet?

(51)

(a das Vergessens-Motiv; b die rhythmische Andeutung des
Nibelungenhaß-Motivs; c über zwei Takte das Motiv des Rheingolds aus dem gleichnamigen Drama; d das des Tarnhelms).

Der neuerliche Ausbruch Brünnhildes wird von erregten Streicherfiguren eingeleitet und mit einem Tutti-Fortissimo begleitet. Langsam ebbt dieses ab. Zum Ring-Motiv beginnt Siegfried
ruhig und fast wie im Traum oder in Geistesabwesenheit seine
Erklärung. Er erinnert sich des Lindwurms Fafner (dessen
Motiv 19b ertönt in den tiefsten Streichern), den er erschlug
und dem er den Ring abnahm (Wagner zitiert hier, wiederum in
merkwürdiger Assoziation, Themen aus fernster Vergangenheit: die Riesen (31), die Rheintöchter (11d), das Rheingold
im Naturzustand (11c). Hagens Worte werden vom Haß-Motiv
(49b) untermalt, das Motiv des Rheingolds (11c) taucht auf,
das Hagen-Motiv (25), das Siegfried-Motiv (von der Baßtrompete geblasen) (34) und schließlich das Vergessens-Motiv (33).

(Gunther schweigt in höchster Betroffenheit.)

Brünnhilde (fährt wütend auf):
    Ha! – Dieser war es,
    der mir den Ring entriß:
    Siegfried, der trugvolle Dieb!
(Alles blickt erwartungsvoll auf Siegfried, welcher über der Betrachtung des Ringes in fernes Sinnen entrückt ist.)
Siegfried:
    Von keinem Weib
    kam mir der Reif;
    noch war's ein Weib,
    dem ich ihn abgewann:
    genau erkenn ich
    des Kampfes Lohn,
    den vor Neidhöhl' einst ich bestand,
    als den starken Wurm ich erschlug.
Hagen (zwischen sie tretend):
    Brünnhild', kühne Frau,
    kennst du genau den Ring?

127

*In höchster Not und »furchtbarstem Schmerze« schreit Brünn-
hilde nun auf; sie ringt förmlich nach Atem. Die Streicher mit
höchster Kraft intonieren das sich nach abwärts überstürzende
Ring-Motiv (11 a).
Erregte Einwürfe aus dem Chor – nunmehr auch mit Frauen-
stimmen – und ein äußerst bewegtes Orchester (mit Motiven,
die Unheil und Weh bedeuten dürften) bereiten Brünnhildes
verzweifeltste Anklage vor.*

*Wagner hat Brünnhilde hier ein gewaltiges, arioses Solo zuge-
teilt, eine Vorahnung ihres Schlußgesangs, der dann alle An-
sprüche an andere Rollen in diesem Werk weit hinter sich lassen wird (und in Wagners gesamtem Schaffen eigentlich nur
mit Isoldes Liebestod und Hans Sachsens Festwiesen-Schluß-
ansprache verglichen werden kann).*

*Ein kurzer Einwurf Gunthers erfolgt auf der bewegten Ton-
folge, die am ehesten die erregte Spannung der Mannen ausdrückt. Dann setzt Brünnhilde ihre Anklage fort; diese gipfelt,
stimmlich äußerst eindrucksvoll, mit dem hohen B als Spitzenton auf »dem« (Manne). Wagner spart das Orchester wieder in
raffiniertester Ökonomie so aus, daß die Sängerin sich freier
bewegen, ausdrucksvoll deklamieren und eine gewaltige Wirkung erzielen kann.*

Ist's der, den du Gunthern gabst,
so ist er sein,
und Siegfried gewann ihn durch Trug,
den der Treulose büßen sollt'!
Brünnhilde (in furchtbarstem Schmerze aufschreiend):
Betrug! Betrug!
Schändlichster Betrug!
Verrat! Verrat!
Wie noch nie er gerächt!
Frauen: Verrat?
Gutrune: Verrat? An wem?
Mannen: Verrat?
Frauen: An wem?
Mannen: Verrat! An wem?
Brünnhilde:
Heil'ge Götter,
himmlische Lenker!
Rauntet ihr dies
in eurem Rat?
Lehrt ihr mich Leiden,
wie keiner sie litt?
Schuft ihr mir Schmach,
wie nie sie geschmerzt?
Ratet nun Rache,
wie nie sie gerast!
Zündet mir Zorn,
wie noch nie er gezähmt!
Heißet Brünnhild',
ihr Herz zu zerbrechen,
den zu zertrümmern,
der sie betrog
Gunther:
Brünnhild', Gemahlin!
Mäß'ge dich!
Brünnhilde:
Weich fern, Verräter!
Selbst Verratner!
Wisset denn alle:
nicht ihm –

129

Kurze Einwürfe einiger Solisten des Männer- und Frauen-chors, bis Brünnhilde in einer langen Phrase (die an das Ent-sagungs-Motiv anklingt) ihre große Anklage beschließt.

So herausgefordert, muß Siegfried sich zu verteidigen suchen. Sein Gesang ist von den Motiven Hagens (25), der Blutsbrüder-schaft (39), des Schwerts (12 b) untermalt. Von der dramati-schen, dramaturgischen Schwäche der Stellung, die Siegfried hier bezieht, soll nicht in dieser musikalischen Analyse die Rede sein, sie wird an anderer Stelle behandelt.
Gibt Siegfried doch hier öffentlich zu, in Gunthers durch den Tarnhelm ihm verliehenen Gestalt Brünnhilde besiegt und eine Nacht an ihrer Seite verbracht zu haben. Er verteidigt sich ge-gen den Vorwurf, sie – bei dieser Gelegenheit – zu seiner Frau gemacht zu haben, aber er denkt, durch den Vergessenstrank jeder Erinnerung an frühere Zeiten beraubt, nicht mehr daran, in wie vielen vorangegangenen Nächten dies der Fall gewesen war. Brünnhildes empörte Zurückweisung seiner »Lügen«, deren wahre Ursache sie noch nicht kennt, ist von scharfer Dekla-mation und ruht auf dem Schwert-Motiv (12 b) sowie einer zärtlichen Tonfolge, die man als Liebes-Motiv (neben mehre-ren anderen dieser Bedeutung) bezeichnen könnte.

Die »übermäßigen« (also klanglich vagen) Akkorde, die die Einwürfe der Männer und Frauen begleiten, drücken deren Ungewißheit, Unsicherheit in der schwierigen Situation aus. Das Haß-Motiv der Nibelungen (49 b) beherrscht bezeichnen-derweise Gunthers erregte, ja verzweifelte Worte an Siegfried; hier wird nicht einfach eine Textstelle musikalisch unterstri-chen, sondern musikalisch ein Hintergrund bloßgelegt, der aus

dem Manne dort
bin ich vermählt.
Frauen: Siegfried? Gutruns Gemahl?
Mannen: Gutruns Gemahl?
Brünnhilde:
Er zwang mir Lust
und Liebe ab.
Siegfried:
Achtest du so
der eignen Ehre?
Die Zunge, die sie lästert,
muß ich der Lüge sie zeihen?
Hört, ob ich Treue brach!
Blutbrüderschaft
hab ich Gunther geschworen:
Nothung, das werte Schwert,
wahrte der Treue Eid;
mich trennte seine Schärfe
von diesem traur'gen Weib.

Brünnhilde: Du listiger Held,
sieh, wie du lügst!
Wie auf dein Schwert
du schlecht dich berufst!
Wohl kenn ich seine Schärfe,
doch kenn auch die Scheide,
darin so wonnig
ruht' an der Wand
Nothung, der treue Freund,
als die Traute sein Herr sich gewann.
*(Die Mannen und Frauen treten in lebhafter Entrüstung
zusammen.)*
Die Mannen:
Wie? Brach er die Treue?
Trübte er Gunthers Ehre?
Die Frauen: Brach er die Treue?
Gunther (zu Siegfried):
Geschändet wär' ich,
schmählich bewahrt,

131

den Worten nicht hervorgeht: die Manipulation Gunthers (und Gutrunes, ja sogar Brünnhildes und selbstverständlich Siegfrieds) durch Hagens Haß gegen sie alle, durch seinen fanatischen Wunsch, unter allen Umständen und mit allen Mitteln den Ring zurückzuerobern, der seinerzeit seinem Vater Alberich, dem Nibelungen, von Wotan entrissen worden war.

Die Szene strebt ihrem Höhepunkt zu. Das »Volk« erwartet immer drängender eine glaubwürdige Rechtfertigung Siegfrieds, der sich nun zum »Speereid« entschließt. Hagen bietet seine Waffe dazu, das »Wehe-Motiv« (siehe Leitmotivtafel) – das auch im Rufe von Hagens Stierhorn gegenwärtig war – erklingt drohend in Hörnern, Baßtrompete und dichtem Geigentremolo. Dumpfe Paukenschläge bei aussetzendem Orchester; dann erregte Streicherläufe und fortissimo in den Baßtuben, ein aus absteigenden Terzen gebildetes Motiv, das vielleicht dem Ring-Motiv (11 a) verwandt ist und in der Gesangslinie der Nornen (10) angedeutet vorkam. Dann setzt Siegfried mit der Eidesformel ein:

(Notenbeispiel S. 134)

gäbst du die Rede
nicht ihr zurück!

Gutrune:

Treulos, Siegfried,
sannest du Trug?
Bezeuge, daß jene
falsch dich zeiht!

Die Mannen:

Reinige dich,
bist du im Recht!
Schweige die Klage!
Schwöre den Eid!

Siegfried:

Schweig' ich die Klage,
schwör' ich den Eid:
wer von euch wagt
seine Waffe daran?

Hagen:

Meines Speeres Spitze
wag ich daran:
sie wahr' in Ehren den Eid.

(Die Mannen schließen einen Ring um Siegfried und Hagen. Hagen hält den Speer hin; Siegfried legt zwei Finger seiner rechten Hand auf die Speeresspitze.)

(52)

Immer wieder taucht in der Tiefe Hagens Motiv (25, der abfallende Baßsprung) auf, die chromatische »Unheils«-Tonfolge ist gegenwärtig.
In Siegfrieds letztes Wort bricht das Orchester mit Fortissimo-Bläserakkorden und dem rasend aufblitzenden Walkürenruf (42) in den Streichern. Dieses Motiv, das an Brünnhildes große Vergangenheit mahnt, wird noch durch das Ritt-Motiv (17) in abwechselnden Posaunen und Trompeten gesteigert; da steht, sich aus tiefster Erniedrigung aufraffend, die einstige Halbgöttin vor uns. Sie wiederholt Siegfrieds Gesangslinie, aber es gibt in ihrer Fassung rhythmische Verknappungen, die ihre mühsam zurückgedämmte Erregung zeigen. Und die Orchesterbegleitung ist wesentlich voller und bewegter. Das Wort »Meineid« treibt ihre Stimme auf einen Spitzenton (B), den Siegfrieds Gesang nicht erreichte. Die Mannen fallen in höchster Aufregung ein.

Bei Siegfrieds Worten wird die Kraft des Orchesters zurückgenommen und offenkundig beruhigt. Siegfried ist fest von seiner Wahrheit überzeugt: dem Blutsbruder Gunther die Treue gehalten zu haben. Daß er unter fremder Maske den Willen einer Frau brach, dünkt ihn nicht als Schuld. Er geht so weit, Brünnhildes Empörung, die er für unecht hält, als »Weibergekeif« zu bezeichnen. Daß als Begleitung seiner Worte ein schönes,

Siegfried:
    Helle Wehr!
    Heilige Waffe!
    Hilf meinem ewigen Eide!
    Bei des Speeres Spitze
    sprech ich den Eid:
    Spitze, achte des Spruchs!
    Wo Scharfes mich schneidet,
    schneide du mich;
    wo der Tod mich soll treffen,
    treffe du mich:
    klagte das Weib dort wahr,
    brach ich dem Bruder den Eid!

Brünnhilde (tritt wütend in den Ring, reißt Siegfrieds Hand vom Speere hinweg und faßt dafür mit der ihrigen die Spitze):
    Helle Wehr!
    Heilige Waffe!
    Hilf meinem ewigen Eide!
    Bei des Speeres Spitze
    sprech ich den Eid:
    Spitze, achte des Spruchs!
    Ich weihe deine Wucht,
    daß sie ihn werfe!
    Deine Schärfe segne ich,
    daß sie ihn schneide:
    denn, brach seine Eide er all,
    schwur Meineid jetzt dieser Mann!

Die Mannen:
    Hilf, Donner,
    tose dein Wetter,
    zu schweigen die wütende Schmach!

Siegfried:
    Gunther, wehr deinem Weibe,
    das schamlos Schande dir lügt!
    Gönnt ihr Weil' und Ruh',
    der wilden Felsenfrau,
    daß ihre freche Wut sich lege,
    die eines Unholds

inniges Liebes-Motiv aus der Walküre (21) erklingt, wäre nicht leicht zu erklären. Später, als Siegfried leise eine Erklärung des Vorfalls zu Gunther versucht, vernimmt man aus der Orchesterbegleitung Andeutungen an das Loge-Motiv (9) – wohl als Symbol der Falschheit, der Täuschung im allgemeinen – und das Tarnhelm-Motiv (51 d). Flüchtig berührt werden das Ring-Motiv (11 a) und der Anfang des Entsagungs-Motivs (11 b), deren Bedeutung an dieser Stelle ebenfalls zu vielerlei Deutungen Anlaß geben könnte. Mit betont munteren Worten wendet Siegfried sich an das versammelte, sehr unruhig gewordene Volk; immer wieder ertönt das Motiv des Hochzeitsrufs (50) in vielerlei Varianten.

Lange Zeit hindurch hält die fröhlich gewordene Stimmung im Orchester noch an. Lärmend folgen Frauen und Männer dem glücklichen Paar Siegfried und Gutrune in den Palast. Erst dann beruhigt sich das lebhafte Zeitmaß des Orchesters allmählich, die tiefen Instrumente gewinnen die Oberhand über die hohen, die Motivbildung wird stärker ausgeprägt. Gutrunes Motiv (37) entwickelt sich aus dem des Hochzeitsrufs (50), das Entsagungs-Motiv (11 b) folgt auf das Fluch-Motiv (14) und mündet in jenes des Nibelungenhasses (49 b). Dann gewinnt das Sühne-Motiv (40) Bedeutung; es mündet zurück in

arge List
wider uns alle erregt!
Ihr Mannen, kehret euch ab!
Laßt das Weibergekeif!
Als Zage weichen wir gern,
gilt es mit Zungen dem Streit.
(Er tritt dicht zu Gunther.).
Glaub, mehr zürnt es mich als dich,
daß schlecht ich sie getäuscht:
der Tarnhelm, dünkt mich fast,
hat halb mich nur gehehlt.
Doch Frauengroll
friedet sich bald:
daß ich dir es gewann,
dankt dir gewiß noch das Weib.
(Er wendet sich wieder zu den Mannen.)
Munter, ihr Mannen!
Folgt mir zum Mahl!
(Zu den Frauen.)
Froh zur Hochzeit
helfet, ihr Frauen!
Wonnige Lust
lache nun auf!
In Hof und Hain,
heiter vor allen
sollt ihr heute mich sehn.
Wen die Minne freut,
meinem frohen Mute
tu es der Glückliche gleich!
(Er schlingt in ausgelassenem Übermute seinen Arm um Gut-
rune und zieht sie mit sich in die Halle fort. Die Mannen und
Frauen, von seinem Beispiele hingerissen, folgen ihm nach.)
(Die Bühne ist leer geworden.)
(Nur Brünnhilde, Gunther und Hagen bleiben zurück. Gunther
hat sich in tiefer Scham und furchtbarer Verstimmung mit ver-
hülltem Gesichte abseits niedergesetzt. Brünnhilde, im Vorder-
grunde stehend, blickt Siegfried und Gutrune noch eine Zeitlang
schmerzlich nach und senkt dann das Haupt.)

137

das Nibelungenhaß-Motiv (49 b), das sich begreiflicherweise in eines der wichtigsten des letzten Nibelungendramas verwandelt: Hagen, der Nibelungensohn, -erbe und -rächer, lenkt hier die Geschicke, da der Gott Wotan, längst seiner Macht beraubt und vom eigenen Enkel Siegfried besiegt, nur noch das Ende herbeisehnt.

Das Orchester ist sehr still geworden, alles klingt wie nach innen gewendet, leise, nachdenklich, von Tragik überschattet, als Brünnhilde wie im Selbstgespräch in dunklen Gedanken ihre Ohnmacht offenbart. Bedeutungsvoll erklingt pianissimo in den Streichern das Schicksals-Motiv (2) mehrmals; eine absteigende Tonfolge kann aus dem Entsagungs-Motiv (11 b) abgeleitet werden und ergibt einen tiefen Sinn.

In Brünnhildes Erinnerung ersteht ihre glückliche Zeit an Siegfrieds Seite: Das Liebes-Motiv (18) ist mit ausdrucksvollem Klang in der Oboe zu hören. Ihre Erregung steigert sich, ihr Schmerz bricht immer wieder aus ihr hervor. Ihre Melodielinie, die in tiefer Lage begann, erhebt sich immer höher, erlebt auf dem Wort »Schmach« ihren Höhepunkt im hohen B. Ein starker Orchesterausbruch setzt den vokalen Gipfel fort. Die schwerlastenden Akkorde soll Wagner mit den Worten kommentiert haben: »Wie mit beklommener Brust nach Atem ringend.« Streichertremolo im Fortissimo, das nur zurückgenommen wird, um der Singstimme Raum und Verständnis zu sichern, in den tiefen Bläsern das Wehe-Motiv, das auch durch Hagens Horn- und Kriegsruf im Gehör haftet – ein kleiner Sekundschritt abwärts –, unterstreichen Brünnhildes Schrei nach Rache und Sühne für den unfaßbaren Verrat.
Hagen bietet seine Hilfe an; das Orchester legitimiert ihn dazu mit dem Motiv des Speereides (52). Brünnhilde weist ihn verächtlich zurück. Das Speereid-Motiv erklingt noch zweimal, dann verfallen die Violoncelli in den Rhythmus des Nibelungenhasses, während die Oboe den Beginn des Liebesglücks-

FÜNFTE SZENE

Brünnhilde (in starrem Nachsinnen befangen):
Welches Unholds List
liegt hier verhohlen?
Welches Zaubrers Rat
regte dies auf?
Wo ist nun mein Wissen
gegen dies Wirrsal?
Wo sind meine Runen
gegen dies Rätsel?
Ach Jammer, Jammer!
Weh, ach Wehe!
All mein Wissen
wies ich ihm zu!
In seiner Macht
hält er die Magd;
in seinen Banden
hält er die Beute,
die, jammernd ob ihrer Schmach,
jauchzend der Reiche verschenkt!
Wer bietet mir nun das Schwert,
mit dem ich die Bande zerschnitt'?

Hagen (dicht zu Brünnhilde herantretend):
Vertraue mir,
betrogne Frau!
Wer dich verriet,
das räche ich.

Motivs (41) spielt. Sie gehen in das Vergessens-Motiv (38) über. Hagen antwortet wieder über dem mehrfach wiederholten Motiv des Speereids (52), das ihm Rechte über Siegfrieds Leben einzuräumen scheint.

Dieses Motiv mischt sich mit dem heldenhaften Siegfrieds (34) und jenem des Nibelungenhasses (49b); diese beiden stellen wohl das in offenem Kampfe unüberbrückbare Stärkeverhältnis der beiden Männer dar. Aber zu Hagens Worten raunt das Orchester eine Andeutung des chromatischen Loge-Motivs (9), das stets auf List, Hinterhältigkeit, Schlauheit hindeutet.

Die Verschwörungsszene beginnt. Sie ist in flüssigem, dramatischem Rezitativ behandelt, das doch starke Gefühlsausbrüche erlaubt. Immer wieder sind in das Geflecht des Orchesters Motive eingebaut. Das Jubel-Motiv (35b) scheint Brünnhilde an ihre glückliche Zeit an Siegfrieds Seite zu erinnern, das Haß-Motiv (49b) schlägt stark durch, als Brünnhilde Hagen das Geheimnis von Siegfrieds Verwundbarkeit offenbart. Darüber erhebt sich, von den Hörnern leise, aber bestimmt geblasen, Siegfrieds Motiv (34).

Brünnhilde (matt sich umblickend): An wem?
Hagen: An Siegfried, der dich betrog.
Brünnhilde:
    An Siegfried? ... du? *(Bitter lächelnd.)*
    Ein einz'ger Blick
    seines blitzenden Auges,
    das selbst durch die Lügengestalt
    Leuchtend strahlte zu mir,
    deinen besten Mut
    machte er bangen!
Hagen:
    Doch meinem Speere
    spart' ihn sein Meineid?
Brünnhilde:
    Eid und Meineid,
    müßige Acht!
    Nach Stärkrem späh,
    deinen Speer zu waffnen,
    willst du den Stärksten bestehn!
Hagen:
    Wohl kenn ich Siegfrieds
    siegende Kraft,
    wie schwer im Kampf er zu fällen;
    drum raune nun du
    mir guten[1] Rat,
    wie doch der Recke mir wich'?
Brünnhilde:
    O Undank, schändlichster Lohn!
    Nicht eine Kunst
    war mir bekannt,
    die zum Heil nicht half seinem Leib!
    Unwissend zähmt' ihn
    mein Zauberspiel,
    das ihn vor Wunden nun gewahrt.
Hagen: So kann keine Wehr ihm schaden?
Brünnhilde:
    Im Kampfe nicht; doch

---

[1] TV: Für »guten« steht »klugen«.

Strahlend noch einmal das Schwert-Motiv (12 b).

Hagens Anruf an Gunther erfolgt teilweise auf die in Terzen absteigende Melodie des Sühne-Motivs (40), die auch in Gunthers Antwort noch eine Rolle spielt. Mit den letzten Worten seiner Klage (»dem jammervollsten Manne«) deutet er das Entsagungs-Motiv (11 b) an, das von Wagner für sehr verschiedenartige Formen von Verzicht eingesetzt wird, doch stets einen tragischen Kern aufweist. Ein »Unheil« bedeutendes Motiv (siehe Leitmotivtafel) bildet auf weite Strecken den düsteren Untergrund des musikalischen Geschehens.

Trotz ziemlich dichter Orchesterverwendung können und sollen Gunthers verzweifelte Selbstanklagen deutlich verständlich bleiben. Um die Kraft dieses Ausbruchs noch zu steigern, hat Wagner kurz vor der Uraufführung (1876) eine Höherverlegung von Gunthers Singstimme um eine Terz (von »Hilf, Hagen« bis »Mutter«) verfügt. Das bedeutet zwar eine äußerste Grenzlage für diesen Bariton, gibt aber seiner verzweifelten Stimmung erhöhten Ausdruck, namentlich der Phrase »Hilf deiner Mutter«, die auf das Entsagungs-Motiv (11 b) ertönt. Immer wieder er-

träfst du im Rücken ihn . . .
Niemals, das wußt' ich,
wich' er dem Feind.
nie reicht' er fliehend ihm den Rücken:
an ihm drum spart' ich den Segen.

Hagen:
    Und dort trifft ihn mein Speer!
    (Er wendet sich rasch von Brünnhilde ab zu Gunther.)
    Auf, Gunther,
    edler Gibichung!
    Hier steht dein starkes Weib;
    was hängst du dort in Harm?

Gunther (leidenschaftlich auffahrend):
    O Schmach!
    O Schande!
    Wehe mir,
    dem jammervollsten Manne!

Hagen:
    In Schande liegst du;
    leugn' ich das?

Brünnhilde (zu Gunther):
    O feiger Mann!
    falscher Genoss'!
    Hinter dem Helden
    hehltest du dich,
    daß Preise des Ruhmes
    er dir erränge!
    Tief wohl sank
    das teure Geschlecht,
    das solche Zagen gezeugt!

Gunther (außer sich):
    Betrüger ich – und betrogen!
    Verräter ich – und verraten!
    Zermalmt mir das Mark!
    Zerbrecht mir die Brust!
    Hilf, Hagen!
    Hilf meiner Ehre!
    Hilf deiner Mutter,
    die mich – auch ja gebar!

143

klingt das Unheil-Motiv, das von den tiefsten Instrumenten, den (manchmal durch Fagotte verstärkten) Kontrabässen, gespielt wird. Rund um Gunthers Wort »Blutbrüderschaft« taucht dieses dem Treuebund gewidmete Motiv (39) in mehreren Varianten, aber stets erkennbar auf. Dann, im raschen Dialog der Halbbrüder, mehrmals das Sühne-Motiv (40).

Die Geigen intonieren, auf einem weichen Posaunenakkord ruhend, das Brünnhilden-Motiv (15 b), Erinnerung schönerer Zeiten.

Das Nibelungenhaß-Motiv (49 b) verbindet sich mit Hagens Motiv (25), das bedeutungsvoll in das Ring-Motiv (11 a) übergeht.

Das Goldherrschafts-Motiv (12 a) taucht auf: Es erklärt musikalisch das Todesurteil über Siegfried, denn Machtgier und nicht Sühne für (nicht begangenen) Meineid bestimmt Hagens Handlungsweise.
Dieses Motiv geht in das Gutrunes über (37), dem es musikalisch merkwürdig verwandt ist. Ist es (Freias) Liebes-Motiv, das stark verfremdet in der Oboe aufklingt (27)? Brünnhilde nimmt eine ähnliche Tonfolge auf (beim Wort »Zauber«), die

Hagen:

    Dir hilft kein Hirn,

    dir hilft keine Hand:

    die hilft nur – Siegfrieds Tod!

Gunther (von Grauen erfaßt): Siegfrieds Tod?

Hagen: Nur der sühnt deine Schmach!

Gunther (vor sich hinstarrend):

    Blutbrüderschaft

    schwuren wir uns!

Hagen:

    Des Bundes Bruch

    sühne nun Blut!

Gunther: Brach er den Bund?

Hagen: Da er dich verriet!

Gunther: Verriet er mich?

Brünnhilde:

    Dich verriet er,

    und mich verrietet ihr alle!

    Wär' ich gerecht,

    alles Blut der Welt

    büßte mir nicht eure Schuld!

    Doch des einen Tod

    taugt mir für alle:

    Siegfried falle

    zur Sühne für sich und euch!

Hagen (zu Gunther gewendet):

    Er falle *(heimlich)* – dir zum Heil!

    Ungeheure Macht wird dir,

    gewinnst von ihm du den Ring,

    den der Tod ihm wohl nur entreißt.

Gunther (leise): Brünnhildes Ring?

Hagen: Des Nibelungen Reif.

Gunther (schwer seufzend):

    So wär' es Siegfrieds Ende!

Hagen: Uns allen frommt sein Tod.

Gunther:

    Doch Gutrune, ach,

    der ich ihn gönnte!

    Straften den Gatten wir so,

145

aber auch den Motiven des Vergessens wie des Tarnhelms verwandt zu sein scheint. (Es sei wieder daran erinnert, daß Wagners Motivverwendung von einfacher musikalischer Illustration bis zu tiefsten metaphysischen Zusammenhängen reichen kann.) Die (einander verwandten) Motive Gutrunes und des Hochzeitsrufes sind stark gegenwärtig.

Hagen hat seinen Plan durchgesetzt, nun muß nur noch die Todesart Siegfrieds beschlossen werden; das geschieht nach Hagens Rat und musikalisch (merkwürdigerweise) auf das Verlockungs-Motiv (33), mit dem Hagen seinerzeit – es kann erst wenige Tage her sein – Gutrune zur Überreichung des Vergessenstrankes an Siegfried überredete. Welche Zusammenhänge will Wagner hier aufdecken?

Dann tritt Siegfrieds Hornruf (23) und schließlich wieder das Unheil-Motiv (in tiefsten Instrumenten) hervor (siehe Leitmotivtafel). Der Mordplan wird von den drei nun seltsam Verschworenen angenommen: Brünnhilde tut es mit dem Wehe-Motiv (siehe Leitmotivtafel) in der Singstimme, Gunther mit dem Sühne-Motiv (40) und zum Rhythmus des Haß-Motivs (49 b) im Orchester. Die Stimmen rücken immer näher zusammen und ergeben schließlich ein – bei Wagner äußerst seltenes – Terzett. Dessen Höhepunkt und Ende sei hier in Noten wiedergegeben und kurz erläutert.

Die Buchstaben vor den Notenlinien bedeuten natürlich die Anfänge der Namen: B Brünnhilde, G Gunther, H Hagen, die Anordnung folgt wie üblich der Stimmhöhe; Brünnhilde ist hochdramatischer Sopran, Gunther sehr hoher Bariton, Hagen sehr tiefer Bariton, Baßbariton oder sogar Baß.

Gunthers und Brünnhildes Einsätze erfolgen auf dem Speereid-Motiv (52), hier mit a bezeichnet, das auch im Orchester bei Takt 1 und 5 deutlich erkennbar ist; bei b wird eine Anspielung auf das Walhall-Motiv (4) vernehmbar; bei c wird das Hagen-Motiv (25) hörbar, das schon im 5. Takt einmal aufgetaucht war; bei d in Singstimmen und Orchester das Motiv der Wälsungenliebe (43), zuletzt e, beim Übergang in das Orchesternachspiel das Motiv des Hochzeitsrufes (50), das

wie bestünden wir vor ihr?
Brünnhilde (wütend auffahrend):
>   Was riet mir mein Wissen?
>   Was wiesen mich Runen?
>   Im hilflosen Elend
>   achtet mir's hell:
>   Gutrune heißt der *(leidenschaftlich)* Zauber,
>   der den Gatten mir entzückt!
>   Angst treffe sie!
Hagen (zu Gunther):
>   Muß sein Tod sie betrüben,
>   verhehlt sei ihr die Tat.

>   Auf muntres Jagen
>   ziehen wir morgen:
>   der Edle braust uns voran,
>   ein Eber bracht' ihn da um.
Gunther:
>   So soll es sein!
>   Siegfried falle!
Brünnhilde:
>   So soll es sein!
>   Siegfried falle!
Gunther:
>   Sühn' er die Schmach,
>   die er mir schuf!
Hagen:
>   Sterb' er dahin,
>   der strahlende Held!
Brünnhilde:
>   Sühn' er die Schmach,
>   die er mir schuf!
Hagen:
>   Mein ist der Hort,
>   mir muß er gehören.

sich später auf der Bühne im stummen Spiel zu Aktschluß –
Formierung des Hochzeitszuges, erneuter Jubel des Volkes –
fortsetzt:

(Fortsetzung des Notenbeispiels S. 150)

148

Gunther:
> Des Eides Treue
> hat er getrogen:

Brünnhilde:
> Eidtreue
> hat er getrogen:

Brünnhilde und Gunther:
> Mit seinem Blut
> büß' er die Schuld!

Hagen:
> Drum sei der Reif
> ihm entrissen.

Brünnhilde und Gunther:
> Allrauner,
> rächender Gott!

Hagen:
> Alben-Vater,
> gefallner Fürst!

Brünnhilde und Gunther:
> Schwurwissender
> Eideshort!

Hagen:
> Nachthüter!
> Niblungenherr!

Gunther: Wotan!

Hagen: Alberich!

Gunther:
> Wende dich her!
> Wotan!

Brünnhilde:
> Wotan!
> Wende dich her!

Hagen: Achte auf mich!

Brünnhilde und Gunther:
> Weise die schrecklich
> heilige Schar,
> hieher zu horchen
> dem Racheschwur!

Hagen:
Weise von neuem
der Niblungen Schar,
dir zu gehorchen,
des Reifes Herrn!

(Als Gunther mit Brünnhilde heftig der Halle sich zuwendet, tritt ihnen der von dort heraustretende Brautzug entgegen. Knaben und Mädchen, Blumenstäbe schwingend, springen lustig voraus. Siegfried wird auf einem Schilde, Gutrune auf einem Sessel von den Männern getragen. Auf der Anhöhe des Hintergrundes führen Knechte und Mägde auf verschiedenen Bergpfaden Opfergeräte und Opfertiere zu den Weihsteinen herbei und schmücken diese mit Blumen. Siegfried und die Männer blasen auf ihren Hörnern den Hochzeitsruf. Die Frauen fordern Brünnhilde auf, an Gutrunes Seite sie zu geleiten. Brünnhilde blickt starr zu Gutrune auf, welche ihr mit freundlichem Lächeln zuwinkt. Als Brünnhilde heftig zurück-

Doch der Schluß gehört nicht dem lärmenden Festesjubel, der nach der vorangegangenen Szene des Todespakts (absichtlich) grell und fast gespenstisch wirkt. Mit dem Unheil-Motiv, nun bedeutsam von den tiefen Streichern und den Fagotten fortissimo gespielt, sowie dem von den Posaunen drohend und mit voller Kraft geblasenen Wehe-Motiv, den zwei schmerzlichen Noten, die wie ein schwerer Seufzer wirken, fällt der Vorhang.

treten will, tritt Hagen rasch dazwischen und drängt sie an Gunther, der jetzt von neuem ihre Hand erfaßt, worauf er selbst von den Männern sich auf einen Schild erheben läßt. Während der Zug, kaum unterbrochen, schnell der Höhe zu sich wieder in Bewegung setzt, fällt der Vorhang.)

Voll von Motiven ist das im Grundton lebhaft-heitere Orchestervorspiel zum letzten Aufzug. Es beginnt mit Siegfrieds Hornruf (23) in vier (von acht) Hörnern im Orchester, dem gleich darauf ein etwas weiter ausgeführtes Echo von der Bühne her antwortet. Dann, nach einem vehementen Abwärtslauf der tiefen Streicher, das Wehe-Motiv (siehe Leitmotivtafel) in den Posaunen und darauf, wie von ferne her, also hinter dem noch geschlossenen Vorhang, ein Wechselspiel zwischen einem dunkelklingenden Stierhorn und mehreren Hörnern, von verschiedenen Seiten tönend wie auf einer Treibjagd. Dann wieder, nun in längster Ausdehnung (fast doppelt so lang wie in 23) Siegfrieds Hornruf. Nach dessen Verklingen beginnt in den acht Orchesterhörnern ein kanonisches Spiel mit dem Wellen-Motiv des Rheins (wie es das Drama »Rheingold« einleitete). Und wie in jenem fernen Anfang – der in Wagners Idee wohl schon Weltalter zurückliegt – erklingt in weichen, aber satten Orchesterfarben nun der seinerzeitige Gesang der Rheintöchter (11 d, in der vollständigen, in »Rheingold« verwendeten Form).

(54)

DRITTER AUFZUG

VORSPIEL UND ERSTE SZENE

Hörner auf der Bühne, dann abermals Siegfrieds Hornruf, ein zweimaliges Zitat des Rheingold-Motivs (11 c, 51 c) und ein weiterer Ausschnitt aus dem wogenden Gesang der Nixen (55, in den Streichern, den Holzbläsern und noch einmal in den Streichern). Lange und in immer neuen (oder alten: sie waren im »Rheingold« schon hörbar) Tonfolgen und Harmonien wird das Bild des ziehenden Stromes und seiner darin spielenden »Töchter« ausgestaltet. Noch ist von der tiefen Tragik, in der dieser Akt und das Drama enden werden, nichts zu spüren; wie so oft ist auch diese Einleitung Wagners nur die stimmungsgemäße Vorbereitung der Vorgänge, mit denen das folgende Bild beginnen wird.

Dieses Bild erinnert an den Anfang des »Rheingold«: Im hellen Sonnenschein tummeln sich drei Nixen – es sind sogar immer noch die gleichen, da sie vielleicht als nicht-menschliche Wesen das Altern nicht kennen und noch weniger den Tod –, schwimmen in den langsam und ewig ziehenden Fluten des Rheins und singen im lieblichen, dreistimmig melodiösen Gesang. In weichen Akkordbrechungen begleiten sie Geigen und Harfen.

Ein fernes Horn unterbricht sie, ein Echo antwortet, voll Freude lauschen die Rheintöchter.

Dann nehmen sie ihren Gesang wieder auf. Wie schon im ersten Gesangsabschnitt taucht das Motiv des Rheingolds – wie durch die Wogen des Wassers dringend – auf (11 c). In den Gedanken der Nixen wirkt der einstige Raub des Goldes wie ein Trauma nach; nun hoffen sie, durch Siegfried den alles bedeutenden Ring wiederzuerlangen.

156

Wildes Wald- und Felsental am Rheine,
welcher im Hintergrunde an einem steilen Abhange vorbeifließt.
(Die drei Rheintöchter, Woglinde, Wellgunde und Floßhilde,
tauchen aus der Flut auf und schwimmen, wie im Reigentanze,
im Kreise umher.)
Die drei Rheintöchter (im Schwimmen mäßig einhaltend):
Frau Sonne
sendet lichte Strahlen;
Nacht liegt in der Tiefe:
einst war sie hell,
da heil und hehr
des Vaters Gold noch in ihr glänzte.
Rheingold,
klares Gold!
Wie hell du einstens strahltest,
hehrer Stern der Tiefe!
(Sie schließen wieder den Schwimmreigen.)
Weialala leia,
wallalala leilalala.
(Sie lauschen. Sie schlagen jauchzend das Wasser.)

Frau Sonne,
sende uns den Helden,
der das Gold uns wiedergäbe!
Ließ' er es uns,
dein lichtes Auge
neideten dann wir nicht länger.

Siegfrieds Hornruf erschallt nun näher (in der einfachen Form, wie in der Leitmotivtafel verzeichnet).

Die Rheintöchter unterbrechen ihr Spiel und tauchen unter den Wasserspiegel.
Siegfried tritt auf. Nur knappe Orchestereinwürfe begleiten sein belustigtes Selbstgespräch; ein bezeichnendes Hornsignal ertönt, ein aufsteigendes Quartenintervall – deutet es einen Motivanfang (etwa den Beginn des Siegfried-Motivs) an? Es wird nicht klar, ist aber auch kaum wichtig, da ja Siegfrieds Erscheinen sichtbar wurde.
Dann geht das Orchester wieder in den wiegenden, lieblichen Rhythmus des Nixengesanges über. Im Terzett, teilweise mit verteilten Einsätzen, befragen sie den lächelnd nähertretenden Helden.

Dessen Antwort erfolgt in fast rezitativischer Deklamation. Das Gespräch trägt noch einen durchaus heiteren, schelmischen Charakter.

Rheingold,
klares Gold!
Wie froh du dann strahltest,
freier Stern der Tiefe!

Woglinde: Ich höre sein Horn.

Wellgunde: Der Held naht.

Floßhilde: Laßt uns beraten!

> *(Sie tauchen alle drei schnell unter.)*

(Siegfried erscheint auf dem Abhange in vollen Waffen.)

Siegfried:
Ein Albe führte mich irr,
daß ich die Fährte verlor.
He, Schelm, in welchem Berge
bargst du so schnell mir das Wild?

Die drei Rheintöchter (tauchen wieder auf und schwimmen im Reigen):
Siegfried!

Floßhilde: Was schiltst du so in den Grund?

Wellgunde: Welchem Alben bist du gram?

Woglinde: Hat dich ein Nicker geneckt?

Alle drei: Sag es, Siegfried, sag es uns!

Siegfried (sie lächelnd betrachtend):
Entzücktet ihr euch zu[1]
den zottigen Gesellen,
der mir verschwand?
Ist's euer Friedel,
euch lustigen Frauen
laß ich ihn gern.

> *(Die Mädchen lachen.)*

Woglinde:
Siegfried, was gibst du uns,
wenn wir das Wild dir gönnen?

Siegfried:
Noch bin ich beutelos;
so bittet, was ihr begehrt.

---

[1] TV: Hier auch »Entzücktet ihr zu euch«.

159

Hier ändert sich die Grundstimmung schlagartig: Die Holz-
bläser spielen schneidend hart den »Rheingold«-Ruf (11 d,
35 a), und die Baßtrompete bringt das Motiv des Rheingolds
im Urzustand (11 c), aus denen bedeutungsvoll das Ring-Motiv
(11 a) hervortritt. Siegfried entsinnt sich (der Vergessenstrank
hat nur eine sehr partielle Wirkung, was ihn aus dem – denk-
baren – Bereich der Medizin in den des Märchens weist) seines
Kampfes mit Fafner, dessen Motiv (19 b) in den tiefen Instru-
menten ertönt. Noch ist die heitere Grundstimmung der Szene
nicht völlig zerstört. Das Orchester hat in die wiegenden Ton-
folgen des lieblich ziehenden Stromes zurückgelenkt, die Re-
den der Nixen bleiben ironisch, und auch Siegfrieds Weige-
rung, ihnen den Ring zu überlassen – dessen wahre Bedeutung
er nicht kennt –, hat nichts Dramatisches an sich.

Immer noch fließt die Musik froh und behend, Siegfrieds Worte
begleitend, dahin, wenn auch mancher kurze Akzent im Orche-
ster aufhorchen läßt.

Wellgunde:
> Ein goldner Ring
> glänzt dir am Finger!

Die drei Mädchen: Den gib uns!

Siegfried:
> Einen Riesenwurm
> erschlug ich um den Reif:
> für eines schlechten Bären Tatzen
> böt' ich ihn nun zum Tausch?

Woglinde: Bist du so karg?

Wellgunde: So geizig beim Kauf?

Floßhilde:
> Freigebig
> solltest Frauen du sein.

Siegfried:
> Verzehrt' ich an euch mein Gut,
> dess' zürnte mir wohl mein Weib.

Floßhilde: Sie ist wohl schlimm?

Wellgunde: Sie schlägt dich wohl?

Woglinde: Ihre Hand fühlt schon der Held!
> > *(Sie lachen unmäßig.)*

Siegfried:
> Nun lacht nur lustig zu!
> In Harm laß ich euch doch:
> denn giert ihr nach dem Ring,
> euch Nickern geb ich ihn nie!

(Die Rheintöchter haben sich wieder zum Reigen gefaßt.)

Floßhilde: So schön!

Wellgunde: So stark!

Woglinde: So gehrenswert!

Die Drei: Wie schade, daß er geizig ist!
> > *(Sie lachen und tauchen unter.)*

Siegfried (tiefer in den Grund hinabsteigend):
> Was leid' ich doch
> das karge Lob?
> Laß ich so mich schmähn?
> Kämen sie wieder
> zum Wasserrand,
> den Ring könnten sie haben.

161

Zu der leicht schwebenden Nixenmelodie ruft Siegfried in die Flußtiefe hinab. Ein in den Streichern aufwärts verlaufender Streichergang endet auf einer schrillen Bläserdissonanz im Fortissimo. Die Stimmen der wieder auftauchenden Rheintöchter scheinen seltsam verändert, ernst und bedeutungsschwer. Sie werden vom Rheingold-Motiv (11 c) und dem Ring-Motiv (11 a) begleitet. Dieses leitet zu Siegfrieds nun ebenfalls nachdenklicher gewordenen Worten über.

Mit dem Entsagungs-Motiv (11 b, in den Geigen) beginnen die Rheintöchter ihre düstere Prophezeiung. Es geht, in Stimmen und Orchester, in das dreimalige Wehe-Motiv (siehe Leitmotivtafel) über. Ring-Motiv und Motiv des Rheingolds tauchen immer wieder auf, um die entsprechenden Worte zu unterstreichen.

Das Fluch-Motiv (14) ist – leicht verändert – den drei Singstimmen in weitgehendem Unisono anvertraut.

Die motivische Arbeit wird dichter bei der Ankündigung von Siegfrieds Tod: das Ring-Motiv, das Wehe-Motiv (identisch mit Hagens Hochzeits- oder Kriegsruf), das Nibelungen- (35 e) und deren Haß-Motiv (49 b), das Motiv der Götterdämmerung (6) werden angedeutet, manches ausgesponnen.

He! he, he, ihr muntren
Wasserminnen!
Kommt rasch! Ich schenk euch den Ring!
(Er hat den Ring vom Finger gezogen und hält ihn in die Höhe.
Die drei Rheintöchter tauchen wieder auf. Sie zeigen sich ernst
und feierlich.)
Floßhilde:
Behalt ihn, Held,
und wahr ihn wohl,
bis du das Unheil errätst –
Woglinde und Wellgunde: Das in dem Ring du hegst.
Alle Drei:
Froh fühlst du dich dann,[1]
befrein wir dich von dem Fluch.
Siegfried (steckt gelassen den Ring wieder an seinen Finger):
So singet, was ihr wißt!
Die Rheintöchter:
Siegfried! Siegfried! Siegfried!
Schlimmes wissen wir dir.
Wellgunde:
Zu deinem Unheil
wahrst du den Ring!
Wellgunde und Floßhilde: Aus des Rheines Gold –
Alle Drei: ist der Ring geglüht.
Wellgunde: Der ihn listig geschmiedet
Woglinde: und schmählich verlor –
Woglinde und Wellgunde: Der verfluchte ihn,
Alle Drei:
in fernster Zeit
zu zeugen den Tod
dem, der ihn trüg'.
Floßhilde: Wie den Wurm du fälltest –
Wellgunde und Floßhilde: So fällst auch du –
Alle Drei:
Und heute noch;
so heißen wir's dir,
tauschest den Ring du uns nicht –

---

[1] TV: Bei Woglinde und Wellgunde fehlt das »dann«.

Siegfried nimmt die Warnung nicht ernst: Die Teile der unbeschwerten Rheintöchtermelodie, die seine Erwiderung begleiten, beweisen es.

Den Rheintöchtern ist es aber nun sehr ernst geworden. Ihr oft erklungener »Rheingold«-Ruf (11d, 35a, 54 Anfang) ist in das chromatisch absteigende Wehe-Motiv umgebogen und mit einer harten Dissonanz verbunden worden. Und das Motiv der Götterdämmerung (6) gewinnt gemeinsam mit dem des Ringes steigende Bedeutung.

Mit ruhiger Sicherheit entgegnet Siegfried der Drohung. Er erinnert sich an einen Speer, den sein Schwert zerschlug; das Orchester zitiert Wotans Motiv der Verträge (5) – es war Wotans heiliger, die irdischen Pakte schützender Speer, den Siegfried in jugendlichem Ungestüm in Stücke geschlagen hatte. Sein eigenes heldisches Motiv (34) ertönt in der Baßtrompete, das Schwert-Motiv (12b) bekräftigt seine Siegeszuversicht. Das Riesen-Motiv (31) – hier als Symbol des sterbenden Fafner – begleitet Siegfrieds Erinnerung an den von ihm tödlich verwundeten Riesenwurm, den er so gern noch über vieles befragt hätte. Das Entsagungs-Motiv schließt sich an (11b), weil Siegfried auf diese ihn brennend interessierenden Antworten verzichten mußte oder weil er (der Text sagt es) das Fürchten nicht erlernte?
Das Walhall-Motiv (4) erklingt in einer an einstige Größe nur noch gemahnenden Form, Motive der Nixenspiele untermalen die Anspielung auf »Minnegunst«, dann wird Siegfrieds Stimme sehr bestimmt, herrisch, überlegen. Das Orchester bringt mit großer Bestimmtheit das Ring-Motiv (11a), aber

Wellgunde und Floßhilde:
    Im tiefen Rhein
    ihn zu bergen.

Alle Drei:
    Nur seine Flut
    sühnet den Fluch!

Siegfried:
    Ihr listigen Frauen,
    laßt das sein!
    Traut' ich kaum eurem Schmeicheln,
    euer Drohen schreckt mich noch minder!

Die Rheintöchter:
    Siegfried! Siegfried!
    Wir weisen dich wahr.
    Weiche, weiche dem Fluch!
    Ihn flochten nächtlich
    webende Nornen
    in des Urgesetzes Seil!

Siegfried:
    Mein Schwert zerschwang einen Speer:
    des Urgesetzes
    ewiges Seil,
    flochten sie wilde
    Flüche hinein,
    Nothung zerhaut es den Nornen!
    Wohl warnte mich einst
    vor dem Fluch ein Wurm,
    doch das Fürchten lehrt' er mich nicht!
    (Er betrachtet den Ring.)
    Der Welt Erbe
    gewänne mir ein Ring:
    für der Minne Gunst
    miß ich ihn gern;
    ich geb ihn euch, gönnt ihr mir Lust.
    Doch bedroht ihr mir Leben und Leib:
    faßte er nicht
    eines Fingers Wert,

Siegfried glaubt nicht an dessen Bedrohung, weist sie verächtlich von sich.

Mit den fließenden Melodien des ziehenden Stromes vereinen die Stimmen der Rheintöchter sich wieder im Terzett.

Hier taucht Brünnhildes Motiv (15 b) auf und bezieht sich auf »das hehrste Gut«, das Siegfried gegönnt wurde und das er unwissentlich verwarf. Und bei der Nennung des Rings tritt dessen Motiv (11 a) neuerlich in den Vordergrund, viele Male wiederholt. Dann setzen rauschend die Harfen ein und führen die Musik in die Wasserspiele zurück, der Strom scheint nun wieder ruhige Wellen werfend im Sonnenglanz dahinzuziehen, die Nixen nehmen ihren Reigen abermals auf und wenden sich von Siegfried, der ihre Warnungen in den Wind schlug, endgültig ab; sie ahnen voraus, was sich in Kürze an diesem Gestade abspielen wird und daß »ein stolzes Weib« noch am gleichen Tage Siegfried beerben und dem Rhein das verfluchte, mörderische Kleinod zur ewigen Ruhe zurückgeben wird. Leicht und lieblich fließt ihr Gesang nun dahin; Siegfrieds Stimme mischt sich, enttäuscht, ein wenig nachdenklich und im Grunde ahnungslos von der Bedeutung des eben Erlebten hinein und gestaltet das Terzett zum Quartett um:

(Notenbeispiel S. 168)

den Reif entringt ihr mir nicht!
Denn Leben und Leib,
seht: – so –
(Er hebt eine Erdscholle vom Boden auf, hält sie über seinem
Haupte und wirft sie mit den letzten Worten hinter sich.)
werf ich sie weit von mir!
Die Rheintöchter:
Kommt, Schwestern!
Schwindet dem Toren!
So weise und stark
verwähnt sich der Held,
als gebunden und blind er doch ist.
(Sie schwimmen, wild aufgeregt, in weiten Schwenkungen
dicht an das Ufer heran.)
Eide schwur er –
und achtet sie nicht!
(Wieder heftige Bewegung.)
Runen weiß er –
und rät sie nicht!
Floßhilde, dann Woglinde:
Ein hehrstes Gut
ward ihm gegönnt.
Alle Drei:
Daß er's verworfen,
weiß er nicht.
Floßhilde: Nur den Ring –
Wellgunde: Der zum Tod ihm taugt –
Alle Drei:
Den Reif nur will er sich wahren!
Leb wohl, Siegfried!
Ein stolzes Weib
wird noch heut dich Argen beerben.
Sie beut uns beßres Gehör.
Zu ihr! Zu ihr! Zu ihr!
(Sie wenden sich schnell zum Reigen, mit welchem sie gemäch-
lich dem Hintergrunde zu fortschwimmen. Siegfried sieht ih-
nen lächelnd nach, stemmt ein Bein auf ein Felsstück am Ufer
und verweilt mit auf der Hand gestütztem Kinne.)

(Fortsetzung des Notenbeispiels S. 170)

Die Rheintöchter:
>Weialala leia,
>Wallalala leilalala.

Siegfried:
>Im Wasser wie am Lande

(55)

Lange noch klingen die Stimmen der Nixen aus immer größerer Entfernung zum Ufer hin, auf dem Siegfried gedankenvoll steht. Als sie immer leiser verschweben, wird eine Posaune im Orchester mit dem Fluch-Motiv (14) hörbar. Jagdhörner nähern sich, dann Hagens Stimme und dazu im Orchester der absteigende Sekundschritt seines Kriegsrufs und zugleich das Wehe-Motiv (siehe Leitmotivtafel). Dann wieder, sich entschieden nähernd, Hörner im Orchester und schließlich, zuerst kurz, dann in seiner längsten Form der Hornruf Siegfrieds.

Siegfried antwortet mit einer abfallenden Quint wieder dem Anruf der Männer bei aussetzendem Orchester. Der Ruf verstärkt sich, und abermals antwortet Siegfried, dieses Mal mit einem zweifachen Ruf: der erste wieder auf dem Quintabfall beruhend, der zweite jauchzend vom hohen C abwärts führend, aber nicht in der Quinte, sondern im Tritonus (C-Fis). Geschäftig setzen Violoncelli und Kontrabässe ein. Die Männer

170

lernte nun ich Weiberart:
wer nicht ihrem Schmeicheln traut,
den schrecken sie mit Drohen;
wer dem nun kühnlich trotzt,
dem kommt dann ihr Keifen dran.
(Die Rheintöchter sind hier gänzlich verschwunden.)
Und doch,
trüg' ich nicht Gutrun' Treu', –
Die drei Rheintöchter (werden aus größerer Entfernung nur gehört):
La la.
Siegfried:
der zieren Frauen eine
hätt' ich mir frisch gezähmt!
(Er blickt ihnen unverwandt nach.)

ZWEITE SZENE

Hagens Stimme (von fern): Hoiho!
(Siegfried fährt aus seiner träumerischen Entrücktheit auf und
antwortet dem vernommenen Rufe auf seinem Horn.)
Mehrere Männer (außerhalb der Szene): Hoiho!
Siegfried (antwortend): Hoiho!
Andere Männer: Hoiho! Hoiho!
Siegfried: Hoiho! Hoihe!
Hagen (kommt auf der Höhe hervor. Gunther folgt ihm.
Siegfried erblickend):
Finden wir endlich,
wohin du flogest?

171

*sind auf Sichtweite herangekommen, Siegfried lädt sie auf die
Talsohle ein.*
*Das Orchester malt seine Worte aus, schildert die frische,
kühle Atmosphäre der Flußlandschaft. Es ertönen Jagdhörner,
Siegfrieds Horn-Motiv allerdings in den Bratschen und Celli;
die Holzbläser bringen eines der Fluß-Motive, freundlich und
hell. Und ebenso verfügt Hagen das Lager und das Mahl. Siegfrieds Horn-Motiv (23) klingt anschwellend lustig und froh, zuerst in den vollen Streichern, später in den Holzbläsern. Das
munter dahinfließende Orchesterzwischenspiel macht ruhigeren Tönen Platz, freundlich entwickelt sich das Zwiegespräch
zwischen Hagen und Siegfried, das liebliche Motiv des ruhig
dahinströmenden Rheins, zu dem Siegfried sein Abenteuer mit
den »drei Wasservögeln« berichtet, unterstreicht noch den idyl-
lischen Eindruck des Friedens und des freundschaftlichen
Beisammenseins gleichgesinnter Männer, bei dem wohl niemand einen Mordplan ahnen würde.*

*Als Siegfried auf die Prophezeiung der Rheintöchter zu spre-
chen kommt (und es aus seinen Worten nicht recht klar wird,
ob er an sie glaubt oder sie lächelnd abzutun bereit ist), ändert
sich überraschend schnell der Klang des Orchesters: Das heiter schwebende Motiv der Rheintöchter (55) wird plötzlich
vom Wehe- und Unheil-Motiv in Hörnern, Fagott und tiefen
Streichern unterbrochen. Aber der Augenblick geht vorüber
und scheint vergessen, als Hagen Siegfried nach seinem Verständnis der Vogelsprache fragt. Hier bläst die Klarinette die
beiden Motive des Waldvögleins aus »Siegfried« (29).*

Siegfried: Kommt herab! Hier ist's frisch und kühl!
(Die Mannen kommen alle auf der Höhe an und steigen nun
mit Hagen und Gunther herab.)
Hagen:
    Hier rasten wir
    und rüsten das Mahl.
           (Jagdbeute wird zuhauf gelegt.)
    Laßt ruhn die Beute
    und bietet die Schläuche!
(Schläuche und Trinkhörner werden hervorgeholt. Alles lagert
sich.)
    Der uns das Wild verscheuchte,
    nun sollt ihr Wunder hören,
    was Siegfried sich erjagt.
Siegfried:
    Schlimm steht es um mein Mahl:
    von eurer Beute
    bitte ich für mich.
Hagen: Du beutelos?
Siegfried:
    Auf Waldjagd zog ich aus,
    doch Wasserwild zeigte sich nur.
    War ich dazu recht beraten,
    drei wilde Wasservögel
    hätt' ich euch wohl gefangen,
    die dort auf dem Rhein mir sangen,
    erschlagen würd' ich noch heut.
(Gunther erschrickt und blickt düster auf Hagen.)
    (Siegfried lagert sich zwischen Gunther und Hagen.)
Hagen:
    Das wäre üble Jagd,
    wenn den Beutelosen selbst
    ein lauernd Wild erlegte!
Siegfried: Mich dürstet!
Hagen (indem er für Siegfried ein Trinkhorn füllen läßt und
es diesem dann darreicht):
    Ich hörte sagen, Siegfried,

173

*Doch Siegfried wehrt ab: Wie lange schon hat er auf diese
Stimmen nicht mehr geachtet! Und das Orchester geht aus den
Motiven des Waldvögleins in die der »Wasservögel«, der
Rheintöchter über (55, Singstimmen der Takte 5 und 6).
Beschäftigt die Begegnung mit den Nixen Siegfried noch im
Unterbewußtsein? Die Nähe der »zieren Frauen«, die ihm
(laut eigener Aussage) erotischen Eindruck gemacht haben?
Oder ihre Todesprophezeiung? Er verwischt diese Gedanken:
das Wasser-Motiv wird jäh unterbrochen, in den Hörnern er-
klingt der Hochzeitsruf (50), auf seine Tonfolge wendet Sieg-
fried sich munter und herzlich an Gunther.*

*Wieder erfolgt ein plötzlicher Stimmungsumschwung: Mit
Schauder denkt Gunther an den geplanten Mord – im Orchester erklingt das Sühne-Motiv (40) in den Hörnern,
während Fagotte und tiefe Streicher das Unheil-Motiv andeuten. Die Posaune tritt mit dem Wehe-Motiv dazu. Aber Siegfrieds Laune ist ungetrübt heiter, frohe Motive begleiten seinen
Gesang. Darunter ein kurzes Aufblitzen des Loge-Motivs
(9) – was mag es hier bedeuten? Die Falschheit, die Siegfried hier umgibt? Ein abermaliges bestimmteres Auftreten ein
wenig später scheint diese Annahme zu rechtfertigen.*

*Bei Siegfrieds Gedanken an Frauen erklingt weder Gutrunes
noch gar Brünnhildes Motiv, sondern jenes der Wassernixen
(55, Takt 5 und 6), das in das des Waldvögleins (29, zweiter Teil)
übergeht. Zu einem kurzen Aussetzen des Orchesters schlägt
Siegfried vor, Erinnerungen aus seinem Leben zu erzählen, und
schon stimmt ein Horn das Nibelungen-(Schmiede-) Motiv
(35 e) an. Das Waldvöglein-Motiv (29) ertönt, teilweise ohne*

der Vögel Sangessprache
verstündest du wohl.
So wäre das wahr?
Siegfried:
Seit lange acht ich
des Lallens nicht mehr.
(Er faßt das Trinkhorn und wendet sich damit zu Gunther. Er
trinkt und reicht das Horn Gunther hin.)
Siegfried: Trink, Gunther, trink!
Dein Bruder bringt es dir!
(Gunther blickt mit Grausen in das Horn.)

Gunther (dumpf):
Du mischtest matt und bleich
(noch gedämpfter)
dein Blut allein darin!
Siegfried (lachend):
So misch es mit dem deinen!
(Er gießt aus Gunthers Horn in das seinige, so daß dieses
überläuft.)
Nun floß gemischt es über:
der Mutter Erde
laß das ein Labsal sein!
Gunther (mit einem heftigen Seufzer):
Du überfroher Held!
Siegfried (leise zu Hagen):
Ihm macht Brünnhilde Müh'?
Hagen (leise zu Siegfried):
Verstünd' er sie so gut
wie du der Vögel Sang!
Siegfried:
Seit Frauen ich singen hörte,
vergaß ich der Vöglein ganz.
Hagen: Doch einst vernahmst du sie?
Siegfried (sich lebhaft zu Gunther wendend):
Hei, Gunther,
grämlicher Mann!

jede Begleitung, in der Oboe. Dann setzt, auf die Aufforderung
Hagens, Siegfried mit seiner Erzählung ein.

Geigen und Hörner, bald durch weitere Instrumente verstärkt,
weben einen Klangteppich aus dem Nibelungen-Motiv (35 e), zu
dem sich dann Anspielungen auf Mimes Klageweise ge-
sellen:

(56)

Hier treten, völlig dem Text entsprechend, zwei Motive auf: das
des Schwertes (12 b) und das Nothungs, wie es in »Siegfried«
das Schweißen dieses väterlichen Heldenschwertes begleitet:

(57)

176

Dankst du es mir,
so sing ich dir Mären
aus meinen jungen Tagen.
Gunther: Die hör ich gern.
*(Alle lagern sich nahe an Siegfried, welcher allein aufrecht
sitzt, während die anderen tiefer gestreckt liegen.)*
Hagen: So singe, Held!
Siegfried:

Mime hieß
ein mürrischer Zwerg:
in des Neides Zwang
zog er mich auf,
daß einst das Kind,
wann kühn es erwuchs,
einen Wurm ihm fällt' im Wald,
der lang schon hütet einen Hort.[1]
Er lehrte mich schmieden
und Erze schmelzen;
doch was der Künstler
selber nicht konnt',
des Lehrlings Mute
mußt' es gelingen:
eines zerschlagnen Stahles Stücken
neu zu schmieden[2] zum Schwert.

Des Vaters Wehr
fügt' ich mir neu:
nagelfest
schuf ich mir Nothung.

---

[1] TV: Dieser Vers lautet auch »der faul dort hütet einen Hort«.
[2] TV: Für »schmieden« steht »schweißen«.

177

*Das Grübel-Motiv (bedeutungsvoll in Siegfried, siehe auch
Leitmotivtafel) deutet Mimes Überlegungen an:*

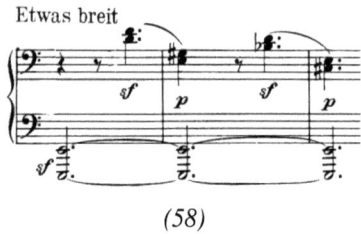

(58)

*Ihm folgt – wieder ganz sinngemäß – das Fafner-(Lindwurm-)
Motiv (19 b), das kurz zuvor schon einmal angedeutet worden
war. Kurz nur streift Siegfried seine Heldentat, dann tauchen
in seiner Erinnerung die »Wunder« auf, die er erlebte. Wagner
begleitet deren Auftauchen mit dem Motiv des Wälsun-
genleids in einer sehr ausdrucksvollen, tiefen Klarinette:*

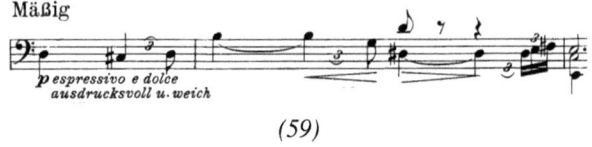

(59)

*Die Tongebung ist äußerst zart, Arpeggien (Akkordbrechun-
gen) beleben die hohen Streicher im Pianissimo, leise Bläser-
soli (Englischhorn, Flöte, dann Baßklarinette) setzen weiche
Harmonietöne in übermäßigen Intervallen dazu, es entsteht
eine traumhafte Stimmung, wie damals (in »Siegfried«), als die
hier geschilderten Vorfälle sich ereigneten. Das »Waldweben«
wird wieder gegenwärtig, das Raunen der Natur, wie Siegfried
es einst, in seiner frühen Jugend, auf der Lichtung vor »Neidhöhle« erlebte. Und darüber erhebt sich, wie in jener fernen,
nun wieder lebendig vor seine Seele tretenden Stunde, der*
Gesang des Waldvogels:
(Notenbeispiel S. 180)

178

Tüchtig zum Kampf
dünkt' er dem Zwerg;
der führte mich nun zum Wald;
dort fällt' ich Fafner, den Wurm.

Jetzt aber merkt
wohl auf die Mär:
Wunder muß ich euch melden.
Von des Wurmes Blut
mir brannten die Finger;
sie führt' ich kühlend zum Mund:
kaum netzt' ein wenig
die Zunge das Naß,
was da die Vöglein sangen,

(60)

Das Wälsungenleid-Motiv (59) durchdringt das Waldweben.
Was bedeutet es? Daß das Leiden der Wälsungen mit dem Tode
Siegmunds und Sieglindes nicht zu Ende ging und nun auch
ihren Sohn Siegfried bedroht?

das konnt' ich flugs verstehn.
Auf den Ästen saß es und sang:
»Hei! Siegfried gehört nun
der Niblungen Hort!
O fänd' in der Höhle
den Hort er jetzt!
Wollt' er den Tarnhelm gewinnen,
der taugt' ihm zu wonniger Tat!
Doch wollt'[1] er den Ring sich erraten,
der macht' ihn zum Walter der Welt!«

Hagen:

Ring und Tarnhelm
trugst du nun fort?

Ein Manne: Das Vöglein hörtest du wieder?

Siegfried:

Ring und Tarnhelm
hatt' ich gerafft:
da lauscht' ich wieder
dem wonnigen Laller;
der saß im Wipfel und sang:
»Hei, Siegfried gehört nun
der Helm und der Ring.
O traute er Mime,
dem Treulosen, nicht!
Ihm sollt' er den Hort nur erheben;
nun lauert er listig am Weg:
nach dem Leben trachtet er Siegfried.
O traute Siegfried nicht Mime!«

Hagen: Es mahnte dich gut?

Vier Mannen: Vergaltest du Mime?

Siegfried:

Mit tödlichem Tranke
trat er zu mir;
bang und stotternd
gestand er mir Böses:
Nothung streckte den Strolch!

---

[1] TV: Anstelle von »wollt'« steht »möcht'«.

181

Die Musik schlägt jetzt durchaus »irdische« Töne an und geht in das Schmiede-Motiv der Nibelungen über (35 e), das Hagen die Melodielinie für seinen höhnischen Einwurf liefert. Es wirkt auch im Orchester noch weiter und geht dann in eine Tonfolge über, die man als »Verlockungs-Motiv« bezeichnet; »verlockt« Hagen Siegfried, den von ihm gebrauten Trank zu sich zu nehmen? Das ergäbe keine sehr zwingende Erklärung, Wagners Gedankengänge erlauben viele Deutungen.

Einfach wird eine solche beim Ende von Hagens Worten: in den gedämpften Hörnern erklingt das Tarnhelm-Motiv (32, aber in der vom »Rheingold« bekannten Form, siehe Motivtabelle) zusammen mit dem Vergessens-Motiv (38) in den Klarinetten.

Während Siegfried langsam den von Hagen bereiteten »Entzauberungstrank« trinkt, deuten das Englischhorn das Wälsungenleid-Motiv (59) und die Violoncelli das Motiv Brünnhildes (15 b) an. Dann lenken die hohen Streicher in das »Waldweben« zurück. Und darüber erhebt sich Siegfrieds Stimme im Motiv des Waldvogels (60). Von hier an beginnt eine gewaltige Steigerung, die bis zum furchtbaren Höhepunkt – der Ermordung Siegfrieds – nicht mehr nachlassen wird. Verschiedene Motive sind in das Flirren und Flimmern der Saiteninstrumente – Streicher und Harfe – eingeflochten: das des Feuerzaubers (68 b), das des Waldvögleins (29), das (ursprünglich Freia zugeordnete) Liebes-Motiv (27).

Hagen (grell lachend):
    Was nicht er geschmiedet,
    schmeckte doch Mime!
Zwei Mannen (nacheinander):
    Was wies das Vöglein dich wieder?

Hagen (läßt ein Trinkhorn neu füllen und träufelt den Saft eines Krautes hinein):
    Trink erst, Held,
    aus meinem Horn:
    ich würzte dir hold den Trank,
    die Erinnerung hell dir zu wecken,
    (er reicht Siegfried das Horn)
    daß Fernes nicht dir entfalle!
Siegfried (blickt gedankenvoll in das Horn und trinkt dann langsam):
    In Leid zu dem Wipfel
    lauscht' ich hinauf;
    da saß es noch und sang:
    »Hei, Siegfried erschlug nun
    den schlimmen Zwerg!
    Jetzt wüßt' ich ihm noch
    das herrlichste Weib.
    Auf hohem Felsen sie schläft,
    Feuer umbrennt ihren Saal;
    durchschritt' er die Brunst,
    weckt' er die Braut,
    Brünnhilde wäre dann sein!«
Hagen:
    Und folgtest du
    des Vögleins Rate?
Siegfried:
    Rasch ohne Zögern
    zog ich nun aus,
    (Gunther hört mit immer größerem Erstaunen zu)
    bis den feurigen Fels ich traf:
    die Lohe durchschritt ich
    und fand zum Lohn
    (in immer größere Verzückung geratend)

Unaufhaltsam erlangt Siegfried sein Gedächtnis wieder. Seine Erregung steigert sich mit jedem Augenblick und nimmt seine Sinne ganz gefangen. Er erlebt nun noch einmal, als wäre er aus dem Kreis der ihn umgebenden Männer entrückt, die größte Stunde seines Lebens. Das Orchester, in ständig wachsendem Crescendo, bringt seine Gedanken, seine Phantasiebilder und Erinnerungen zu immer stärkerer Geltung. Auf dem Höhepunkt: die schlafende Frau – »ein wonniges Weib«:

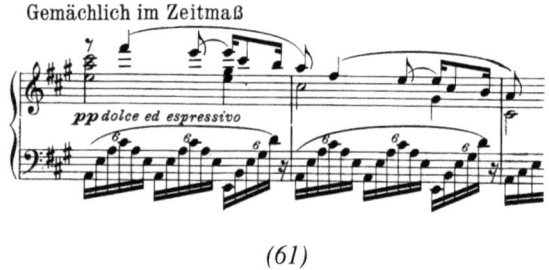

(61)

Musik von höchster Innigkeit (mit der Wagner Wotans Abschied und das entbrennende Feuer um Brünnhilde am Schluß der »Walküre« ausgestattet hatte), zuletzt Siegfrieds Liebes-Motiv (18).

Dann mit Gunthers entsetztem Auffahren ein schriller Aufschrei in den Bläsern, ein chromatisch aufsteigender Sturmlauf in den Streichern wie Flügelschlag unsichtbarer Vögel, Hagens heftige Worte – deren letzte auf die Tonfolge des Sühne-Motivs (40) gesungen werden – und der Mord.

Hörner, Baßtrompete und Posaune schmettern das Fluch-Motiv (14); zwei weitere Posaunen das Wehe-Motiv.

Mit ganzer, letzter Kraft bäumt das Siegfried-Motiv (34) sich noch einmal in die Höhe (in dreifachem Forte bei tobendem

schlafend ein wonniges Weib

in lichter Waffen Gewand.
Den Helm löst' ich
der herrlichen Maid;
mein Kuß erweckte sie kühn:
oh, wie mich brünstig da umschlang
der schönen Brünnhilde Arm!
Gunther (in höchstem Schrecken aufspringend):
Was hör ich?
(Zwei Raben fliegen aus einem Busche auf, kreisen über Sieg-
fried und fliegen dann, dem Rheine zu, davon.)
Hagen:
Errätst du auch
dieser Raben Geraun'?
(Siegfried fährt heftig auf und blickt, Hagen den Rücken zu-
kehrend, den Raben nach.)
Rache rieten sie mir!
(Er stößt seinen Speer in Siegfrieds Rücken: Gunther und die
Mannen stürzen sich über Hagen.)
(Siegfried schwingt mit beiden Händen seinen Schild hoch em-
por, um ihn nach Hagen zu werfen: Die Kraft verläßt ihn, der

185

Orchester). Dann ein jäher Absturz: Siegfrieds Zusammenbruch. Ein alles übertönender Beckenschlag, härteste Akkorde in heftigem, wie stockendem Rhythmus, ein Todes-Motiv (das im kommenden Trauermarsch zur ganzen Größe anwachsen wird):

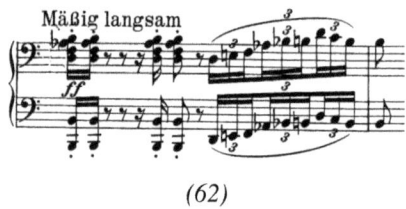

(62)

Die entsetzten Ausrufe der Männer, die – in doppelter Beziehung – ins Leere fallen: in Orchesterpausen und ohne von Hagen beachtet zu werden. Dann das Schicksals-Motiv (2), das in das der Sühne (40) übergeht; und erst auf Gunthers entsetzte Frage antwortet Hagen, wobei das Orchester nochmals das Sühne-Motiv bringt. Abermals im Fortissimo zweimal das Todes-Motiv (62), ein langsames Abschwellen, zu dumpf schlagender Pauke zweimal (zuerst in den Posaunen, dann in den Hörnern) das Schicksals-Motiv (2). Siegfrieds ergreifender Abschiedsgesang beginnt: Die Todeswunde im Körper, schlägt er noch einmal die Augen auf. Seine letzten Gedanken gehören, da nun die Macht des Zauber-, des Vergessenstrankes gewichen ist, Brünnhilde:

(63 a)

Schild entsinkt ihm rückwärts; er selbst stürzt über dem Schild zusammen.)

Vier Mannen (welche vergebens Hagen zurückzuhalten versuchen):
Hagen, was tust du?
Zwei andere: Was tatest du?
Gunther: Hagen, was tatest du?
Hagen: Meineid rächt' ich!
(Er wendet sich ruhig zur Seite ab und verliert sich dann über die Höhe, wo man ihn langsam durch die anbrechende Dämmerung von dannen schreiten sieht.)
(Gunther beugt sich schmerzergriffen zu Siegfrieds Seite nieder. Die Mannen umstehen teilnahmsvoll den Sterbenden.)

Siegfried (von zwei Mannen sitzend erhalten, schlägt die Augen glanzvoll auf):
Brünnhilde,

Mit den gleichen, ungeheuer einfachen und doch äußerst stimmungsvollen Tonfolgen wie bei Brünnhildes Erwachen (in »Siegfried«) erlebt Siegfried in liebevollster Erinnerung jene Stunden noch einmal. (e-Moll/C-Dur in Beispiel 63 a und e-Moll/d-Moll in 63 b).

(63 b)

Noch eine Deutung wäre möglich: wie seinerzeit Brünnhilde aus dem Walkürendasein zur irdischen, liebenden Frau erwachte, erwacht nun Siegfried aus der Betäubung des Vergessenstranks zur wiedergewonnenen Klarheit des Bewußtseins? Die untergeteilten ersten Geigen singen langsam und eindringlich eine schmerzliche Sterbensmelodie, die doch jener des einstigen Erwachens zum Leben gleich ist. Motive ziehen durch das Orchester: das des Schicksals (2), mehrmals zart und doch leuchtend jenes Siegfrieds (34),

das des Liebesentzückens (16),

das jubelnde, nun wehmütig klingende Begeisterungs-Motiv der Liebe (35 b). Mit dem wie von ferne tönenden Schicksals-Motiv in Posaunen und Tuba (2) stirbt Siegfried. Lange hallt eine leise schlagende Pauke nach:

(Notenbeispiel S. 190)

heilige Braut!
Wach auf! Öffne dein Auge!
Wer verschloß dich
wieder in Schlaf?
Wer band dich in Schlummer so bang?

Der Wecker kam;
er küßt dich wach,
und aber der Braut
bricht er die Bande:
da lacht ihm Brünnhildes Lust!
Ach, dieses Auge,
ewig nun offen!
Ach, dieses Atems
wonniges Wehen!
Süßes Vergehen,
seliges Grauen –

(64)

In den folgenden Augenblicken erreicht das Werk seine größte, erschütterndste Stimmungsdichte. Dumpfe Anläufe der tiefen Streicher münden in das ausdrucksvolle Motiv des Wälsungen-leids (59): Tragisch wie seine Eltern mußte nun auch Siegfried sterben. Und dann, nach drei chromatisch aufwärtsführenden und dynamisch mit geballter Energie zu steigernden Noten setzt Wagner zu Siegfrieds Trauermarsch an, der aus dem Todes-Motiv (62) entwickelt wird:

(65)

Mit den drei Noten ist die Tonart c-Moll erreicht worden, Grundtonart des Trauermarsches. Mit dieser Tonart hat es eine eigenartige Bewandtnis: Sie gilt als »tragische«, als »Trauer-« und »Todestonart«. Beethoven verwendet sie führend in seiner »pathetischen Sonate« opus 13 und dem Trauermarsch seiner dritten Sinfonie (Eroica), Chopin in der »Revolutionsetüde«, um nur drei bekannte Beispiele zu nennen. Der »Trauermarsch Siegfrieds« ist das zweite große, in sich geschlossene (und deshalb auch in Konzertform verwendete) Orchesterstück in »Götterdämmerung« – das erste, heiterere,

Brünnhild' bietet mir – Gruß!

(Er sinkt zurück und stirbt. Regungslose Trauer der Umstehen-
den. Die Nacht ist hereingebrochen. Auf die stumme Ermah-
nung Gunthers erheben die Mannen Siegfrieds Leiche und ge-
leiten sie mit dem Folgenden in feierlichem Zuge über die
Felsenhöhe langsam von dannen.)

war das die »Rheinfahrt« des jungen Helden darstellende. In den Trauermarsch hat Wagner zahlreiche Motive verwoben. Gleich nach dem wuchtigen Beginn (65, bei ff) erklingt das Motiv des Rheingolds (11 c) und nach abermaligem Ausbruch des Todes-Motivs (nun in f-Moll) gedenkt Wagner in außergewöhnlich ausdrucksvollen Passagen der Vorgeschichte seines Helden: Mehrere Motive aus »Walküre« ziehen wie in wehmütiger Erinnerung vorbei: das Wehwalts-Motiv (»Nun weißt du, fragende Frau«, 66 a), das Wälsungenleid-Motiv (66 b), Sieglindes zartes Liebes- und Schmerz-Motiv (66 c):

(66)

Dann steigt in einem großen Crescendo Siegfrieds Schwert-Motiv (12 b in rhythmischer Verbreiterung) hell auf. Sein leuchtendes C-Dur wendet auch das folgende Todes-Motiv (62) in diese strahlende Tonart. Siegfrieds Motiv (34, 68 a) setzt in c-Moll ein und wird zum hellen, abermals vom vollen Orchester gespielten Todes-Motiv in G-Dur geführt. In g-Moll dann abermals Siegfrieds Motiv, das in das ebenfalls ihm zugehörige Helden-Motiv (15 a, 19 a, 20 b) mündet. Dieses wechselt nun zweimal mit dem in voller Lautstärke gespielten Todes-Motiv (62) ab, wobei Stärkegrade erreicht werden, die es bis dahin in der Kunstmusik noch nicht gegeben haben dürfte.

192

(Der Mond bricht durch die Wolken und beleuchtet immer hel-
ler den die Berghöhe erreichenden Trauerzug.)
(Aus dem Rhein sind Nebel aufgestiegen und erfüllen allmäh-
lich die ganze Bühne, auf welcher der Trauerzug bereits un-
sichtbar geworden ist, bis nach vorne, so daß diese während
des Zwischenspieles gänzlich verhüllt bleibt.)

Der Trauerzug nähert sich seinem Ziel, der Gibichungenhalle. Sein Schmerz wird stiller. In Klarinette und Englischhorn erklingt Brünnhildes Motiv (15 b), vom Todes-Motiv in den tiefen Streichern unheimlich untermalt.

Zum Wehe-Motiv (in den Hörnern) klopft die Pauke vereinzelte Schläge, die man vielleicht für Andeutungen des Nibelungen-Haß-Motivs (49 b) halten kann. Dann taucht Gutrunes Motiv dumpf auf, doch die Baßtrompete übertönt es mit dem Schicksals-Motiv (2). In den Hörnern erklingt eine leise Erinnerung an den Hochzeitsruf (50), aber er ist aus dem frohen Dur ins dunklere Moll gewendet.
Das Wehe-Motiv in den Streichern und ein Horn mit der Verzerrung von Siegfrieds Horn-Motiv (ein Tritonusintervall zu Beginn anstelle der sonst stets verwendeten reinen Quinte, 23) ertönen gleichzeitig, es wirkt gespenstisch und deutet Gutrunes Angstträume an, deren Motiv (37), ebenfalls mit beklemmenden Harmonien verfremdet, ihre Unruhe ausdrückt.

Das Horn-Motiv (23) geht über das flirrende Loge-Motiv (3) in das Walküren-Motiv (17) über, das hier mehr bedeuten könnte als die einfache Erwähnung Brünnhildes: Die einstige Halbgöttin wird in ihren früheren überirdischen Rang zurückgeführt.
Nun erklingt (in der tiefen Klarinettenlage) das andere, irdischere Motiv Brünnhildes (15 b): Gutrune kennt in ihr nur die Frau, deren Überlegenheit sie zwar spürt, die sie sich aber als Schwester wünscht. Bange Augenblicke vergehen, das Orchester bringt nur stockende Motive in kurzen Einsätzen. Gutrunes Motiv (37) wird vom Unheil-Motiv kontrapunktiert.

*(Von hier an verteilen die Nebel sich wieder, bis endlich die
Halle der Gibichungen, wie im ersten Aufzuge, immer erkenn-
barer hervortritt.)*

DRITTE SZENE
Die Halle der Gibichungen
*Es ist Nacht. Der Mond spiegelt sich auf dem Rheine. Gutrune
tritt aus ihrem Gemache in die Halle hinab.*

Gutrune:
    War das sein Horn? *(Sie lauscht.)*
    Nein! Noch
    kehrt er nicht heim.
    Schlimme Träume
    störten mir den Schlaf!
    Wild wieherte sein Roß;
    Lachen Brünnhildes
    weckte mich auf.
    Wer war das Weib,
    das ich zum Ufer schreiten sah?
    Ich fürchte Brünnhild'!
    Ist sie daheim?
        (Sie lauscht an der Tür rechts und ruft.)
    Brünnhild'! Brünnhild'!
    Bist du wach?
    (Sie öffnet schüchtern und blickt in das innere Gemach.)
    Leer das Gemach.
    So war es sie,
    die ich zum Rheine schreiten sah!
    War das sein Horn?
    Nein!

Da erschallt Hagens Ruf: Seine Tonfolge ist die des Wehe-Motivs, im Orchester untermalt ein dichtes Tremolo in der tiefen Lage der Geigen und Bratschen, während Fagotte, Celli und Kontrabässe lange, fast obstinat, das Unheil-Motiv wiederholen. Unheimlich deuten die Hörner den Hochzeitsruf an (50), Hagens Erwähnung einer »Jagdbeute«, sein grausam höhnischer Anruf an Gutrune zum Empfang Siegfrieds werden von wachsender Unruhe im Orchester unterstrichen.

Auf das Sühne-Motiv (40) berichtet, höhnisch und selbstbewußt, Hagen. Das Entsagungs-Motiv (11 b) wirkt wie Schadenfreude. Auf der Bühne wie im Orchester wächst der nächtliche Tumult zur Schreckensszene an. Wilderregte Klänge, das Unheil-Motiv, aufseufzende Stimmen begleiten auch noch Gunthers Worte an seine Schwester und deren verzweifelte Anklage.

196

Öd alles!

(Sie blickt ängstlich hinaus.)

Säh' ich Siegfried nur bald!

Hagens Stimme (von außen sich nähernd):

Hoiho! Hoiho!

(Als Gutrune Hagens Stimme hört, bleibt sie, von Furcht gefesselt, eine Zeitlang unbeweglich stehen.)

Hagen:

Wacht auf! Wacht auf!

Lichte! Lichte!

Helle Brände!

Jagdbeute

bringen wir heim.

Hoiho! Hoiho!

(Wachsender Feuerschein von außen.)

(Er tritt in die Halle.)

Auf, Gutrun'!

Begrüße Siegfried!

Der starke Held,

er kehret heim!

Gutrune (in großer Angst):

Was geschah, Hagen?

Nicht hört' ich sein Horn!

(Männer und Frauen, mit Lichtern und Feuerbränden, geleiten in großer Verwirrung den Zug der mit Siegfrieds Leiche Heimkehrenden.)

Hagen:

Der bleiche Held,

nicht bläst er es mehr;

nicht stürmt er zur Jagd,

zum Streite nicht mehr,

noch wirbt er um wonnige Frauen.

Gutrune (mit wachsendem Entsetzen):

Was bringen die?

(Der Zug gelangt in die Mitte der Halle, und die Mannen setzen dort die Leiche auf einer schnell errichteten Erhöhung nieder.)

Hagen:

Eines wilden Ebers Beute:

Siegfried, deinen toten Mann.

197

*Hagen, die finsterste Gestalt der Nibelungen-Tetralogie –
Meisterstück in der Galerie der Opernbösewichter –, erhebt
sich hier zu seinem größten Augenblick. Schon der Quinten-
sprung abwärts auf »Ja denn!« steht mit dem Motiv des Speereides (52) in engem Zusammenhang: Er ist seine Umkehrung.
Im Orchester stimmt das Horn zugleich dieses Motiv in ursprünglicher Form an. Dann spielen Horn und Fagott das
Sühne-Motiv (40). Bei seiner Forderung des Ringes erklingt
dessen Motiv (49a). Es kehrt nun mehrfach wieder, während
die beiden Männer um den Besitz des Ringes streiten.*

(Gutrune schreit auf und stürzt über die Leiche. Allgemeine Erschütterung und Trauer.)

Gunther (bemüht sich um die Ohnmächtige):

    Gutrun', holde Schwester,

    hebe dein Auge,

    schweige mir nicht!

Gutrune (wieder zu sich kommend):

    Siegfried – Siegfried erschlagen!

    (Sie stößt Gunther heftig zurück.)

    Fort, treuloser Bruder,

    du Mörder meines Mannes!

    O Hilfe, Hilfe!

    Wehe! Wehe!

    Sie haben Siegfried erschlagen!

Gunther:

    Nicht klage wider mich!

    Dort klage wider Hagen;

    er ist der verfluchte Eber,

    der diesen Edlen zerfleischt'.

Hagen: Bist du mir gram darum?

Gunther:

    Angst und Unheil

    greife dich immer!

Hagen (mit furchtbarem Trotze herantretend):

    Ja denn! Ich hab ihn erschlagen.

    Ich, Hagen,

    schlug ihn zu tot.

    Meinem Speer war er gespart,

    bei dem er Meineid sprach.

    Heiliges Beuterecht

    hab ich mir nun errungen:

    drum fordr' ich hier diesen Ring.

Gunther:

    Zurück! Was mir verfiel,

    sollst nimmer du empfahn.

Hagen: Ihr Mannen, richtet mein Recht!

Gunther:

    Rührst du an Gutrunes Erbe,

    schamloser Albensohn?

199

Zu Hagens Herausforderung reckt sich, gemeinsam mit der Singstimme, in einer machtvollen Posaune das Fluch-Motiv (14) empor.

Mit dem erregt im Orchester verarbeiteten Ring-Motiv (11 a, 49 a) fällt Gunther, Hagen streckt mit der Tonfolge des Fluchs die Hand nach dem Ring aus, aus dem Fortissimo des Orchesters löst sich rein und klar das Schwert-Motiv (12 b), wie um Siegfrieds selbst im Tode noch überlegene Kraft zu beweisen. Es geht in zartester Tongebung (der Flöten und Geigen in höchster Lage) über in das Motiv der Götterdämmerung (6), das über zweieinhalb Oktaven abwärts führt, vom Erda- (oder Natur-)Motiv abgelöst wird und nach dessen Anstieg (1 c) mehrere Male in wachsender Dynamik wiederholt wird: Der motivkundige Hörer entnimmt daraus, daß Brünnhildes »Rache« nicht nur die irdische Sühne herbeiführt, sondern die zutiefst schuldig gewordenen Götter in ihr Verderben reißen wird.
Zweimal wird nun, sehr leise (zuerst in den Tuben, später in den Streichern), das Schicksals-Motiv (2) zitiert, dann blasen die Trompeten zu Brünnhildes ausdrucksvoll werdender Stimme das Motiv der Todverkündigung, wie sie selbst es einst (in »Walküre«) Siegfrieds Vater Siegmund gesungen hatte (7).

Die Feierlichkeit weicht der starken Unruhe, mit der Gutrune nun Brünnhilde anklagt. Das Orchester malt ihre ehrliche, verzweifelte Erregung, ihre fliegenden Pulse. Doch sofort kehrt die verklärte Ruhe wieder, als Brünnhilde das Wort ergreift. Sie erwidert, während das Orchester Gutrunes Motiv mehrmals ertönen läßt. Dann erhebt sich ihr Gesang zu eindrucksvoller Größe: Sie zeigt – zum großen Liebes-Motiv 18 – Gutrune, wer Siegfrieds wahre Gefährtin und Gemahlin gewesen:

(Notenbeispiel S. 202)

Hagen (zieht sein Schwert):
  Des Alben Erbe
  fordert so sein Sohn!
(Er dringt auf Gunther ein, dieser wehrt sich; sie fechten.
Mannen werfen sich dazwischen. Gunther fällt von einem
          Streiche Hagens tot darnieder.)
  Her den Ring!
(Er greift nach Siegfrieds Hand; diese hebt sich drohend
empor. Gutrune hat bei Gunthers Falle entsetzt aufgeschrien.
        Alles bleibt in Schauder regungslos gefesselt.)
(Aus dem Hintergrunde schreitet fest und feierlich Brünnhilde
          dem Vordergrunde zu.)
Brünnhilde (noch im Hintergrunde):
  Schweigt eures Jammers
  jauchzenden Schwall.
  Das ihr alle verrietet,

  zur Rache schreitet sein Weib.
      (während sie ruhig weiter vorschreitet)
  Kinder hört' ich
  greinen nach der Mutter,
  da süße Milch sie verschüttet:
  doch nicht erklang mir
  würdige Klage,
  des höchsten Helden wert.
Gutrune (vom Boden heftig sich aufrichtend):
  Brünnhilde! Neiderboste!
  Du brachtest uns diese Not:
  die du die Männer ihm verhetztest,
  weh, daß du dem Haus genaht!
Brünnhilde:
  Armsel'ge, schweig!
  Sein Eheweib warst du nie,
  als Buhlerin
  bandest du ihn.

(67)

In jähem Ausbruch und Zusammenbruch (Wagner sagte bei den Proben zur Uraufführung, hier sterbe Gutrune eines seelischen Todes) schleudert Gutrune die letzte Anklage gegen Hagen. Das Vergessens-Motiv (38) unterstreicht ihre Erkenntnis von Brünnhildes älteren Rechten, ihre Reue über eine Tat, an der sie nur der geringste Teil der Schuld trifft. Ihr Motiv (37) verklingt immer mehr und mehr und macht dem Schicksals-Motiv (2) Platz, mit dem die letzte, grandioseste Szene des Werkes beginnt.

Brünnhilde gehört diese letzte Szene ganz allein, sie verlangt von der Darstellerin eine bis dahin nie gekannte dramatische und sängerische Leistung (die noch jene des »Liebestods« aus »Tristan und Isolde« übersteigt). Hier ist alles vereinigt: überwältigendes, psychologisch meisterhaft fundiertes Pathos, echte Größe der Gefühle, dramatische Wucht, Tragik im höchsten Sinne des Wortes.

Sein Mannesgemahl bin ich,
der ewige Eide er schwur,
eh Siegfried je dich ersah.

Gutrune (in jähe Verzweiflung ausbrechend):
    Verfluchter Hagen,
    daß du das Gift mir rietest,
    das ihr den Gatten entrückt!
    Ach, Jammer!
    Wie jäh nun weiß ich's,
    Brünnhild' war die Traute,
    die durch den Trank er vergaß!
(Sie hat sich voll Scheu von Siegfried abgewendet und beugt sich nun ersterbend über Gunthers Leiche; so verbleibt sie regungslos bis zum Schlusse.)
(Hagen steht, trotzig auf Speer und Schild gelehnt, in finsteres Sinnen versunken, auf der entgegengesetzten Seite.)
(Brünnhilde allein in der Mitte; nachdem sie lange in den Anblick Siegfrieds versunken gewesen, wendet sie sich jetzt

Das feierliche Motiv der Weltesche (8) eröffnet die große Szene. Es deutet an, daß der Brand, der Siegfrieds Leiche und Brünnhilde verzehren soll, auch Walhall zu Asche verbrennen wird, um das die Scheite der gefällten Weltesche aufgeschichtet sind. Die Instrumentation ist vom ersten Augenblick an feierlich und erhaben: Was Brünnhilde hier zelebriert, ist ein wahres Totenfest,»des hehresten Helden« würdig.»Walküre«-Reminiszenz wird durch das glitzernde Motiv des Feuerzaubers (siehe nächstes Beispiel) wach. Brünnhilde läßt das Roß bringen, mit dem Siegfried am Gibichungenhof eintraf: Es ist ihr einstiges Schlachtenpferd – ihm (und ihr selbst) ist das Motiv des Walkürenritts gewidmet (17). Wie kurz zuvor das Siegfried-Motiv (34) das Flackern der Flammen durchbrach, so jetzt in erregenden Rhythmen und mit dem Siegfried-Motiv kombiniert, das Motiv der Walküren: Nun, wie nie zuvor, sind sie vollends Eins, und im Flammentode wird ihre höchste, letzte Vereinigung vollzogen werden, Siegfried und Brünnhilde – neben Tristan und Isolde Wagners »größtes«, an Übermenschliches reichendes Liebespaar.

(Fortsetzung des Notenbeispiels S. 206)

mit feierlicher Erhabenheit an die Männer und Frauen. Zu
den Mannen):

    Starke Scheite
schichtet mir dort
am Rande des Rheins zu Hauf!
Hoch und hell
lodre die Glut,
die den edlen Leib
des hehresten Helden verzehrt.
Sein Roß führet daher,
daß mit mir dem Recken es folge;

    denn des Helden heiligste
Ehre zu teilen,

(68)

(Hier kombiniert Wagner drei Motive zu gleichzeitigem Erklin-
gen: a das Siegfrieds, b das des »Feuerzaubers«, der flackern-
den, glitzernden Flammen, c das der Walküren in ihrem galop-
pierenden Ritt durch die Lüfte.) Das Weltesche- (8) und das
Entzückungs-Motiv (16) leiten zu Brünnhildes nun sanfter, in-
nerlicher gewordener Betrachtung über. Sie beruht auf dem
Entzückungs-Motiv, das sie an Siegfried, den Menschen, er-
innert, an seine Liebe, seine Treue.

Erst die abstürzende Oktave – manchmal als »Treue-Motiv«
bezeichnet – nimmt wieder Härte an (»trog keiner wie Er!«).
Aber sie geht nach viermaligem Erklingen auf verschiedenen
Tonhöhen wieder in Klangregionen des Schmerzes und der
tiefen Trauer über: »Immer feierlicher« (wie Wagner vor-
schreibt) erklingt nun das Motiv der Todesverkündigung (7),
dessen letzte Wendung das Schicksals-Motiv (2) einschließt.

206

verlangt mein eigener Leib.
Vollbringt Brünnhildes Wort!
*(Die jungen Männer errichten während des Folgenden vor der
Halle nahe am Rheinufer einen mächtigen Scheithaufen, Frauen
schmücken diesen dann mit Decken, auf welche sie Kräuter
und Blumen streuen.)*
*Brünnhilde (versinkt von neuem in die Betrachtung des
Antlitzes der Leiche Siegfrieds. Ihre Mienen nehmen eine
immer sanftere Verklärung an):*
Wie Sonne lauter
strahlt mir sein Licht:
der Reinste war er,
der mich verriet!
Die Gattin trügend,
treu dem Freunde,
von der eignen Trauten,
einzig ihm teuer,
schied er sich durch sein Schwert.
Echter als er
schwur keiner Eide;
treuer als er
hielt keiner Verträge;
lautrer als er
liebte kein andrer.
Und doch, alle Eide,
alle Verträge,
die treueste Liebe
trog keiner wie er!

Wißt ihr, wie das ward?
(Nach oben blickend.)

Es geht nahtlos in das Walhall-Motiv (4 ab Takt 4) über; noch einmal erklingt es in den Bläsern, aber die Götter, die Brünnhilde anruft, sind nicht mehr die strahlenden Herren der Welt, sondern erwarten ihr eigenes Ende. Weitere Motive tauchen auf: nochmals das der Todverkündigung (7), dann das der Wälsungenliebe (43) und am Ende dieses Absatzes (»wissend würde ein Weib«) das mehrfach wiederholte Schicksals-Motiv (2), das von sehr dumpfen Paukenschlägen untermalt wird.

Die Raben, die mit der Botschaft des nahenden Endes heim nach Walhall gesendet werden, rufen im Orchester das Wehe-Motiv (siehe Leitmotivtafel) herauf, das in jenes düstere des Fluches (14) übergeht. Und dessen Posaunenklang weicht dem milderen der Hörner und Tuben, die das Motiv des Rheingolds – den »Rheingold«-Ruf der Rheintöchter – mit Walhallklängen verbinden: Brünnhilde hat den verfluchten Ring von Siegfrieds toter Hand gezogen und betrachtet ihn lange und nachdenklich, bevor sie ihn den erlösenden Wasserfluten übergeben wird.
Sehr feierlich, wenn auch leise, erklingt das Weltesche-Motiv (8) und geht pianissimo in das der Götterdämmerung über (6), das von den Geigen und Holzbläsern in hoher Lage sehr zart gespielt wird. Das ruhige Ziehen des Rheins und das Ring-Motiv (11 a) antworten. Hier rüstet Brünnhilde sich, den Ring an die Rheintöchter zurückzugeben. Motive des Wasserspiels der Nixen (55) begleiten lieblich und versöhnend ihren Gesang. Das Brünnhilden-Motiv (15 b) und das Rheingold-Motiv (11 c) mischen sich in ihren lieblichen Fluß.

O ihr, der Eide
ewige[1] Hüter!
Lenkt euren Blick
auf mein blühendes Leid,
erschaut eure ewige Schuld!
Meine Klage hör,
du hehrster Gott!
Durch seine tapferste Tat,
dir so tauglich erwünscht,
weihtest du den,
der sie gewirkt,
dem Fluche, dem du verfielest.
Mich mußte
der Reinste verraten,
daß wissend würde ein Weib!
Weiß ich nun, was dir frommt?
Alles, alles,
alles weiß ich,
alles ward mir nun frei!
Auch deine Raben
hör ich rauschen;
mit bang ersehnter Botschaft
send ich die beiden nun heim.
Ruhe, ruhe, du Gott!

*(Sie winkt den Mannen, Siegfrieds Leiche auf den Scheithaufen
zu tragen; zugleich zieht sie von Siegfrieds Finger den Ring ab
und betrachtet ihn sinnend.)*
Mein Erbe nun
nehm ich zu eigen.
Verfluchter Reif!
Furchtbarer Ring!
Dein Gold faß ich
und geb es nun fort.

[1] TV: Für »ewig« steht auch »heilig«, was vorzuziehen ist, da man Götter, deren
»Ende« bevorsteht, nicht »ewig« nennen kann.

209

Auch zum Abschluß dieses Abschnitts erklingt der »Rhein-gold«-Ruf (11 d) und geht in das Ring-Motiv (11 a) über.

*Brünnhildes großer Schlußgesang strebt seinem Höhepunkt zu.
Je drei Trompeten und Posaunen schmettern das Motiv der
Verträge (5); über dessen Verwendung an dieser Stelle müßte
man rätseln – ist es ein letzter Gruß an Wotan, ist es die Ankündigung eines Weltenendes, das alle Pakte und Verein-
barungen ungültig macht?*

*Noch einmal tritt aus dem Orchester das Motiv des Feuerzau-
bers (wie er einst rund um die schlafende Brünnhilde entbrannte, 68 b) und geht, folgerichtig, in das Motiv Loges (9)
über. Dann, in immer drängenderem Zeitmaß, das Motiv der
Götterdämmerung (6), dessen absteigende Melodielinie vom
Natur-(Erda-)Motiv (1 c) aufgefangen und abermals in die
Höhe geführt wird, von wo es das Untergangs-Motiv immer
entschiedener in den Abgrund schleudert. Hier stand in der ur-*

Der Wassertiefe
weise Schwestern,
des Rheines schwimmende Töchter,
euch dank ich redlichen Rat.
Was ihr begehrt,
ich geb es euch:
aus meiner Asche
nehmt es zu eigen!
Das Feuer, das mich verbrennt,
rein'ge vom Fluche den Ring!
Ihr in der Flut
löset ihn auf,
und lauter bewahrt
das lichte Gold,
das euch zum Unheil geraubt.

(Sie hat den Ring sich angesteckt und wendet sich jetzt zu dem Scheitergerüste, auf welchem Siegfrieds Leiche ausgestreckt liegt. Sie entreißt einem Manne den mächtigen Feuerbrand.)
(Den Feuerbrand schwingend und nach dem Hintergrunde deutend.)

Fliegt heim, ihr Raben!
Raunt es eurem Herren,
was hier am Rhein ihr gehört!
An Brünnhildes Felsen
fahrt vorbei.
Der dort noch lodert,
weiset Loge nach Walhall!
Denn der Götter Ende
dämmert nun auf.
So – werf ich den Brand
in Walhalls prangende Burg.

sprünglichen Dichtung eine längere Textstelle, die Wagner aber wegzulassen beschloß, obwohl sie König Ludwig besonders gut gefiel. An ihrer Stelle steht eine musikalische Überleitung von wenigen Takten, in denen das Ring-Motiv (49a) in das Loges (9), des nun immer stärker entbrennenden Feuers übergeht. In chromatischen Läufen führen die Streicher aufwärts – es ist wie das Flattern der Raben, die »heim« fliegen nach Walhall – dann klingt in Oboen, Klarinetten und ersten Geigen der Walkürenruf (42) auf, den Trompeten und gleich darauf Hörner mit dem Walkürenritt-Motiv (17, 68c) fortsetzen.

Dieses bleibt nun beherrschend, bis sein erregender Rhythmus, von den raschen Läufen der Geigen und dem Tremolo der übrigen Streicher flimmernd umspielt, in das Motiv der Erlösung übergeht, jene überströmend innige und ausdrucksvolle Tonfolge, die einen der Höhepunkte der »Walküre« bedeutet hatte:

(Fortsetzung des Notenbeispiels S. 214)

212

*(Sie schleudert den Brand in den Holzstoß, welcher sich
schnell hell entzündet. Zwei Raben sind vom Felsen am Ufer
aufgeflogen und verschwinden nach dem Hintergrunde.)*
*(Brünnhilde gewahrt ihr Roß, welches soeben zwei Männer
hereinführen.)*

Grane, mein Roß,
sei mir gegrüßt!
*(Sie ist ihm entgegengesprungen, faßt es und entzäumt es
schnell; dann neigt sie sich traulich zu ihm.)*
Weißt du auch, mein Freund,
wohin ich dich führe?

Im Feuer leuchtend,
liegt dort dein Herr,
Siegfried, mein seliger Held.
Dem Freunde zu folgen,
wieherst du freudig?
Lockt dich zu ihm
die lachende Lohe?
Fühl meine Brust auch,
wie sie entbrennt;
helles Feuer
das Herz mir erfaßt,
ihn zu umschlingen,
umschlossen von ihm,
in mächtigster Minne
vermählt ihm zu sein!
Heiajaho! Grane!
Grüß deinen Herren!

(69)

Während Flöten und Klarinetten sie spielen (a), setzt in der Trompete (b) das Siegfried-Motiv (34) mit heldischem Glanz ein. Das Werk strebt seinem gewaltigen Höhepunkt zu. Es wäre unmöglich, Wagners Instrumentationskünste sowie seine Fähigkeit zu Steigerungen und dramatischen Ballungen auf so engem Raum auch nur annähernd anzudeuten. Brünnhildes Stimme wird immer stärker in das nun äußerst dichte Geflecht des rauschenden, klanglich überwältigenden und mit hundert Einzelheiten verblüffenden Orchesters integriert. Als vorherrschendes Motiv muß nun das der Erlösung (69a) bezeichnet werden. Es verbindet sich mit einer Reihe anderer Motive: des Feuerzaubers, des Walkürenrufs, des Walkürenritts, des Rheins in seinem Urzustand (wie es zu Beginn des »Rheingold« erklungen war), des (ein wenig abgewandelten) »Rheingold«-Rufes der Rheintöchter – alles miteinander verbunden in einer grandiosen Sinfonie von Wasser und Feuer, einer Klangorgie, die einer ebenso orgiastischen Vision entspricht: einem Zusammenbruch von unvorstellbarem Ausmaß.

Die letzten Worte des Werkes gehören nicht Brünnhilde mit ihrer Apotheose der höchsten, über alles Irdische triumphierenden Liebe, sondern dem handgreiflichen Ende der dunklen, der bösen Mächte: Hagen stürzt sich inmitten eines tobenden Orchesters in die rasenden Fluten des Rheins, um den Ring doch noch für sich, für die Nibelungen zu retten.
(Notenbeispiel S. 216)

214

(Sie hat sich auf das Roß geschwungen und hebt es jetzt zum Sprunge.)
Siegfried! Siegfried! Sieh
selig grüßt dich dein Weib!

(Sie sprengt das Roß mit einem Satze in den brennenden Scheithaufen. Sogleich prasselt der Brand hoch auf, so daß das Feuer den ganzen Raum vor der Halle erfüllt und diese selbst schon zu ergreifen scheint. Entsetzt drängen sich die Männer und Frauen nach dem äußersten Vordergrunde.)
(Als der ganze Bühnenraum nur noch von Feuer erfüllt erscheint, verlischt plötzlich der Glutschein, so daß bald bloß ein Dampfgewölke zurückbleibt, welches sich dem Hintergrunde zu verzieht und dort am Horizonte sich als finstere Wolkenschicht lagert. Zugleich ist vom Ufer her der Rhein mächtig angeschwollen und hat seine Flut über die Brandstätte gewälzt. Auf den Wogen sind die drei Rheintöchter herbeigeschwommen und erscheinen jetzt über der Brandstätte. Hagen, der seit dem Vorgange mit dem Ringe Brünnhildes Benehmen mit wachsender Angst beobachtet hat, gerät bei dem

215

(70)

(Im ersten Takt eine Tonfolge, die zwei Deutungen zuläßt: Sie kann dem Entsagungs-Motiv zugehören oder dem Siegfried-Motiv – beides wäre hier durchaus möglich; im zweiten Takt schmettern die drei Posaunen mit höchster Kraft das Fluch-Motiv entgegen.)
Die Halle der Gibichungen ist niedergebrannt, der Rhein hat alles überflutet, die Rheintöchter haben den verfluchten Ring, dessen Gold ihnen vor langer Zeit geraubt wurde, wieder in ihren Besitz genommen: Das Wasser wird den Fluch tilgen, ein neuer Erdenzyklus kann beginnen.
Allmählich beruhigt sich das Orchester, die Rheintöchter spielen, wie einst und als wäre nichts geschehen, froh und lieblich mit dem wiedergewonnenen Gold. Ihr Gesang, unbeschwert dahinschwebend, wird in Oboen und Klarinetten rein instrumental gebracht; aber noch ist es kein Ausklang, in die lichten Klänge mischt sich immer deutlicher das Walhall-Motiv (4 Takt 4). Harfenumrauscht erhebt es sich noch einmal zu einstiger Größe. Aber die Götterburg stürzt zusammen, es ist als verschlängen sie die Klänge des Rheins und das übermächtig werdende Baßmotiv, das Unruhe, Unheil, Katastrophe auszudrücken scheint. Flammen verzehren die Götterburg und ihre Insassen:

(Notenbeispiel S. 218)

Anblick der Rheintöchter in höchsten Schreck. Er wirft hastig
Speer, Schild und Helm von sich und stürzt wie wahnsinnig
sich in die Flut.)

Hagen: Zurück vom Ring!
(Woglinde und Wellgunde umschlingen mit ihren Armen seinen
Nacken und ziehen ihn so, zurückschwimmend, mit sich in die
Tiefe.)
(Floßhilde, den anderen voran dem Hintergrunde zuschwim-
mend, hält jubelnd den gewonnenen Ring in die Höhe. Durch
die Wolkenschicht, welche sich am Horizonte gelagert, bricht
ein rötlicher Glutschein mit wachsender Helligkeit aus. Von
dieser Helligkeit beleuchtet, sieht man die drei Rheintöchter
auf den ruhigeren Wellen des allmählich wieder in sein Bett
zurückgetretenen Rheines, lustig mit dem Ringe spielend, im
Reigen schwimmen.)
(Aus den Trümmern der zusammengestürzten Halle sehen die
Männer und Frauen in höchster Ergriffenheit dem wachsen-
den Feuerschein am Himmel zu. Als dieser endlich in lichtester
Helligkeit leuchtet, erblickt man darin den Saal Walhalls, in
welchem die Götter und Helden, ganz nach der Schilderung
Waltrautes im ersten Aufzuge, versammelt sitzen.)

(71)

Schließlich verfließen das zum letzten Mal leuchtend aufstei-
gende Siegfried-Motiv (a), das der Götterdämmerung (b) und
das Erlösungs-Motiv (c) symbolisch in den großen Abgesang,
der Brünnhildes, der reinsten Gestalt des Werkes, Welt noch
einmal in großer Apotheose umschließt. Über dem Zusammen-
bruch der Götter und dem Untergang der Welt leuchtet, auch
in der Musik, ein ferner Schimmer des Lichts.

(Helle Flammen scheinen in dem Saale der Götter aufzuschlagen. Als die Götter von den Flammen gänzlich verhüllt sind, fällt der Vorhang.)

ENDE

Inhalt der vier Dramen des *Ring des Nibelungen*
(Kurzfassung)

DAS RHEINGOLD

In der Tiefe des Rheins hüten drei nixenartige Wesen – die »Rheintöchter« – einen seit Urzeiten im Felsen schlummernden Goldschatz. Sie spielen fröhlich im Sonnenschein, als plötzlich aus einer Erdspalte der Nibelung Alberich tritt, ein häßliches, zwergartiges Wesen, das sich ihnen bewundernd und begehrlich naht. Sie verspotten ihn, kommen in seine Reichweite, um dann blitzschnell davonzuschwimmen. Aus seiner Enttäuschung wird Wut. Floßhilde warnt die Schwestern Woglinde und Wellgunde, die dem neugierigen Besucher von der Macht des Rheingolds erzählen. Wie sollten sie Alberich fürchten, der so offenkundig verliebt ist? Denn nur, *wer der Minne Macht entsagt,* könnte, so ist es verheißen, das Gold rauben und den welterobernden Ring daraus schmieden. Doch Alberich, aufs höchste gereizt, tut den Schwur, ergreift das Gold und flieht damit. – Auf einer Bergeshöhe erwachen Wotan und Fricka. Mit Besorgnis entdeckt die Göttin beim Aufgehen der Sonne die von den Riesen Fafner und Fasolt nun fertiggestellte Burg Walhall, ein stolzes, in die Wolken reichendes Bauwerk, das der Götter Macht künden soll. Befriedigt betrachtet der von Fricka geweckte Wotan das Bauwerk, das seiner Gattin nur Sorge bereitet. Sie gedenkt des Preises, den Wotan dafür zu zahlen versprach: ihre junge, schöne Schwester Freia, deren goldene Äpfel die Götter vor dem Altern bewahren. Wotan macht sich keine Sorge; Loge, der schlaueste der Götter, hat eine Lösung versprochen. Auf ihn harren die Götter nun ungeduldig, als die Riesen Fafner und Fasolt gekommen sind, den ausbedungenen Lohn zu fordern. Endlich erscheint der listige Gott des Feuers, rühmt die Leistung der Riesen und erklärt, trotz eifrigen Nachdenkens nichts entdeckt zu haben, was einem Manne angeboten werden könne statt *Weibes Wonne und Wert*. Die Götter, inzwischen vollzählig, können ihre Wut kaum bezähmen: Wie kann Loge so offen die Gegenpartei ergreifen? Doch der erzählt nun, wie nebenbei, vom Raub des Rheingolds durch Alberich, der auf die Liebe verzichtet habe. Panik ergreift die Riesen: das weltbeherrschende Gold in der Hand ihrer Todfeinde, der Nibelungen? Und sie stellen Wotan ein Ultimatum: bis zum Abend müsse er ihnen das Rheingold ausliefern, um Freia auszulösen, die sie mit sich fortschleppen. Wotan und Loge begeben sich schnellstens nach Nibelheim. – Dort hat Alberich den Ring geschmiedet und mit seinem Zauber das eigene Volk, die Nibelungen, zu seinen Sklaven gemacht: Seinen Bruder Mime hat er gezwungen, ihm einen Tarnhelm zu schaffen, der ihn unsichtbar machen und ihm jede gewünschte Gestalt verleihen kann. Loges List gelingt es, Alberich zu überwältigen, die Götter schleppen ihn auf die Erde hinauf. Dort zwingen sie ihn, den gesamten Goldschatz herauszugeben, um seine Freiheit wiederzuerlangen. Zuletzt entreißt Wotan ihm noch den Ring. Dann lösen sie ihm die Fesseln, doch bevor er völlig gebrochen nach Nibelheim zurückkehrt, verflucht er den Ring: in aller Zukunft solle er seinem Träger Unglück und Tod bringen. Als die Riesen mit Freia wiederkehren, wird ihnen der Goldschatz übergeben. Sie verlangen auch den Tarnhelm, den Loge an sich genommen hat. Und zuletzt den Ring, doch Wotan will sich um nichts von ihm trennen. Da taucht aus einer Kluft die Seherin Erda auf, *der Welt weisestes Weib:* Sie warnt Wotan eindringlich vor dem Ring und kündet in nicht ferner Zukunft das Ende der Götterherrschaft an. Schweren Herzens übergibt der Gott den Ring. Er erschauert, als er die Macht des Fluches sofort erkennen muß: Um die Teilung der Beute entzweien sich Fafner und Fasolt, der stärkere Fafner erschlägt den Bruder. – Die Burg leuchtet nun im Abendglanz, als die Götter, nicht ohne schwere Gedanken, ihr Schloß beziehen. Nur Loge hält sich ein wenig abseits; ironisch vertröstet er die Rheintöchter, deren Klageruf aus der Tiefe heraufdringt. Er fühlt die Schwäche der Götter und beginnt sich Gedanken zu machen, wie er sich von ihnen trennen könnte.

DIE WALKÜRE

Ein ermatteter, verwundeter Mann stößt die Tür zu Hundings Haus auf und sinkt am Herd nieder. Sieglinde findet ihn dort, labt ihn und heißt ihn bleiben, bis ihr Gatte heimkehrt. Vom ersten Augenblick an erwacht eine ungewöhnliche Beziehung zwischen dem Fremden und der jungen Frau. Als Hunding kommt, gewährt er dem Erschöpften Gastrecht. Als er dessen Geschichte vernimmt, entdeckt er in ihm den Todfeind, den er den ganzen Tag über bekämpft und verfolgt hat. Bis morgen dürfe der Fremde hier ruhen, dann solle er sich zum Zweikampf stellen: ein furchtbares Ansinnen für den eingeschlossenen, waffenlosen Mann. Kaum ist die Nacht hereingebrochen, eilt Sieglinde zu dem Fremden. Sie hat Hunding einen schweren Schlaftrunk bereitet, um dem Gast eine Waffe zu zeigen: wenn er sie sich gewinnen könne! Am traurigen Tage ihrer erzwungenen Hochzeit hat ein unbekannter Alter ein Schwert in den Baumstamm, der das Haus trägt, gestoßen; dem »Stärksten« sei es zugedacht. Jahre sind vergangen, aber keiner der Männer des Gaus hat das Schwert jemals auch nur bewegen können. Der Fremde ahnt, daß es die Waffe sei, die ihm einst sein Vater für den Augenblick der höchsten Not versprach. Jung und schön stehen die beiden sich gegenüber, füreinander bestimmt, so wie auch das Schwert für Siegmund bestimmt ist. Wie durch Zauber springt das große Tor auf, eine wundervolle Frühlingsnacht erwartet die einander nun ihre rasende Liebe Gestehenden. Siegmund entreißt dem Stamm das Schwert und entführt die junge Frau, seine eigene Schwester, in die Freiheit. – Auf Bergeshöhen erteilt Wotan froh seiner Lieblingstochter, der Walküre Brünnhilde, den Befehl, im bevorstehenden Zweikampf zwischen Siegmund und dem zur Verfolgung aufgebrochenen Hunding für Siegmund zu fechten. Er möchte in ihm den freien Helden erziehen, der Walhall eines Tages vor dem Untergang retten soll. Doch kaum ist der Befehl erteilt, naht Fricka. Und in einem überaus heftigen Streit mit ihrem Gatten überzeugt sie ihn, daß er unmöglich Ehebruch und Blutschande schützen dürfe. Schwersten Herzens muß Wotan seinen ursprünglichen Befehl in das Gegenteil verkehren; die Walküre muß sich in tiefem Schmerz beugen. – Siegmund und Sieglinde sind während ihrer Flucht zu kurzer Rast auf der felsigen Höhe angekommen. Während Sieglinde in dumpfen Schlaf fällt, tritt Brünnhilde zu Siegmund und kündet ihm den Tod. Doch Siegmund will ohne Sieglinde nicht nach Walhall; er kann nur mit ihr leben oder mit ihr sterben. Von seiner Not im Innersten berührt, beschließt die Walküre, dem väterlichen Befehl entgegen zu handeln, um so mehr als sie fühlt, damit seinen wahren Wunsch zu erfüllen. Doch im nun entbrennenden Kampf greift Wotan selbst ein, als die Walküre Siegmund den Sieg geben will: An des Gottes Speer zersplittert das Schwert. In rasender Eile birgt Brünnhilde dessen Stücke und jagt mit Sieglinde auf ihrem fliegenden Roß davon. Ihre kurze Ankündigung, Sieglinde würde *den hehrsten Helden der Welt* gebären, hat die Verzweifelte mit neuem Lebenswillen erfüllt. – Auf dem Walkürenfelsen treffen sich die aus verschiedenen Kämpfen heim nach Walhall reitenden Walküren. Nur Brünnhilde fehlt noch: Nun rast sie daher, aber im Sattel trägt sie keinen gefallenen Krieger, wie die Schwestern, sondern eine ohnmächtige Frau. Keine der Walküren will Brünnhilde ihr Roß leihen, um vor Wotan weiterzuflüchten. So muß Sieglinde allein weiter, in die dunklen Wälder, wo sich ihr Schicksal erfüllen werde. Brünnhilde wartet auf Wotan und sein Strafgericht. Das bricht mit furchtbarer Gewalt über sie herein. Der oberste Gott nimmt ihr das Walkürentum, in Schlaf gebannt soll sie dem ersten Mann gehören, der des Weges kommt. Auf Brünnhildes Flehen findet Wotan sich zu einer Gnade bereit: ihren felsigen Schlafplatz möge ein dichter Feuerwall umbrennen, so daß eines Tages nur ein furchtloser Held sie wecken könne. Tief bewegt nehmen Vater und Tochter voneinander Abschied – für immer.

SIEGFRIED

Im finsteren, einsamen Wald hat Sieglinde einen Knaben geboren. Ein Zwerg – der Nibelung Mime – hat ihr Stöhnen gehört und nimmt nun das Kind der an der Geburt Gestorbenen zu sich. Als einziges Erbe übergab sie ihm die zerschlagenen Stücke eines starken Schwerts und den Wunsch, den Knaben Siegfried zu nennen. Als er ihn so strahlend aufwachsen sah, kamen dem Zwerg kühne Gedanken: er werde ihn, herangewachsen, zur Höhle führen, wo der einstige Riese Fafner nun als besitzgieriger Riesenwurm den Goldschatz hütet. Siegfried wächst, als fühle er des Zwergen geheime Gedanken, im Widerwillen gegen diesen seinen »Vater« auf. Schließlich zwingt er ihn, ihm die Wahrheit zu sagen: Er erfährt von seiner Geburt, von seiner Mutter, und ist tief erschüttert. Während er in seinem geliebten Walde weilt, empfängt Mime geheimnisvollen Besuch: ein »Wanderer« kommt des Wegs. Er beantwortet dem Zwerg drei Fragen, aber auf die seinen weiß Mime zuletzt keinen Rat mehr: wer die Stücke des Schwertes schmieden werde? Er hat es schon versucht, ist aber zu schwach dazu. Wotan, der verkleidete Besucher, gibt selbst die Auskunft: nur wer das Fürchten nicht kenne, dürfe das Schwert Nothung neu schmieden. Angst befällt nun Mime. Der Wanderer schenkt ihm das verwettete Haupt und geht davon. Den heimkehrenden Siegfried will Mime die Furcht lehren: das werde am besten Fafner, zu dem er ihn führen wird, besorgen. Denn das Fürchten sei notwendig, erklärt er dem Jungen, der in die Welt hinausstürmen, den ihm widerlichen Zwerg endlich verlassen möchte. Als der die Stücke des Schwertes bringt, schmiedet der Junge sie unter jubelnden Gesängen neu. – Mime geleitet Siegfried vor Neidhöhle, Fafners Behausung. Dort hat der Wanderer den hier unablässig wachenden Alberich getroffen, dessen einziger Lebenswunsch die Wiedergewinnung des Ringes ist. Zwischen den Brüdern Alberich und Mime, die einander lange nicht mehr gesehen haben, entbrennt sofort Streit: Keiner gönnt dem anderen etwas vom Schatz. Wotan weckt Fafner, ihm liegt an einer friedlichen Beilegung des alten, gefährlichen Kampfes um den Ring. Doch Fafner ist zu keinem freiwilligen Verzicht zu bewegen. Siegfried trifft auf den furchtbaren Wurm. Nach kurzem Kampf tötet er ihn. Die Finger brennen ihm vom heißen Drachenblut; als er sie an die Lippen führt, versteht er den Gesang eines Waldvogels. Die liebliche Stimme weist ihn in die Höhle, wo er Tarnhelm und Ring an sich nimmt; sie warnt ihn vor Mime, der ihn vergiften will und den er erschlägt. Und dann erzählt sie ihm von einer wundervollen Frau, die auf einem feuerumbrannten Felsen schlafe. Dorthin stürmt Siegfried nun. Auf dem Wege stößt er auf einen alten Wanderer, der ihn in ein Gespräch verwickelt und nicht weiterziehen lassen will. Zuletzt bedroht er ihn sogar mit seinem Speer, der angeblich schon einmal Siegfrieds Schwert zerschlagen habe. Hat er den Mörder seines Vaters vor sich? Mit einem einzigen Schlag zertrümmert Siegfried die Waffe des Alten, dann stürmt er weiter. Er ahnt nicht, daß es Wotans heiliger Speer war, den er zerschlug. – Er durchschreitet furchtlos das Feuer und findet auf der Höhe eine schlafende Gestalt. Er nimmt ihr Helm und engen Panzer ab: Was Mime und Fafner nicht vermochten, bewirkt nun der Anblick der schlafenden Frau. Ein beklemmendes, ihn überwältigendes neues Gefühl befällt Siegfried. Mit einem langen Kuß erweckt er die Frau. Die einstige Walküre grüßt Sonne und Erde nach langem Schlaf. Dann erkennen sie einander: ein Mann und eine Frau, füreinander bestimmt. Und jauchzend schlägt die Liebe über ihnen zusammen.

GÖTTERDÄMMERUNG

Während Brünnhilde und Siegfried im seligen Liebesschlaf ruhen, weben die Nornen auf dem Felsen das Schicksalsseil; aber die Geschichte der Welt scheint zu Ende, das Seil reißt, der Tag erwacht, die Nornen verschwinden. Brünnhilde verabschiedet Siegfried, der zu Kämpfen und Abenteuern in die Welt ziehen will, um eines Tages wiederzukehren. Lange blickt Brünnhilde ihm zärtlich nach: Sie hat ihm ihr Roß auf den Weg mitgegeben und er ihr seinen Ring zum Zeichen treuer Liebe an den Finger gesteckt. – In der Halle des Gibichungenpalastes am Rhein berät sich Gunther mit seiner Schwester Gutrune und ihrer beider Halbbruder Hagen, der Alberichs Sohn ist. Hagen rät zu böser Tat: Gutrune solle dem ankommenden Siegfried einen Vergessenstrank reichen, dann werde dieser stärkste Held Brünnhilde als Gattin Gunthers an den Rhein bringen und selbst Gutrune zur Frau begehren. Alles geschieht, wie Hagen es vorausgesagt. Kaum daß er den Willkommenstrank genossen hat, verliebt sich Siegfried in Gutrune. Um ihre Hand von Gunther zu erhalten, bricht er sofort mit diesem auf, den feuerumbrannten Felsen zu ersteigen – nach einem kurzen Aufzucken einer undeutlichen Erinnerung ist nun alles in seinem Gedächtnis wie ausgelöscht – und dem neuen Freund und Blutsbruder die Frau zu erobern, die selbst zu erringen dieser viel zu schwach ist. – Auf dem Walkürenfelsen, wo Brünnhilde sehnlich die Rückkehr Siegfrieds erwartet, trifft Waltraute ein: die Schwester ist gegen Wotans Gebot heimlich gekommen,

Brünnhilde (Helga Dernesch) klagt Siegfried (Helge Brilioth)
an; beide schwören auf Hagens (Karl Ridderbusch) Speer,
die Wahrheit zu sagen (Osterfestspiele 1970, Salzburg).

um in letzter Stunde eine Rettung Walhalls zu versuchen. Wenn Brünnhilde den Ring an die Rheintöchter zurückgäbe, dann könne vielleicht das Ende der Götter abgewendet werden. Brünnhilde weist dieses Ansinnen empört zurück: Siegfrieds Ring, der ihr gehegtestes Eigentum ist? Unverrichteter Dinge muß Waltraute in die Götterburg zurück, um die Wotan schon die Scheite der gefällten Weltesche hat aufschichten lassen: Weltenbrand und Götterdämmerung sind nun nicht mehr zu verhindern. – Das Brünnhilde schützende Feuer flackert unruhig, Brünnhilde eilt in namenloser Freude dem ersehnten Siegfried entgegen. Da steht ein fremder Mann vor ihr: Siegfried, dem der Tarnhelm Gunthers Gestalt verleiht. In heftigem Kampf besiegt er die sich verzweifelt wehrende Brünnhilde, entreißt ihr den Ring, den sie ihm wie eine magische Waffe entgegengestreckt hat, legt aber sein Schwert in dieser Nacht zwischen sie und sich, zum Zeichen, daß er Gunther die Freundestreue wahre. Während er sie im Morgennebel zu Tal bringt und unbemerkt Gunther übergeben kann, hält Hagen vor dem Gibichungenpalast nachdenkliche Wache. Sein Vater Alberich spricht aus dem Dunkel zu ihm, mahnt ihn, seine Wachsamkeit zu verstärken, schon gebe es Anzeichen, daß die Götterherrschaft zu Ende gehe. Ring und Weltmacht müßten nun auf die Nibelungen übergehen, an Hagen und ihn. Sein Werk sei schon im Gange, beruhigt ihn der Sohn regungslos. Beim ersten Lichtstrahl des neuen Tages steht Siegfried plötzlich vor Hagen: die Tat sei gelungen, berichtet er, bald folgten ihm Gunther und Brünnhilde. Hagen läßt Stierhorn und Ruf weit ins Land erschallen: Zur Doppelhochzeit ruft er in den Palast, aber es klingt wie Not und Gefahr. Die völlig zusammengebrochene Brünnhilde, von Gunther mühsam an Land gebracht, schreckt auf, als sie Siegfrieds Namen hört: Da steht er vor ihr und scheint sie nicht zu erkennen. Welcher Zauber ist da im Spiel? Sie beschuldigt Gunther und Siegfried des Betruges, denn an Siegfrieds Hand sieht sie den Ring, den ihr im Kampf angeblich Gunther entriß. Vor allem Volk klagt sie an: Siegfried sei ihr wahrer Gemahl, nicht Gunther. Große Unruhe bemächtigt sich des zusammengeströmten Volkes. Siegfried beteuert, dem Freund die Treue gewahrt zu haben. Er schwört es auf den Speer, den Hagen als »Unparteiischer« bereithält. In höchster

Empörung reißt Brünnhilde seine Hand von der Waffe, setzt ihren eigenen Schwur gegen den Siegfrieds. Mühsam wird die Ruhe wiederhergestellt, Gutrune und Siegfried eilen, sich umarmend, zu den Vorbereitungen der Hochzeit in den Palast. Brünnhilde, Gunther und Hagen aber beschließen Siegfrieds Tod. – Auf der Jagd erblickt Siegfried die Rheintöchter, die ihn um seinen Ring bitten. Er ist schon entschlossen, ihn den Nixen zu überlassen; da unterstreichen diese ihr Verlangen mit der Drohung, der Ring würde ihm noch heute den Tod bringen. Nun weigert er sich, ihn herauszugeben, Furcht kennt er nicht. Die Gefährten sind herangekommen, am Lagerfeuer sucht Siegfried den schwermütigen Gunther durch Erzählungen aus seinem Leben aufzuheitern. Von Mime und seiner Kindheit im Walde berichtet er, doch die Erinnerung wird stockend: des Drachens gedenkt er noch, der Vogelstimmen, die ihm gute Ratschläge erteilten. Hagen mischt in seinem Horn einen Trank: der werde Siegfrieds Gedächtnis auffrischen. Das Feuer fällt ihm wieder ein, der Felsen, die schlafende Frau... Da bohrt Hagen seine Lanze in Siegfrieds Rücken. Der Sterbende erlebt noch einmal die Erweckung Brünnhildes. Der Mörder schreitet davon, die Männer tragen Siegfrieds Leiche auf ihren Schilden durch die Nacht zum Schloß. Dort hat Gutrune unruhige Träume gehabt, sucht Brünnhilde. Doch die ist zum Rhein gegangen, um allein mit sich ihre letzte Entscheidung zu treffen. Von der herbeigebrachten Leiche weist sie die weinende Gutrune fort: ihr nur gehöre Siegfried, habe immer ihr gehört. Um den Ring an des Toten Finger entbrennt der Kampf zwischen Hagen und Gunther, der fällt. Brünnhilde nimmt den Ring an sich und sprengt mit ihrem Roß in die vom hochaufgerichteten Holzstoß entbrennenden Flammen, die Siegfrieds und ihren Leib verzehren. Von ferne wird Walhall sichtbar, das im Feuer aufgeht; der Rhein tritt über die Ufer, die heranschwimmenden Nixen nehmen den Ring an sich, dem Hagen, ertrinkend, sich in die Fluten nachstürzt.

Inhalt der *Götterdämmerung*

VORSPIEL, I. AUFZUG

In seligem Liebesschlaf liegen Siegfried und Brünnhilde, hoch auf dem Walkürenfelsen, um den immer noch das schützende Feuer brennt. Vor ihrer Behausung weben die drei Nornen das Seil des Schicksals, die Nacht nähert sich der Morgendämmerung. Deren Gedanken gehen weit in die Vorzeit zurück, als Wotan die Welt eroberte. Der Götter Macht geht nun zu Ende, ein junger Held zerschlug die heilige Lanze, mit der Wotan ihm Halt gebot. Da ließ der Gott, müde und gebrochen nach Walhall heimgekehrt, die Weltesche fällen, welche die Erde hält. Ihre Scheite harren nun, aufgeschichtet um die Götterburg, des zündenden Funkens, der alles verzehren soll. In dunklen Prophezeiungen endet das Gespräch der drei allwissenden Schicksalsgöttinnen, das Seil, an dem sie weben, reißt, düster liegt das Los der Welt – dem Untergang preisgegeben.

Der Tag bricht an, aus ihrer Höhle treten Brünnhilde und Siegfried. Die einstige Walküre, zur liebenden Frau geworden, verabschiedet den jungen Helden, der sie aus langem Schlaf erweckte. Nun soll er in die Welt, zu neuen Taten, um eines Tages zurückzukehren in ihre Arme. Sie schwören einander Liebe und Treue für immer. Siegfried zieht den Ring, den er aus Neidhöhle entnahm, als er Fafner getötet hatte, von seinem Finger. Nichts ahnt er von den furchtbaren Kräften des Kleinods, das sein erster Herr, Alberich der Nibelung, für alle Zeiten verflucht hatte. Als Zeichen höchster und innigster Bindung steckt er ihn an Brünnhildes Hand. Als Gegengabe empfängt er ihr edles Roß, Grane mit Namen, das die Verwandlung seiner Herrin mitgemacht hat. Nun jagt es nicht mehr geflügelt durch die Lüfte wie einst, als Brünnhilde noch die im Kampf Gefallenen in ihres Vaters Wotan Burg Walhall heimführte, in die Runde der seligen Helden. Aber seine edle Abkunft wird Siegfried auf seinen Fahrten zugute kommen. Dankbar wendet die einstige Walküre ihre Blicke zu den Göttern: Die Strafe, die Wotan über ihren Ungehorsam verhängte, hat sich in tiefstes menschliches Glück gewandelt. Erfüllt von ihrer tiefen Liebe

Die Nornen weben das Schicksalsseil der Welt.
(Hildegard Hillebrecht, Helene Henn-Prassek und Astrid
Varnay in einer Aufführung der Bayerischen Staatsoper,
München, vom 30. Juni 1976)

umarmen Brünnhilde und Siegfried einander noch ein letztes Mal, bevor der Jüngling den Felsen hinabeilt und Brünnhilde ihm lange sehnsüchtig nachblickt. Lange noch tönt Siegfrieds Hornruf zum feuerumbrannten Felsensitz der einstigen Halbgöttin, die den Jüngling zum Manne reifen, ihn offenes und geheimes Wissen erfahren ließ und den schönsten Inhalt seines jungen Lebens darstellt.

Ein längeres Orchesterzwischenspiel schildert »Siegfrieds Rheinfahrt«. Sie weckt im Hörer vielerlei Gedanken und Bilder, durchweg froher, lebensfreudiger Art. Voller Kraft und Unternehmungsgeist stürmt Siegfried dahin; vielerlei Abenteuer erwarten ihn, Kämpfe und Taten, in denen er seinen Mut erproben und legendären Ruf erwerben wird.

In die Burg der Gibichungen am Ufer des Rheins führt der erste Aufzug (nachdem alles Bisherige von Wagner als *Vorspiel* bezeichnet ist). Der Fürst der Gibichungen, Gunther, befragt seinen Halbbruder Hagen, was er zum Ruhme seiner Herrschaft noch tun könne. Der düstere Hagen – er ist der Sohn Alberichs – warnt Gunther davor, zufrieden zu sein, da er nicht alle *hohen Güter* erwarb, die ihm beschieden sein könnten: Der Fürst ist unbeweibt, seine Schwester Gutrune, die dem Gespräch lauscht, ohne Mann. Mag dieser Einwand noch brüderlicher Sorge entspringen, so wird Hagens dunkle Absicht durch den Rat klar, den er den Geschwistern erteilen wird. Auf Siegfrieds Verderben geht sein Plan, denn nur dadurch kann er den weltbeherrschenden Ring in seinen, in der Nibelungen Besitz zurückbringen. Er rät Gunther zum *herrlichsten Weib der Welt,* zu Brünnhilde. Gunther zaudert. Er weiß genau, daß sein Mut und seine Kraft nicht ausreichen, das Feuer zu durchbrechen, hinter dem, laut Hagens Erzählung, Brünnhilde lebt. Doch Hagen weiß Rat: Siegfried, der Wälsung, *der stärkste Held* müsse das für ihn tun. Und diesen Mann wünsche er zudem Gutrune als Gatten. Sein Plan ist völlig durchdacht: Siegfried wird von Gutrune entzückt sein. Um sie zu erringen, wird er Gunthers Bitte, Brünnhilde für ihn zu erobern, gern erfüllen. Gutrune erschrickt: wie solle sie den berühmten, strahlenden Helden beeindrucken, dem sicher die schönsten Frauen sich in Liebe zuneigten? Wieder weiß Hagen Rat – furchtbaren, vernichtenden Rat: Ein Trank werde Siegfried vergessen machen, *daß vor dir ein Weib er sah.* Siegfrieds Hornruf dringt in die Halle, auf einem Boot naht der Held und lenkt auf Hagens Anruf ans Ufer. Er fragt nach Gunther, von dem er gehört hat: Er wünscht, mit ihm zu kämpfen oder sein Blutsbruder zu werden. Der Fürst heißt ihn willkommen. Gutrune ist, nach alter Sitte, in ihre Gemächer gegangen. Die Männer schließen Freundschaft, während Hagen sich ein wenig im Hintergrund hält und erst zum Gast tritt, als er ihn nach dem Nibelungenhort fragt. Lächelnd antwortet Siegfried, daß ihm das Gold zu wenig bedeutet, als daß er es der Höhle Fafners entnommen hätte. So habe er nichts davon bewahrt? Siegfried weist auf den Tarnhelm, dessen Geheimnis er nicht kennt, von dem aber Hagen wohlunterrichtet ist. Er erklärt es dem Gast, denn es wird in seinem Plan eine wichtige Rolle spielen. *Sonst nichts entnahmst du dem Hort?* fragt er Siegfried weiter. Dieser erteilt ihm die erwartete Antwort: *Einen Ring,* worauf Hagen – der wahrscheinlich schon beunruhigt Siegfrieds Hände betrachtet und auf ihnen den Ring vermißt hat – schnell fortsetzt: *Den hütest du wohl?* So erfährt Hagen, was er wissen wollte und was seinen Entschluß noch festigt: daß der Ring in Brünnhildes Besitz sei. Gutrune betritt jetzt auf Hagens Weisung die Halle und reicht dem Gast das Trinkhorn, in dem dieser nun das Gift des Vergessens zu sich nimmt. Sein Trinkspruch – den allerdings Gutrune nicht hören darf – gilt *zu treuer Minne* Brünnhilde. Aber kaum beginnt der Trank zu wirken, so entbrennt Siegfried in Leidenschaft zu Gutrune und bittet um ihre Hand, während er zugleich Gunther fragt, ob er eine Frau gefreit habe. Der Fürst spricht nun von jener, die er im Sinne habe, aber nicht erobern könne: *Auf Felsen hoch ihr Sitz...* Siegfried zuckt zusammen: Eine sehr ferne, sehr undeutliche Erinnerung gemahnt ihn, aber er kann das Bild nicht festhalten. *Ein Feuer umbrennt den Saal...,* setzt Gunther fort, und abermals ist es Siegfried, als vernähme er Bekanntes, irgendwann, irgendwo einmal Erlebtes, so Ungreifbares wie ein Traum. Dann ist die Vision vollends beseitigt, das Gift zeigt seine volle Wirkung. Und übermütig froh erbietet er sich zum Helfer, bereit, die feuerumbrannte Frau für den Freund zu freien, wenn als Lohn ihm Gutrunes Hand gegönnt werde. Nun besiegeln die beiden Männer ihren Bund durch einen feierlichen Schwur der Blutsbrüderschaft. Hagen nimmt nicht an ihm teil und gibt, von Siegfried darauf angesprochen, eine unklare Antwort. Zu näheren Erklärungen ist keine Zeit, Siegfried drängt auf sofortige Abreise, so schnell als möglich will er Gutrunes Gemahl werden. Mit Gunther besteigt er das Schiff, und bald sind die Männer auf dem Rhein entschwunden. Gutrune ist gekommen, ihnen nachzublicken, überströmendes Glücksgefühl überwältigt sie in der Hoffnung, nun bald die Gemahlin dieses herrlichen Helden zu werden. Hagen läßt sich zur Wache vor der Halle nieder, den Blick auf den Fluß hinaus gewendet. Bald wird sein Plan sich so erfüllen, wie er ihn entwarf. Höhnisch weiß er, daß Siegfried Gunther *die eigne Braut zum Rhein* bringe: *Mir aber bringt er den Ring!* geht es triumphierend durch seine Gedanken.

Die nächste (dritte) Szene spielt abermals auf dem Walkürenfelsen. In sehnsüchtigen Gedanken küßt Brünnhilde den Ring, der Siegfrieds Liebe bedeutet. Ferner Donner läßt sie aufschauen, eine finstere Gewitterwolke nimmt den Weg zu ihr. Sie erinnert sich: So zog einst auch sie durch die Lüfte, in Wolken, durch Gewitter. Doch wer sollte zu ihr kommen? Den Schwestern verbot Wotans Zorn jede Verbindung zu ihr, der Abtrünnigen. Doch es ist eine ihrer Schwestern, die ihr nächste, Waltraute. Innig begrüßen die einst so Vertrauten einander. Überströmend berichtet Brünnhilde von ihrem Glück, wem offenbarte sie es lieber als der Schwester, mit der sie einst alles geteilt? Sie bemerkt in ihrer Begeisterung nicht, daß Waltraute bedrückt ist und in offenkundiger Sorge den Besuch bei ihr gegen Wotans ausdrückliches und nie aufgehobenes Gebot gemacht hat. Sie erstaunt, als sie es bemerkt, fragt die Schwester nach dem Grund ihrer Erregung. Und erfährt, daß sich in Walhall alles verändert habe: Wotan hat die dort um ihn gescharten Helden ausgeschickt, um die Weltesche, Symbol und Stütze der Erde, zu fällen und ihre Scheite rund um die Götterburg aufzuschichten; er hat seine Raben ausgesandt, das irdische Geschehen zu erkunden; im Rat seiner Getreuen sitzt nun der höchste der Götter und zeigt keine Kraft, keinen Gedanken mehr an die Zukunft. Weinend umlagern ihn die Walküren. Als Waltraute den traurigen Gott umarmte, gedachte er mit gebrochenem Blick Brünnhildes und murmelte: *Des tiefen Rheines*

Siegfried trinkt, am Gibichungenhof angekommen, Blutsbrüderschaft mit Gunther im Beisein Hagens.
(Claude Heater als Siegfried, Gerd Feldhoff als Gunther und
Josef Greindl als Hagen in der Premiere am 2. April 1967 an
der Deutschen Oper, Berlin)

*Töchter gäbe den Ring sie wieder zurück, von des Fluches Last
erlöst wär' Gott und Welt!* Und dies ist der Grund für Waltrautes
Besuch: die Schwester zu beschwören, sie möge den verfluchten Ring von sich werfen, in die Tiefen des Rheins zurück; so
rettete sie Walhall und die Welt, fleht Waltraute, aber empört,
entsetzt, mit schroffster Ablehnung weist Brünnhilde diesen
Vorschlag zurück: Siegfrieds Ring? Sein Liebespfand? Waltraute kann wohl nicht ahnen, was er der Schwester bedeutet:
*Mehr als Walhalls Wonne, mehr als der Ewigen Ruhm ... als
aller Götter ewig währendes Glück ...* Völlig entzweit, durch
Welten getrennt, gehen die Schwestern auseinander, Waltraute
schwingt sich, vernichtet, auf ihr Flügelroß, und rasend entfernt sich ihr Galopp in einer blitzenden Gewitterwolke.

235

Ruhiger geworden, blickt Brünnhilde in die langsam ein-
fallende Abenddämmerung hinaus. Allmählich flackern die
Flammen, die ihren Felsen umbrennen, lebhafter auf: kehrt
Siegfried zurück? Jubelnd eilt Brünnhilde zum Felsenrand, um
ihm in die Arme zu fliegen. Doch sie prallt zurück, kann es
nicht fassen, das Herz stockt ihr: ein fremder Mann steht vor
ihr. Der Augenblick ist furchtbar. Da steht Siegfried, der mit
Hilfe des Tarnhelms das Aussehen Gunthers angenommen hat,
und erkennt sein Weib, seine Geliebte nicht. Er verstellt seine
Stimme, als er nach längerem Schweigen der völlig gebroche-
nen Frau verkündet, sie habe ihm zu folgen. Verzweifelt versucht Brünnhilde Widerstand, mit letzter Kraft hält sie dem
Fremden Siegfrieds Ring entgegen. Ein kurzes Ringen, Siegfried entreißt ihr den Ring, besiegt und hilflos muß sie ihm in
ihr Gemach vorangehen. Er aber gedenkt des Treueschwurs,
den er dem Blutsbruder Gunther geleistet: In dieser Nacht soll
Nothung zwischen ihm und der Frau liegen, die er in unfaß-
barem und doch unschuldig begangenem Verbrechen für
Gunther besiegte und unterwarf. (Wirklich unschuldig? Ist die
Tat an sich nicht schon ein strafwürdiges Verbrechen, auch
wenn Siegfried die durch den Vergessenstrank in ihm entstan-
dene »Nicht-Beziehung« zum Opfer zugebilligt wird?)

II. AUFZUG

Vor der Halle der Gibichungen sitzt Hagen; er hält die Augen
geschlossen, aber die Waffe bereit, um jeden Feind abzuwehren. In der Dunkelheit schleicht Alberich, sein Vater, heran. Er
ist gekommen, seinen starken und klugen Sohn zu erhöhter
Wachsamkeit aufzurufen: Wotan hat seine Macht verloren, als
der Wälsung Siegfried seinen Speer in Stücke schlug, sein Fall
sei nicht mehr aufzuhalten, zu fürchten sei er nicht mehr. Wer
erbt seine Macht? will Hagen wissen. *Ich und du!* stößt der
Nibelung heftig hervor, *wir erben die Welt, trüg ich mich nicht
in deiner Treu!* Siegfried ist nun der Feind, der gefährliche, an
dem selbst der Fluch erlahmen könnte, da er weder die Furcht
noch den Wert des Goldes kenne. Alberich fürchtet nur eines:
daß der Ring in die Tiefe des Rheins zurückkehren könne, be-

Alberich, der Nibelung (Klaus Hirt), ermahnt seinen Sohn
Hagen (Karl Ridderbusch) zu erhöhter Wachsamkeit in der
Verfolgung ihrer dunklen Ziele.
Bayerische Staatsoper, München, 30. Juni 1976

vor ihm oder Hagen Gelegenheit gegeben würde, ihn an sich zu reißen. Hagen, der den Worten seines Vaters ohne sichtbare Erregung lauscht, beruhigt den Zwerg: *Den Ring soll ich haben, harre in Ruh!* Seine Pläne sind längst gefaßt, bald erwartet er Siegfried und Gunther zurück, mit Brünnhilde als wehrloser Beute. Von ihr oder vom Wälsung wird er den weltbedeutenden Ring erlangen. Alberich zieht sich vor dem fern aufdämmernden Morgenrot in die Finsternis zurück. Er hat ein Leben lang gewartet – naht endlich der Tag der Rache, der unbegrenzten Macht? Eindringlich mahnt er seinen Sohn, den *fahlen und bleichen, die Frohen hassenden* Hagen zur Wachsamkeit und zur Treue, dann ist er verschwunden.

Über dem Rhein geht der Tag auf. Und plötzlich steht, nun in seiner wahren Gestalt, doch den Tarnhelm noch auf dem Kopfe, Siegfried vor Hagen. Noch erregt von der schnellen Fahrt, verlangt es ihn, Gutrune zu sehen. Ihr und Hagen berichtet er vom Abenteuer auf dem »Brünnhildenstein«: Er verkleinert bescheiden seinen Anteil, nennt seine Tat »leicht«, schildert das Durchschreiten des Feuers als Freude und ist von keiner Sorge oder Reue befallen. Gutrune aber ist eine Frau, und mit echt weiblich aufkeimender Eifersucht befragt sie ihren Bräutigam Siegfried näher: Hielt Brünnhilde ihn für Gunther? Ja, das bewirkte der Tarnhelm, wie Hagen richtig geraten hatte. Und... vermählte sich Brünnhilde ihm? *Ihrem Mann gehorchte Brünnhild' eine volle bräutliche Nacht,* ist Siegfrieds unklare, ausweichende Antwort; sofort stößt Gutrune mit der neuen Frage nach: *Als ihr Mann doch galtest du?* Wieder weicht Siegfried aus: *Bei Gutrune weilte Siegfried.* Daß auch diese Antwort Gutrune nicht beruhigt, ist klar: *Doch zur Seite war ihm Brünnhilde?* Siegfried deutet auf sein Schwert: Das ruhte in dieser Nacht zwischen ihm und Brünnhilde. Dann erzählt er weiter: Im Frühnebel stiegen sie zu Tal, und am Ufer ersetzte Gunther ihn schnell an der Seite der Frau. Er selbst aber wünschte sich mit der magischen Kraft des Tarnhelms zurück hierher, zu Gutrune. Nun gelte es, den Empfang zu rüsten, denn in rascher Fahrt, vom Wind begünstigt, nahten schon Gunther und Brünnhilde.

Hagen erspäht bald das Segel auf dem Rhein, und während das verliebte Paar den Palast für die Doppelhochzeit instand zu setzen geht, besteigt Hagen einen kleinen Hügel, von dem aus sein Stierhorn und seine Stimme weit ins Land hinaus dringen. Es klingt wie ein Kriegsruf in höchster Gefahr, erweist sich jedoch, als die ersten Männer aus der Umgebung eintreffen, als Einladung zur Hochzeitsfeier des Fürsten. Der sich immer mehr füllende Männerchor bricht in Lachen und Jauchzen aus: So hat niemand je den »grimmigen« Hagen gesehen, der nun genaue Anweisungen gibt, wie das Fest zu feiern sei, und dabei mit Humor nicht spart. Die Männer können nicht erkennen, wie furchtbar ernst Hagen in Wahrheit geblieben ist, und noch weniger, wie bald das frohe Fest in blutiges Geschehen umschlagen wird. Dem aus dem Schiff steigenden Paar wird ein jubelnder Empfang zuteil. Die ersten Schatten mischen sich ein, als die Männer, staunend zuerst, dann immer verwirrter den tragischen Anblick bemerken, den Brünnhilde bietet: bleich, mit dem Ausdruck furchtbarster Hoffnungslosigkeit, die Augen geschlossen, um nichts und niemanden zu sehen, wie eine mißhandelte Gefangene in Feindesland folgt die Frau widerstrebend und sichtlich verzweifelt dem mit betonter Energie schreitenden Gunther, der sie an der Hand führt und mit stolzen Worten seinen Untertanen vorstellt. Dann begrüßt er den *teuren Helden* (ohne Siegfrieds Namen zu nennen) und Gutrune. *Zwei sel'ge Paare seh ich hier prangen,* verkündet er der Menge: *Brünnhild' und Gunther, Gutrun' und Siegfried!* Wie vom Blitz getroffen, schaut Brünnhilde bei Nennung dieses letzten Namens auf, erkennt entsetzt ihren Gatten, der sie wie eine Unbekannte anblickt. Ja, er geht verwundert einige Schritte auf sie zu, als er ihren hilflos erregten Blick bemerkt. Auf seine Erklärung, Gutrune sei seine Braut, so wie Brünnhilde die Gunthers sei, fährt sie *furchtbar heftig* auf: *Du lügst!* Dann wankt sie und droht, zu Boden zu stürzen, Siegfried springt rasch hinzu und fängt sie auf. Aber er erkennt sie nicht, sucht ihre Aufmerksamkeit auf Gunther zu lenken. Ein Aufschrei Brünnhildes: sie hat den Ring, den der nächtliche Eindringling, der sich Gunther nannte, ihr im Kampf entrissen hat, an Siegfrieds Hand entdeckt.

Eine steigende Erregung bemächtigt sich der Umstehenden. Mühsam nur, in *schrecklichster Aufregung* kann Brünnhilde ihre furchtbare Anklage hervorstoßen: wie komme Siegfried zu diesem Ring? Hat nicht Gunther ihn ihr entrissen? Wie kommt er nun auf Siegfrieds Finger? Siegfried ist in Gedanken versunken: Geht es wie eine leise Erinnerung, die er nicht packen kann, durch ihn? Schon ist Brünnhilde an Gunther herangetreten: *Nahmst du von mir den Ring, durch den ich dir vermählt, so melde ihm dein Recht, fordre zurück das Pfand!* Verwirrt stammelt Gunther, von keinem Ring zu wissen. Gebieterisch befragt ihn Brünnhilde: *Wo bärgest du den Ring, den du von mir erbeutet?* Gunther muß schweigen. Mit höchster Kraft beschuldigt Brünnhilde nun Siegfried: *Dieser war es, der mir den Ring entriß!*

Fassungslos stehen Männer und Frauen, ahnen ein Drama, das sich, ihnen noch unverständlich, hier abspielt. Doch ruhig nimmt Siegfried die Anschuldigung auf. *Ganz wie im Traum* (so soll Wagner bei den Proben vom Darsteller verlangt haben) antwortet er, den Ring nicht von einer Frau erhalten zu haben, sondern ihn als *Kampfes Lohn* vom *starken Wurm* erbeutet zu haben. (Lügt Siegfried hier? Wenn auch der Trank seine Erinnerung an Brünnhildes Liebe ausgelöscht hat, so muß er doch sich noch genau des Kampfes entsinnen, den er wenige Stunden zuvor in Gunthers Maske ausgefochten hat. Steht ihm hier die diesem geschworene Blutsbrüderschaft höher als die Wahrheit?) Hagen mischt sich ein: sei es tatsächlich der Ring, den sie Gunther gab, so habe Siegfried ihn *durch Trug* erlangt, den er büßen müsse. (Auch Hagen lügt: Er kennt die Geschichte des verfluchten Ringes, weiß, daß Siegfried ihn nicht an den Rhein mitbrachte, weiß also auch, daß er ihn nur von Brünnhilde in der vorangegangenen Nacht erhalten haben kann. Aber die Klage gegen Siegfried ist genau das, was seine Pläne zum Reifen bringen könnte.) Brünnhilde bricht in schmerzlichste Schreie aus: *Betrug! Betrug! Verrat! Verrat!* In heftiger Bewegung scharen sich alle enger um sie, die nun auf dem Gipfel der Verzweiflung die Götter anruft: um Rache, wie noch nie eine Freveltat gerächt wurde. Vergebens sucht Gunther ihr Rasen zu beschwichtigen. Mit einer einzigen Bewegung weist sie ihn, den »Verräter, Selbstverratenen« von sich: *Wisset denn alle: nicht ihm –, dem Manne dort bin ich vermählt ...* Siegfried, der sich in diesem Punkt unschuldig fühlt, will die Beschuldigung zurückweisen, die er nur auf die jüngste Nacht

Der Hochzeitszug
Siegfried (Jean Cox) und Gutrune (Leonore Kirschstein)
Bayerische Staatsoper, München, 30. Juni 1976

bezieht. Er zeiht Brünnhilde der Unwahrheit. In seiner Vertei-
digung enthüllt er die Geschehnisse der Nacht auf dem Walkürenfelsen: *Blutsbrüderschaft hab ich Gunther geschworen:
Nothung, das werte Schwert, wahrte der Treue Eid: mich
trennte seine Schärfe von diesem traur'gen Weib.* (Hier liegt
wahrscheinlich die größte Schwäche in dem dramatisch so
außerordentlich starken Werk. Denn hier gibt Siegfried, durch
eine von ihm mißverstandene Äußerung Brünnhildes veranlaßt,
zu, an Gunthers Statt Brünnhilde erobert zu haben. Das Geheimnis ist preisgegeben, Gunthers Rolle vor seinen Mannen
kläglich geworden. Nun geht es eigentlich nicht mehr darum,
wer den Felsen durch die Flammen erstieg und die einstige
Walküre überwältigte – das ist durch Siegfrieds Worte klar geworden, wenn auch die Zusammenhänge der umstehenden
Menge noch nicht verständlich sein können –, sondern nur
noch darum, ob in dieser Nacht Siegfried sich der Besiegten
ehelich genähert habe oder nicht.)

Die nächsten Reden und Gegenreden Brünnhildes und Siegfrieds beziehen sich auch nur noch auf diesen Punkt, allerdings
im nicht aufgeklärten Mißverständnis: Brünnhilde bezieht sich
auf die Epoche ihrer großen gegenseitigen Liebe (in der
Nothung so wonnig ruht' an der Wand), Siegfried hingegen auf
die letzte Nacht, in der er nicht in seiner eigenen, sondern in
Gunthers Gestalt das Gemach Brünnhildes teilte. Also sprechen beide die Wahrheit. Und beide treten mit reinem Gewissen und voll überzeugt an Hagens Speer heran, auf den sie den
Eid ihrer Wahrheit leisten. Es ist ein feierlicher Schwur, den sie
hier nach altnordischer Sitte ablegen. Brünnhildes Klage auf
Meineid gegen Siegfried hallt erregend in der Menge nach.
Spricht *die wilde Felsenfrau* – wie Siegfried sie nennt – wahr,
so ist der im Gibichungenpalast so glänzend aufgenommene
Held ein Lügner und Betrüger. Wie kann er sich von so furchtbarer Anklage reinwaschen?

Er versucht es nicht weiter. Er hat einen heiligen Eid geschworen, glaubt sich voll im Recht und rät Gunther, Brünnhilde Ruhe zu gönnen, bis *ihre freche Wut sich lege, die eines
Unholds arge List wider uns alle erregt!* Er ahnt nicht, daß
wenige Schritte nur von ihm *der Unhold* steht und mit wohl
ungeheurer Spannung das Gelingen seines Plans beobachtet.

Alles scheint so zu kommen, wie Hagen es vorausgesehen. Siegfried, froh und weltunkundig, sucht dem furchtbaren Streit die Schärfe zu nehmen: *Ihr Mannen, kehret euch ab, laßt das Weibergekeif! Als Zage weichen wir gern, gilt es mit Zungen den Streit!* Er wendet sich zum Gehen, wobei er Gunther noch zuflüstert: *Glaub, mehr zürnt es mich als dich, daß schlecht ich sie getäuscht: der Tarnhelm, dünkt mich fast, hat halb mich nur gehehlt. Doch Frauengroll friedet sich bald: daß ich dir es gewann, dankt dir gewiß noch das Weib ...* Und dann schlingt er seinen Arm wohlgemut um Gutrune, *von seinem Beispiel hingerissen* folgen ihm Männer und Frauen in den Palast.

Brünnhilde blickt Siegfried und Gutrune *noch eine Zeitlang schmerzlich nach.* Sie zerquält sich in Gedanken, was hier geschehen, welcher Zauber hier mächtig sei, dem sie, die Runenkundige, nicht zu begegnen wüßte. Sie ahnt, daß hier verhängnisvolle Kräfte am Werke seien, aber auch, daß es einer starken Waffe bedürfe, die *Bande zu zerschneiden,* die sie so wehrlos gemacht haben. Hagen tritt an sie heran, erbietet sich zur Rache. Höhnisch weist Brünnhilde ihn zurück: Ein einziger Blick von Siegfrieds Augen müßte Hagens Stärke wie nichts zerschmettern. Doch Hagen beharrt: Ist Siegfried durch seinen Meineid nicht dem Speer verfallen, auf den er falsch schwor? Immer noch weist Brünnhilde ihn zurück: es gäbe keine Macht, die Siegfried im Kampf vernichten könne, sie selbst habe dank ihrer Künste vermocht, seinen Körper unverwundbar zu machen. Und doch: *...träfst du im Rücken ihn ... Niemals, das wußt' ich, wich er dem Feind, nie reicht er fliehend ihm den Rücken, an ihm drum spart' ich den Segen ...* Hagens Entschluß ist gefaßt: *Dort trifft ihn mein Speer!* Die drei nun miteinander Verschworenen wechseln noch manches bittere Wort: Gunther ist verzweifelt, nennt sich selbst *Betrüger – und betrogen, Verräter – und verraten,* klagt sich selbst an, fleht zum Halbbruder Hagen, ihm aus der Schande zu helfen. *Dir hilft nur ... Siegfrieds Tod,* erwidert dieser eiskalt. Gunther erschauert: Hat er mit Siegfried nicht Blutsbrüderschaft getrunken? Doch Hagen kämpft gegen Gunthers Zweifel an: Siegfried habe den Bund gebrochen, da er Gunther verriet. *Verriet er mich?* antwortet, immer noch ungewiß, der Gibichung. Brünnhilde erwidert ihm heftig: *Dich verriet er, und mich*

Siegfried (Jean Cox) und Brünnhilde (Ingrid Bjoner)
beschwören auf Hagens (Karl Ridderbusch) Speer die
Wahrhaftigkeit ihrer Aussagen. Bayerische Staatsoper,
München, 30. Juni 1976

verrietet ihr alle! Wär' ich gerecht, alles Blut der Welt büßte mir nicht eure Schuld! Doch des einen Tod taugt mir für alle: Siegfried falle zur Sühne für sich und euch! (Bei genauerer Betrachtung wäre auch hier ein dramatischer Einwand möglich: wie kann Brünnhilde sagen, Siegfried habe Gunther verraten? Er hat dessen Wunsch erfüllt, die ihm unerreichbare Frau zu erobern, und hat sie, zweifellos ohne sie ehelich zu berühren, Gunther übergeben. Worin verriet er den Blutsbruder? Meint Brünnhilde vielleicht, er habe dies dadurch getan, daß er diese Fahrt überhaupt unternahm und dem Freund die Frau zu bringen auszog, die in glühender Liebe ihm selbst gehörte? Doch sie weiß oder ahnt ja bereits, daß Siegfried dies unter einem übermächtigen Zauber getan haben müsse – kann da von Verrat die Rede sein?)

Hagen sucht Gunther zu überzeugen, verspricht ihm durch Siegfrieds Tod den Ring, der ihm *ungeheure Macht* bringe. *Brünnhildes Ring?* fragt Gunther leise. *Des Nibelungen Reif,* ist Hagens Antwort, aber er denkt nicht wirklich daran, den Ring in Gunthers Hände gelangen zu lassen, nach dem seit so langer Zeit seines und seines Vaters heftigste Wünsche gehen. Gunther hat noch ein Bedenken: seiner Schwester Gutrune den eben angetrauten Gatten durch Mord zu entreißen. Nun glaubt Brünnhilde den »Zauber« entdeckt zu haben, der Siegfried ihr entfremdet hat: Gutrune. Traut sie der jungen Gibichstochter, die sie ja gesehen hat, wirklich so viele geheime Kräfte zu? Und: hält sie dann Siegfrieds Aussage, sie nicht zu kennen, für Verstellung? Die Verschworenen beschließen auf Hagens Rat, die Tat während einer Jagd zu verüben; Gutrune solle gesagt werden, ein wilder Eber habe ihren Gemahl getötet. Grausam entschlossen klingt der Schwur der zum Mord Bereiten zum Himmel.

III. AUFZUG

Die erste Szene des dritten Aufzugs spielt am hellen Tag der Jagd, zu der am Morgen Gunther, Hagen, Siegfried und Männer ihres Gefolges aufgebrochen sind. Im Rhein, der hier ein wildes Wald- und Felsental durchströmt, spielen – wie einst zu

Beginn des *Rheingold* – die Rheintöchter Woglinde, Well-gunde und Floßhilde in den glitzernden Sonnenstrahlen. Als sie Siegfrieds Horn von weitem vernehmen, tauchen sie unter, um zu beraten. Bald darauf tritt Siegfried ans Ufer und blickt vergeblich nach Wild aus. Lustig seiner lachend kommen die Nixen wieder an die Oberfläche. Was gäbe ihnen Siegfried, wenn sie ihm, dem heute noch Erfolglosen, doch noch zu einer Beute verhülfen? Gut gelaunt stellt er ihnen die Wahl anheim. *Ein goldner Ring glänzt dir am Finger, den gib uns!* bitten sie. Siegfried lehnt ab: einen Riesenwurm habe er um dieses Ringes Willen erschlagen, nun solle er ihn als Tausch für eine Bärentatze geben? lacht er. Das Gespräch geht munter dahin, aber Siegfried bleibt fest, und die Rheintöchter tauchen la-chend wieder in den Strom zurück: *So schön! So stark! So gehrenswert! Wie schade, daß er geizig ist!* Der Vorwurf trifft Siegfried: kämen die Nixen wieder an die Oberfläche, er würde ihnen den Ring schenken. Er ruft sie zurück, zieht den Ring vom Finger. Doch die Wassermädchen scheinen verwandelt, er versteht ihre Worte vom Fluch nicht, bittet sie, ihm ihr Wissen zu übermitteln. Sie erzählen ihm die Geschichte des Rings so-wie des Fluchs, der auf ihm liegt. Sie künden ihm den Tod, der ihn noch am gleichen Tag ereilen würde, wenn er den Ring nicht dem Rhein zurückgäbe. Ungläubig lauscht Siegfried, mißmutig antwortet er: habe er schon ihrem Schmeicheln we-nig geglaubt, noch viel weniger schrecke ihn ihr Drohen. Für eine Liebesstunde hätte er den Ring vielleicht gegeben, aber einer Drohung weiche er niemals. Enttäuscht ziehen die Rheintöchter sich zurück: noch heute werde ihn eine stolze Frau beerben und mit der Rückgabe des Rings die Weltgesetze wieder in Ordnung bringen. Siegfried blickt den zierlichen Nixen lange nach, ein wenig begehrlich, ein wenig nachdenk-lich, doch nicht erschreckt durch ihre Worte.

Hagen ruft ihn aus der Waldeshöhe an, Siegfried lädt ihn und die Jagdgesellschaft ans Flußufer. Dort wird das Lager ge-stellt, Schläuche und Trinkhörner werden hervorgeholt, die Beute wird aufgeschichtet. Siegfried gesteht, nichts erlegt zu haben; das einzige Wild, das sich ihm zeigte – so erzählt er lächelnd –, seien drei Wasservögel gewesen, die auf dem Rhein sangen. Sie haben ihm angekündigt, er würde noch heute er-

247

schlagen. Mit diesen Worten lagert Siegfried sich zwischen Hagen und Gunther, der heftig zusammengefahren ist und seinen Blick wie hilfesuchend auf Hagen richtet. Der ist völlig ruhig geblieben und findet in Siegfrieds Erzählung einen willkommenen Anlaß, ihn nach seinem Verständnis der Vogelsprache zu fragen, die ihm im Volksglauben zugeschrieben wird. Lange habe er der Tierstimmen nicht mehr geachtet, erwidert Siegfried, der übermütig Gunther sein Trinkhorn reicht, das überfließt: *Der Mutter Erde laß das ein Labsal sein!* Aus schwerer Brust seufzt der Gibichung auf: *Du überfroher Held!* Leise fragt Siegfried Hagen nach dem Grund von Gunthers Schwermut: *Ihm macht Brünnhilde Müh'?* Und wieder knüpft Hagen an: *Verstünd' er sie so gut wie du der Vöglein Sang!* Doch Siegfried möchte vor allem den Blutsbruder aufmuntern; vielleicht hat Hagens mehrmalige Erwähnung der Vogelstimmen ihm den Gedanken eingegeben: ob er Gunther *Mären aus seinen jungen Tagen* singen solle? Und er beginnt unter allgemeiner Zustimmung. Er singt von Mime, von der Kindheit im Wald, vom Schmieden Nothungs, vom Kampf gegen den Riesenwurm Fafner. Und dann vom »Wunder«: wie er den vom heißen Drachenblut gebrannten Finger zum Munde führte und auf einmal den Gesang der Vögel verstand; auf Rat des Waldvögleins Ring und Tarnhelm dem Schatz Fafners entnahm, wie er vom Vöglein von der Falschheit und Mordabsicht Mimes erfuhr und ihnen zuvorkommen konnte. Die Mannen lauschen in höchster Spannung: *Was wies das Vöglein dich wieder?* Hagen unterbricht: *Trink erst, Held, aus meinem Horn: ich würzte dir hold den Trank, die Erinnerung hell dir zu wecken, daß Fernes nicht dir entfalle!* Und so trinkt Siegfried das Gegengift zum Vergessenstrank, den Gutrune ihm bei seiner Ankunft auf Hagens Geheiß geboten hatte.

Siegfried fährt fort: Er gedenkt der dritten Aufforderung des Waldvögleins. Es ist, als fielen ihm nun, immer stärker und lebendiger, vergessene Begebenheiten ein: wie er dem lockenden Ruf folgte bis zum Fuße eines feuerumbrannten Felsens – die Episode mit dem Wanderer, der ihm den Weg vertrat und dessen Speer er in Stücke schlug, taucht in Siegfrieds Erinnerung bezeichnenderweise nicht auf, da er, unkundig der Persönlichkeit seines Gegners, ihm keine Bedeutung zumißt –,

In stummem Trauerzug tragen die Männer die Leiche des ermordeten Siegfried durch die anbrechende Nacht in den Palast.
Bayerische Staatsoper, München, Aufführung vom
2. Februar 1969

Die Kinder (die neue Generation) sehen die Helligkeit einer neuen Zeit über dem in Flammen und Rauch entschwindenden Walhall aufsteigen.

wie er das Feuer durchschreitet und eine schlafende Frau auf dem Gipfel findet. Je weiter seine Gedanken nun zu neuem Leben erweckt werden, desto begeisterter werden seine Worte, es ist, als stünde lange Vergessenes nun wieder lebendig vor ihm: sein Kuß, der Brünnhilde erweckte, ihre heiß auflodernde Liebe. Entsetzt erfährt Gunther die Wahrheit, die Erklärung von allem, was ihn seit der Begegnung mit Brünnhilde bedrückt. Hagen aber weist Siegfried zwei Raben, die aus dem Busch auffliegen und dem freien Himmel zustreben: errate er auch deren Gekrächz? Siegfried blickt den Vögeln nach. Da stößt Hagen ihm die Lanze in den Rücken. Zu spät stürzen Gunther und die Mannen auf ihn, um ihm die Waffe zu entwinden. Siegfried versucht noch mit letzter Kraft, seinen Schild zu packen und gegen den Mörder zu schleudern. Dann bricht er zusammen. Seine Gedanken weilen nun nicht mehr bei den Umstehenden, bei Hagen, der ruhig davongeschritten ist; er weilt sterbend bei Brünnhilde, erlebt die Geliebte noch einmal in ihrem Erwachen, in ihrer Umarmung. Den Toten tragen die niedergeschmetterten Zeugen der Tat auf ihren Schilden hoch erhoben durch die anbrechende Nacht, zurück zum Gibichungenpalast.

Gutrune hat keinen Schlaf gefunden, unruhig verläßt sie ihre Kemenate, ängstlich will sie nach Brünnhilde sehen. Aber deren Gemach ist leer. War sie es, die zum Ufer des Rheins geschritten war? Was will sie dort, mitten in der Nacht? Gutrune lauscht, mehrmals glaubt sie, Siegfrieds Horn zu vernehmen. Dann erklingt Hagens Stimme, sie flößt Gutrune noch mehr Angst ein, denn wieder – wie schon beim Hochzeitsruf – ist nicht zu erkennen, welcher Sinn seinen Worten zu geben sei. Da – Fackeln, der Totenzug, dem sich Frauen und Männer angeschlossen haben. Siegfrieds Leiche: *Eines wilden Ebers Beute,* wie Hagen verkündet. Gutrune bricht zusammen, weist Gunthers Bemühungen um sie heftig zurück. *Nicht klage wider mich, dort klage wider Hagen. Er ist der verfluchte Eber, der diesen Edlen zerfleischt',* erwidert Gunther auf die Beschuldigungen seiner Schwester. Und trotzig nimmt Hagen die Schuld auf sich: *Meinem Speer war er gespart, bei dem er Meineid sprach.* Er fordert »Beuterecht«: Siegfrieds Ring. Gunther stellt sich ihm entgegen, nach kurzem Kampf tötet

Hagen auch ihn. Hagen tritt zu Siegfrieds Leiche, um von dessen Finger den Ring zu ziehen und an sich zu nehmen, aber er weicht entsetzt zurück, als die Hand des Toten sich drohend emporhebt.

Vom Rhein her ist Brünnhilde in die Halle getreten. Ihre stolze, an die einstige Göttin gemahnende Haltung bringt alles zum Verstummen. Gutrune richtet sich mühsam vom Boden auf und klagt Brünnhilde an, alles Unglück verschuldet zu haben. Doch mit wenigen ruhig gesprochenen Worten bringt die einstige Walküre sie zum Schweigen. Entsetzt erfährt Gutrune, was ihr Trank Siegfried vergessen ließ: seine wahre Frau, seine über alles Geliebte, Brünnhilde, *der ewige Eide er schwur, eh' Siegfried je dich ersah!* Nun nimmt Brünnhilde wieder den Platz ein, der ihr immer zustand, groß und stolz bereitet sie die erhabene Totenfeier für Siegfried. *Starke Scheite* läßt sie am Ufer des Stromes aufrichten, *hoch und hell lod're die Glut, die den edlen Leib des hehrsten Helden verzehrt.* Ihr eigener Weg steht klar vor ihr: wie sie sein Leben teilte, wird sie es auch im Tode tun. Nach einer letzten Anrufung der Götter streift sie den verfluchten Ring vom Finger der Leiche und vermacht ihn den Rheintöchtern. Dann stößt sie eine Fackel in den Holzstoß, der Siegfrieds Körper trägt, und sprengt mit ihrem Schlachtroß Grane in die hell auflodernden Flammen. Der Rhein tritt über die Ufer, die Nixen kommen herangeschwommen, um, wie Brünnhilde es bestimmt hat, den Ring dann von ihrer verkohlten Hand zu nehmen. Hagen, der alle Vorgänge in steigender Verzweiflung beobachtet hat, stürzt sich nun in die Fluten, um dort den Ring zu erraffen; doch die Rheintöchter ziehen ihn in die Tiefe, in den Tod. Fern am Himmel wird über dem irdischen Chaos der alles vernichtenden Feuer- und Wassermassen für kurze Augenblicke Walhall sichtbar: Die Burg der Götter geht mit dem Zusammenbruch auf der Erde in Flammen auf, die von Wotan so lang gefürchtete, zuletzt ersehnte »Götterdämmerung« ist eingetreten. Eine Weltenära ist zu Ende gegangen, das verfluchte Gold in den Schoß des ewigen Stromes zurückgekehrt, entsühnt und von menschlichen Begierden gereinigt.

Zur Geschichte der *Götterdämmerung*

Als erstes Werk der Nibelungen-Tetralogie entworfen und gedichtet, aber als letztes komponiert, erstreckt sich die Entstehung von *Siegfrieds Tod* – während der Arbeit in *Götterdämmerung* umbenannt – auf ungewöhnlich lange Zeiträume: Vom
ersten Auftauchen des Gedankens einer bühnenmäßigen Gestaltung des Nibelungenstoffs im Jahre 1848 bis zum Schluß
der Vertonung am 21. November 1874 vergehen nicht weniger
als 26 Jahre. Nur *Parsifal* weist in Wagners Schaffen eine ähnlich lange dauernde Entstehungszeit auf. Einschlägige Bücher
zu diesem Themenkreis finden sich in Wagners Dresdener
Bibliothek sogar schon einige Jahre vor dem erwähnten Datum
von 1848: Es ist durchaus möglich, daß der Stoff dreißig Jahre
lang Wagners Phantasie beschäftigte, bis seine endgültige Gestaltung erreicht war.

Die Dichtung des Nibelungendramas fällt noch in die Dresdener Hofkapellmeisterzeit Wagners; er bringt sie vom 12. bis
zum 28. November 1848 zu Papier. Die Ausarbeitung in Versen erfolgt bereits in Zürich, wohin Wagner im Mai 1849 aus
dem mißglückten Dresdener Aufstand flüchtet und wo er sich
für ungefähr acht Jahre niederläßt. In den Juli und August 1850
reichen erste musikalische Aufzeichnungen zurück. Immer
klarer wird es Wagner, daß *Siegfrieds Tod* zwar ein faszinie-
rendes Thema sei, aber nur einen kleinen Ausschnitt des wahren Dramas umfassen könnte. Es drängt ihn, dem Betrachter zu
erklären, warum Brünnhilde den von ihr über alles geliebten
Siegfried dem Meuchelmörder Hagen überliefern muß; mehr
noch, woher der strahlende Held seine Kraft bezog und in welcher seltsamen Beziehung er zum obersten der Götter, zu
Wotan, stand. Er glaubt, *Siegfrieds Tod* ein vorhergehendes
Drama zur Erklärung beigeben zu müssen, einen »Jungen
Siegfried«, der den Aufstieg dieser Lichtgestalt bis zum Höhepunkt, der Erweckung und Liebe Brünnhildes, führen soll.
Doch sehr bald erkennt er, daß die neugeschaffenen Szenen
nun wieder weitere Erklärungen nötig machen, ein immer tie-
feres Zurückgehen in mythische Vergangenheit. Und so stellt
Wagner *Die Walküre* vor den *Jungen Siegfried* und schließlich

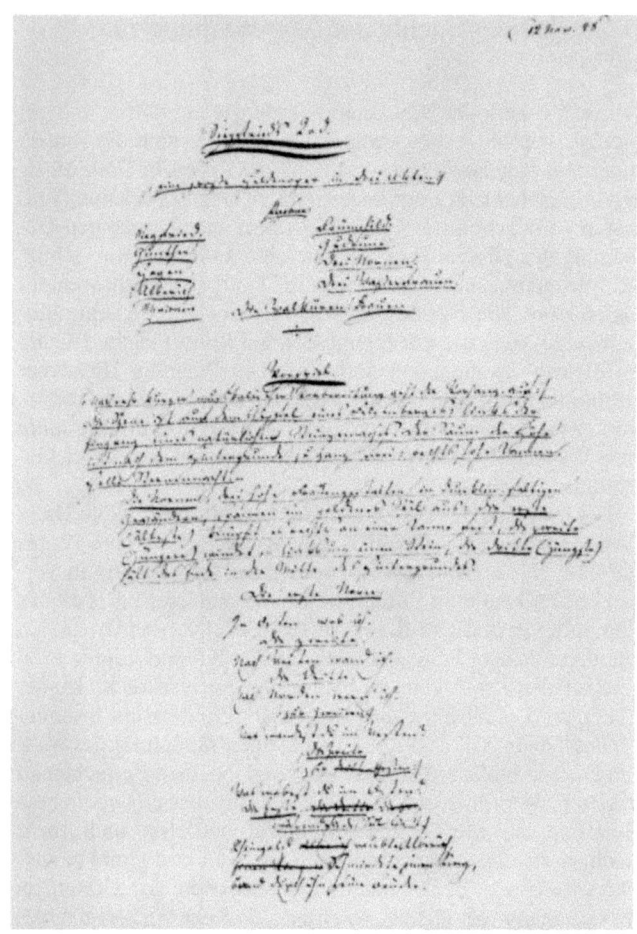

Erste Manuskriptseite der Dichtung zu *Siegfrieds Tod*
(der späteren *Götterdämmerung*)

den *Raub des Rheingoldes* (später: *Das Rheingold*) vor die *Walküre*.

Das *Nibelungenlied,* das gerade um jene Zeit zu einer Lieblingslektüre der deutschen Nation geworden war, erlebte durch Wagners Einbeziehen zahlloser Elemente aus der *Edda* und anderen Sagen nordischer Vorzeit eine ungeahnte Ausweitung ins Kosmische, wurde zu einem Welttheater voll Göttern, Riesen, Zwergen, Nixen und Menschen, das sich über legendäre Zeiträume ausdehnte. Die »Tetralogie« (wie man den *Ring des Nibelungen* wegen seiner Zusammensetzung aus vier abendfüllenden Dramen nennt) hatte erste Gestalt angenommen. Vielleicht läßt sich Wagners Kuraufenthalt in der Wasserheilanstalt Albisbrunn bei Zürich im November 1852 als entscheidende Etappe ihrer Entstehung ansehen. 1853 erscheint dieses riesige Dichtwerk als Privatdruck. Es wird bei der musikalischen Ausführung noch Änderungen darin geben, die meisten davon in *Siegfrieds Tod,* der *Götterdämmerung*. Und nicht nur aus musikalischen Gründen. Als Wagner den Gedanken zu diesem Werk faßte, stand ihm ein Revolutionsdrama vor Augen, ein Theaterstück, in dem ein »junger, freier Held« – Symbol der aufsteigenden Massen – durch sein Leben und seinen Tod die »alte Welt«, die morsche Gesellschaftsklasse des Kapitalismus, zertrümmert und das Tor zu neuen, glücklicheren Zeiten der Menschheit aufstößt. Als er es beendete, war das Werk in erster Linie zur Tragödie Wotans geworden; Wagner war nicht mehr der junge, stürmische Aufrührer, er war zum Freund eines Königs geworden, er hatte tiefer in die Zusammenhänge, in die ewigen Schwächen der Welt und ihrer Bewohner geblickt.

Die deutsche »Erneuerung«, ursprünglich eine romantische Bewegung, die nationale wie soziale Ziele verfolgte und mit den Befreiungskriegen gegen Napoleon eingesetzt hatte, sah nach Niederwerfung des Klassenkampfes nur noch die nationalen Bestrebungen im Vordergrund ihrer Wünsche. Der Nibelungenstoff entsprach aus mehreren Gründen dem Zeitgeist, der deutschen Mentalität, die sich geistig wie künstlerisch in der Romantik spiegelte. Der Griechenkult, die Neigung zur mittelmeerischen Mythologie und Geschichte, die das 18. Jahrhundert geprägt hatten, wichen dem Interesse für die eigene

völkische Vergangenheit, für die sagenreiche nordische Vorzeit. Graue, tieffliegende Wolken, zwischen denen die Brünnen,
Helme und Speere durch die Luft jagender Walküren aufblitzten, geheimnisvolle Erdspalten, in deren Tiefe Trolle hausten
und Zwerge Schätze schmiedeten, nächtliches Raunen der
schicksalspinnenden Nornen, blutiges Gemetzel verfeindeter,
Blutrache übender Sippen erfüllten Heldenbücher, Legenden-
sammlungen, Romane, Theaterstücke, Opern. Vieles davon
kannte Wagner und besaß es gedruckt in seiner Dresdener
Bibliothek. Er war – wie sein Widerpart Verdi – ein begeisterter
Leser, der aus allem irgendwie Interessanten Nutzen für sein
Werk zog. *Lieder der älteren und Sämundischen Edda, Mytho-
logische Dichtungen und Lieder der Skandinavier, Diutiska,
Denkmäler deutscher Sprache und Literatur, Deutsche Mythologie* von Jakob Grimm, *Die deutsche Heldensage* von Wilhelm Grimm, *Das Nibelungenlied* übersetzt von Karl Simrock,
Die Edda, Nordische Sagen, zahlreiche Abhandlungen über
das *Nibelungenlied,* über skandinavische Mythen, *Vaulu-Spà*
das älteste Denkmal germanisch-nordischer Sprache sind nur
einige Titel aus Wagners Bibliothek[1], in der sich sehr viel
Material für das neue geplante Werk fand. Nicht nur für dessen
Inhalt; noch im Jahre 1878 – zwei Jahre nach der Uraufführung
des Nibelungendramas bei den Bayreuther Festspielen – lobt
Wagner das seinerzeit von ihm verwendete *Heldenbuch* Sim-
rocks wegen dessen *Wiedergebung der alten Sprache,* aus der
er *herübergenommen, was notwendig und verständlich war.*

Im I. Band der wertvollen Sammlung *Dokumente zur Entstehungsgeschichte des Bühnenfestspiels Der Ring des Nibelungen,* herausgegeben von Werner Breig und Hartmut Fladt
(B. Schott's Söhne, Mainz 1976), werden interessante Vorläufer von Wagners Nibelungenwerk angeführt. Hier stehen Aus-
züge aus dem Briefwechsel Felix Mendelssohns, aus denen
hervorgeht, daß des Musikers Schwester, die ebenfalls hochbe-
gabte Fanny, ihrem Bruder im Jahre 1840 den Gedanken einer
Nibelungen-Vertonung nahelegte. Mendelssohn nahm die Idee
begeistert auf, bat seine Schwester um möglichst viele An-

---

[1] nach Curt von Westernhagen: *R. Wagners Dresdener Bibliothek 1842–1849, Neue
Dokumente zur Geschichte seines Schaffens,* Wiesbaden 1966

gaben hierzu und vertiefte sich in die Dramatisierung des Stoffes durch Ernst Raupach (*Der Nibelungen-Hort*), die, 1834 in Hamburg erschienen, auch Wagner bekannt war. Mendelssohn, auf dem Gebiet der Oper niemals glücklich, ließ schließlich den Gedanken der Vertonung dieses Stoffes fallen.

Ebensowenig zum Ziel gelangte Robert Schumann. Auch er befaßte sich, übrigens im selben Jahr wie sein verehrter Freund Mendelssohn, mit dem Gedanken einer Nibelungen-Oper. Wir besitzen ein *Projektenbuch*, in das Schumann ihm verlockend und aussichtsreich erscheinende Opernstoffe eintrug, insgesamt ungefähr zwanzig. Darunter – neben den *Nibelungen* – *Faust, Eulenspiegel, Maria Stuart*, ein Bauernkriegsdrama *Michael Kohlhaas* und weitere bedeutende Stoffe. Zur Oper konnte er keinen einzigen gestalten, sein einziges Werk dieser Art (*Genoveva*) stand nicht im *Projektenbuch*. Hingegen gestaltete er das dort aufgeführte Thema *Das Paradies und die Peri*, nach dem damals sehr beliebten irischen Dichter Thomas Moore, zu einem schönen Oratorium. Weder Mendelssohn noch Schumann waren geborene Musikdramatiker; Wagner war es.

Im Jahre 1844 publiziert der namhafte Tübinger Philosoph und Ästhetiker Friedrich Theodor Vischer eine viel Aufsehen erregende Aufforderung, das *Nibelungenlied* zur Grundlage einer Oper zu machen: ...*Die Musik hatte in Mozart ihren Goethe, in Haydn ihren Klopstock, in Beethoven ihren Jean Paul, in Weber ihren Tieck: Sie soll noch ihren Schiller und Shakespeare bekommen, und der Deutsche soll noch seine eigene große Geschichte in mächtigen Tönen sich entgegenwogen hören. Die Nibelungensage enthält nicht eigentlich Geschichte ..., das Nibelungenlied ist für die Oper wie gemacht, quillt und sprudelt von herrlichen musikalischen Motiven, wartet schon lange auf seinen Komponisten, fordert ihn gebieterisch ...*

Ein Jahr später, 1845, sucht die Dresdener Dichterin Louise Otto einen Komponisten zur Vertonung eines Nibelungen-Textbuches, das sie, von Vischers Anregung ausgehend, schreiben wolle. Sie läßt diesen Gedanken auch Richard Wagner zukommen; doch dieser lehnt natürlich ab: Er kann ihm geeignet dünkende Stoffe nur in eigenen Versen vertonen.

Bestand darüber schon bei *Rienzi* kein Zweifel, so hatten ihn *Der Fliegende Holländer* und *Tannhäuser* erst recht überzeugt.

Mehr als vierzig Jahre später entsinnt sich Louise Otto:

> *...Ich schrieb ... auch gegen die Trivialität der meisten Opernstoffe, empfahl, dazu deutsche Sagen zu wählen und kam endlich mit dem Vorschlag: Die Nibelungen als Oper. Brendel[1] forderte mich auf, den Text zu entwerfen, er wolle einzelne Szenen als Probe drucken. Ich entgegnete: Wozu? Komponieren kann sie doch keiner als Wagner, und der schreibt sich Gott sei Dank seine Verse selbst! Aber Brendel widersprach, er glaubte noch nicht an Wagners deutschen Genius. Ich gab nach und dichtete die ersten Szenen. Ich bekam darüber Briefe über Briefe von deutschen Musikern – schließlich auch von Niels Gade, dessen »Comala« damals gerade erschienen war. Gade besuchte mich in Meissen, wir kamen auch in Dresden zusammen, vereinbarten den ganzen Entwurf, 1846 war meine Dichtung fertig, und als ich den Sommer 1847 in Gohlis verlebte – wo er dann im Herbst Dirigent der Leipziger Gewandhauskonzerte ward –, hatte er schon mehrere Szenen und Arien daraus komponiert ...*

So erzählt 1886 die altgewordene Dichterin in der *Deutschen Revue*, die ihre *Musikalischen Erinnerungen* veröffentlichte.

Auch Niels Gade kam über einzelne Szenen und Arien nicht hinaus. Er gehört trotz seiner dänischen Abstammung zu den namhaftesten Musikern der deutschen Romantik, wurde mit 27 Jahren Leiter der berühmten Leipziger Gewandhauskonzerte neben seinem Lehrer und Förderer Mendelssohn. Er war zudem ein erfolgreicher Violinvirtuose und vielgespielter Komponist sinfonischer Werke. Den Nibelungenstoff konnte auch er nicht bewältigen. Man könnte sagen, er war Wagner vorbehalten, so wie Wotans Schwert für Siegmund bestimmt

---

[1] Carl Franz Brendel (1811–68) war Musikschriftsteller, Theoretiker und Eigentümer sowie Chefredakteur der von Schumann gegründeten *Neuen Zeitschrift für Musik,* in der er manche Lanze für die junge Romantik brach.

war. Aber der Grund war wohl weniger mystisch: Für eine ebenbürtige Wiedergabe des gewaltigen Themas mußte ein neuer musikdramatischer Stil erstehen, und das geschah durch Richard Wagner.

Wagner war dem Stoff schon in den Sommerferien des Jahres 1843 sehr nahe gewesen. Er trug damals, wie er in *Mein Leben* berichtet, gern Jakob Grimms *Deutsche Mythologie* bei sich, wenn er in die Wälder um Teplitz-Schönau wanderte. Er war mehrmals nahe daran, *die trostlose Mühe, hieraus mir etwas aufzubauen, aufzugeben.* Aber er setzt hinzu: *Und doch war ich durch wunderbaren Zauber festgebannt: die dürftigste Überlieferung sprach urheimatlich zu mir, und bald war mein ganzes Empfindungswesen von Vorstellungen eingenommen, welche sich immer deutlicher in mir zur Ahnung des Wiedergewinnes eines längst verlorenen und stets wieder gesuchten Bewußtseins gestalteten. Vor meiner Seele baute sich bald eine Welt von Gestalten auf . . .* Vorläufig aber wurden *Tannhäuser* und *Lohengrin*, doch auch schon *Parsifal*, wichtiger als die Nibelungen und ihr blutrünstiges Schicksal.

Immerhin blieben sie seinem Leben gegenwärtig. Ebenfalls in *Mein Leben* lesen wir von der Einrichtung seines Dresdener Heimes im Oktober 1843. *Drei Hauptstücke* machten ihm seine *schmucke Kapellmeisterwohnung vor allem wert*: ein Konzertflügel, dann *über einem stattlichen Schreibpult . . . das Corneliussche Titelblatt zu den Nibelungen in einem schönen gotischen Rahmen . . .* Es handelt sich (laut der erwähnten *Dokumente* von W. Breig und H. Fladt) um einen Kupferstich, der 1818 nach einer Zeichnung von Peter Cornelius[1] gefertigt worden war, die eine 1807 erschienene Übertragung des *Nibelungenliedes* aus dem Mittelhochdeutschen durch Friedrich Heinrich von der Hagen geschmückt hatte. Wagner setzt übrigens bei Erwähnung dieses Stiches – zwanzig Jahre später – hinzu, er sei *das einzige Stück, welches sich bis auf den heutigen Tag treu mir erhalten hat . . .*[2]. Das dritte *Hauptstück* der neuen Behausung war übrigens die Bibliothek, die wir schon erwähnten und die, im Gegensatz zum Kupferstich, beim *Zu-*

---

[1] ein älterer Verwandter des bedeutenden gleichnamigen Komponisten
[2] heute in der Villa Wahnfried in Bayreuth

sammenbruch seiner Dresdener Existenz (wie Wagner die Ereignisse des Jahres 1849 nennt) nicht in seinem Besitz verbleiben, sondern in die eines Gläubigers übergehen wird.

Während Wagner im Sommer 1847 mit den Orchesterskizzen zu *Lohengrin* beschäftigt ist – *Tannhäuser* wurde zwei Jahre zuvor unter seiner Leitung uraufgeführt –, fesselt ihn die Lektüre der *Edda,* die er (trotz seiner *geringen Kenntnisse der nordischen Sprachen,* wie er festhält) im Original zu verstehen sucht. Sein wacher Geist stellt Verbindungen zum *Nibelungenlied* und zum sechsbändigen *Deutschen Heldenbuch* von Simrock, die er längst gelesen hat, in fruchtbarer Weise her und findet besonders viel ihn Fesselndes in den *Untersuchungen der teutschen Heldensage* von Mone. Dem Weimarer Regierungsrat Franz Müller, der aus Wagnerbegeisterung Erläuterungsbände zu *Tannhäuser* und *Lohengrin* herausgegeben hat und der sich nun bei Wagner nach den Quellen der *Nibelungen*-Tetralogie erkundigt, gibt dieser im Jahre 1856 gerade dieses Buch als *sehr wichtig* für die Entstehung seines Dramas an.

Trotz intensiver Beschäftigung mit dem Sagenkreis um Siegfried, die Nibelungen, die altgermanischen und nordischen Götter zaudert Wagner noch längere Zeit, an ein solches Bühnenwerk zu gehen. Vor allem hält ihn ab, daß ihm *der praktische Sinn der Verwertung einer solchen Arbeit für unser Theater wahrhaft erschreckend entgegentrat,* wie in *Mein Leben* steht. Und er mußte zuerst an *jeder Möglichkeit, mich ferner mit unserem Theater zu befassen* verzweifeln, *bis ich den Mut zum Angriff dieser neuesten Arbeit gewann...* Mit anderen Worten: erst der Bruch Wagners mit der herrschenden Opernpraxis, sein grimmig genährter Wunsch nach dem physischen Untergang des deutschen Musiktheaterwesens seiner Zeit, seine wachsende Sehnsucht nach einem völlig »neuen Publikum« – das sich als Folge der erwarteten, alles umstoßenden politischen Revolution von selbst bilden müßte – führten ihn dazu, an die Ausführung seines Nibelungendramas zu gehen, obwohl er dessen endgültige Dimensionen noch gar nicht voraussehen, ja nicht einmal ahnen konnte.

Sein *Lohengrin,* für das Dresdener Theater entworfen und geschaffen, von diesem auch angenommen und mit der Beauftragung der Bühnenbilder bereits vorbereitet, wird stillschweigend abgesetzt. Wagner erfährt es fast zufällig; es vermehrt seinen Trotz, seine Hoffnung auf den Umsturz. Er lebt bereits in bewußtem Gegensatz, ja in Feindschaft gegen den Intendanten, in dem er einen Vertreter der untergangsreifen Gesellschaft sieht, gegen das Theater, dessen Kapellmeister er ist. Es ist gerade die richtige Stimmung, *Siegfrieds Tod* zu entwerfen.

Der Mann, mit dem er alle seine künstlerischen Gedanken und Pläne bespricht, ist in den immer bewegter werdenden Tagen von 1848 nicht mehr der enge Freund August Röckel, mit dem *durchaus nichts mehr anzufangen war* – da er nur noch für die brennende Tagespolitik lebte und bald seine aktive Teilnahme am Aufstand mit vielen Jahren Gefängnis wird büßen müssen –, sondern der bedeutende Theatermann Eduard Devrient. Über diese Gespräche zum Nibelungendrama sind wir bemerkenswert gut informiert: Wir können sie sowohl in Wagners späterer Selbstbiographie nachlesen wie in Devrients Tagebuch, von dem der Gesprächspartner sicher nie etwas erfuhr. Bei Wagner lesen wir, daß der kluge und gebildete Theatermann den ihm vorgelesenen Entwurf *staunend* aufnahm. *Er erkannte die Tendenz, mich hiermit außer allen hoffnungsvollen Verkehr mit der modernen Theaterwelt zu setzen, und mochte natürlich dies durchaus nicht billigen. Dagegen versuchte er sich mit meiner Arbeit dahin zu befreunden, daß sie am Ende doch immer noch als nicht gar zu befremdlich und wirklich aufführbar zu denken sein sollte* ... Wagner erinnert sich anerkennend, daß es Devrient war, der ihm wichtige »Fehler« aufzeigen konnte: dem Publikum *doch gar zuviel zuzumuten, wenn es sich aus kurzen epischen Andeutungen so sehr viel, was meinem Stoffe das richtige Verständnis geben sollte, zu ergänzen hätte*, und daß *ehe man Siegfried und Brünnhilde in ihrem feindseligen Konflikte vor sich sähe, dieses Paar zuvor in seinem wahren, ungetrübten Verhältnis einmal kennengelernt worden sein müßte*.

Devrient hält (am 1. April 1848) in seinem Tagebuch fest: *Um 5 Uhr holte mich Wagner ab, wir gingen durch den Großen Garten. Er erzählte mir einen neuen Opernplan aus der Siegfriedsage* ... Ein halbes Jahr später, am 12. Oktober, ist aus dem Plan Wirklichkeit geworden:

Gegen Abend kam der Kapellmeister Wagner, den ich trotz Thereses[1] Widerspruch geladen hatte. Mag er auch jetzt politisch anrüchig sein, man darf ihn darum nicht gesellig[2] desavouieren. Er las uns seine Zusammenstellung der Siegfriedsagen vor; es war mit großem Talent gemacht. Er will eine Oper daraus bilden; das wird nichts werden, fürchte ich. Die nordische Mythe findet wenig Sympathie, schon weil sie unbekannt ist; und diese rohgeschnittenen Riesengestalten müssen der Einbildungskraft überlassen bleiben, die Wirklichkeit unserer Bühne macht sie klein und tändlich[3]. Auch holt Wagner immer zu weit aus und knetet seine modernen Anschauungen ein . . .

Von diesen *modernen Anschauungen* geleitet – Devrient vermeidet das Wort »Politik« – schließt Wagner am 20. Oktober 1848, wie der Schlußeintrag im Prosaentwurf aussagt, *Siegfrieds Tod* ab. Schon am nächsten Tag ist er damit bei Devrient, der in sein Tagebuch einträgt: *Kapellmeister Wagner brachte mir einen Opernentwurf, hatte wieder große sozialistische Rosinen im Kopf. Jetzt ist ihm ein einiges Deutschland nicht mehr genug, jetzt geht's aufs einige Europa, auf die einheitliche Menschheit los . . .* Stand das alles im Entwurf zu *Siegfrieds Tod*? Kaum; man muß eher annehmen, Wagner habe an diesem Tag in Devrients Wohnung wieder seine ganze, wahrlich nicht geringe Beredsamkeit aufgeboten. Man hört Devrient geradezu seufzen, unterdrückt stöhnen, damit sein Gast nicht aus dem Himmel seiner begeisterten Zukunftsträume falle. Wagner, der von seinen Feinden stets als unheilbarer germanischer Nationalist hingestellt wird, als Vorläufer eines geeinten Europa, als Weltverbrüderer? Es sollte zu denken geben.

Eine Woche später, am 27. Oktober 1848, vermerkt Devrient: *Kapellmeister Wagner kam. Ich sagte ihm meine Bedenken gegen seinen Opernplan Siegfried . . .* Doch Wagner läßt sich begreiflicherweise von seinem Vorhaben nicht mehr abbringen.

---

[1] Gattin Eduard Devrients
[2] heutige Form: gesellschaftlich
[3] heute ungebräuchlich gewordener, von »Tand« abgeleiteter Ausdruck, also: unbedeutendes, wertloses Zeug (das aber nach außen wertvoll scheinen kann)

Gottfried Semper (1803–1879),
bedeutender Architekt, dem König Ludwig auf
Wagners Vorschlag den Bau eines neuen
Theaters in München übertrug (der aber nicht
realisiert wurde)

Aus dem Prosaentwurf entsteht die Dichtung: Wagner brachte
sie vom 12. bis 28. November 1848 zu Papier. Wieder bringt er
das Geschaffene so rasch wie möglich zum Freunde Devrient,
der darüber am 2. Dezember dem Tagebuch anvertraut:

Kapellmeister Wagner las mir sein fertiges Operngedicht Siegfrieds Tod vor. Der Kerl ist ein Poet durch und durch. Eine schöne Arbeit. Die Alliteration[1], wie er sie

---

[1] Stabreim, Wiederholung des gleichen Anfangskonsonanten bei aufeinanderfolgenden Worten

*braucht, ein wahrer Fund für das Operngedicht; sie
sollte zum Grundsatz dafür erhoben werden. Ich konnte
ihm mancherlei Veränderungen raten. Ich halte dieses
Gedicht für sein bestes und am ersten dramatisches.
Nachher sprachen wir lange über Sprache, Volksbil-
dung, christliche Entwicklung und kamen natürlich auf
den Staat, wo er wieder sein Steckenpferd, die Vernichtung des Kapitals, bestieg. Aber er ist doch der bedeutendste Kopf von allen, die ich in Dresden kenne ...*

Bemerkenswert erscheinen die Begeisterung, mit der Devrient
die Stabreimform für Operndichtungen begrüßt, und das hohe
Lob, das er Wagner spendet; Dresden besitzt um jene Zeit eine
Fülle namhafter Gestalten in seinem Kulturleben.

Der nächste Schritt war eine Lesung des neuen Dramas, die
Wagner für seine Freunde veranstaltete. Er las sehr gut und
darum auch sehr gerne, er kostete die Macht, die er bei solchen
Gelegenheiten auf seine Hörer ausüben konnte, recht bewußt
aus. Zu den Anwesenden gehörte der Architekt Gottfried Semper (der in der späteren Biographie Wagners noch eine wichtige Rolle spielen wird), der Chordirektor der Dresdener Oper
Wilhelm Fischer, der Bühnenausstatter desselben Theaters, mit
Namen Ferdinand Heine, die blutjungen Musiker Hans von
Bülow und Karl Ritter (die Wagners Lebensweg über eine
weite und wichtige Strecke begleiten werden und über deren
feierliches Erscheinen in Frack und mit Zylinderhüten Wagner
sich weidlich lustig machte) sowie schließlich das Ehepaar
Gustav Adolph und Marie Kietz, die über das Ereignis sehr an-
schaulich berichteten: *...Nun begann Wagner mit klarer
Stimme und hinreißendem Ausdruck, der ihm wie keinem anderen zu Gebote steht, die Dichtung vorzulesen. Man war wie
von einem Zauberbann umfangen, die allgemeine Ergriffenheit
stieg von Akt zu Akt!* heißt es in den Aufzeichnungen des Bild-
hauers. Nach diesem Abend, der im Dezember 1848 stattfand,
berichtet Kietz wenige Wochen später von einer neuerlichen
Begegnung mit Wagner: *Einmal, nachdem sein Holländer vom
Theaterrepertoire wie verschwunden war, sagte Wagner auf
einem Spaziergang zu mir: Ich schreibe keine großen Opern
mehr, Märchen will ich schreiben, wie von dem Burschen, der*

das Fürchten nicht kennt! Der Freund mag gelächelt haben bei diesen Worten aus dem Munde des Verfassers von *Siegfrieds Tod.* Aber sie sollten eine tiefe Bedeutung erhalten: Denn diesen Zug wird Wagner seinem »jungen Siegfried« verleihen im neuerdachten Drama, das als Vorspiel zu *Siegfrieds Tod* gedacht ist. Das Sich-nicht-fürchten-Können wird in Wagners Phantasie einen ganz eigenen, mystischen Sinn erhalten...

Der Steckbrief, den die Dresdener Polizei dem Kapellmeister Richard Wagner wegen *maßgeblicher Beteiligung am Aufstand* in den ersten Maitagen des Jahres 1849 quer durch ganz Deutschland nachsendet, macht ihn zum Emigranten. Kurz weilt er in Frankreich – das ihm bei mannigfaltigen Versuchen seines Lebens niemals Glück brachte – und schreibt von dort aus am 18. Juni 1849 seinem großen Helfer in der Not, Franz Liszt in Weimar, er hoffe auf einen Opernauftrag in Paris: *...Meine Zeit bis dahin wende ich aber dazu an, meine letzte deutsche Dichtung Siegfrieds Tod endlich zu komponieren; in einem halben Jahre sende ich Dir die Oper fertig zu...* Es wird anders kommen; *Siegfrieds Tod* wird nicht Ende 1849, sondern am 21. November 1874 komponiert sein, fünfundzwanzig Jahre später...

In Zürich, wo Wagner seinen Wohnsitz nun für lange Zeit aufschlägt, wird er zuerst zum Schriftsteller. Weder Dichtung noch Musik erfüllen ihn. Er schreibt *Die Kunst und die Revolution* und *Das Kunstwerk der Zukunft,* er beginnt die Aufsätze *Die Künstlerschaft der Zukunft* und *Kunst und Klima,* er arbeitet die noch in Dresden verfaßte Abhandlung *Die Wibelungen, Weltgeschichte aus der Sage* endgültig um. Aber die rein intellektuelle Betätigung befriedigt ihn nicht lange. Am 19. November 1840 geht ein langer Brief an seinen in Dresden verbliebenen Freund Ferdinand Heine:

...Mein Herz habe ich ausgeschüttet vor der Welt, das heißt vor meinen Freunden, mit meiner neuesten Schrift Das Kunstwerk der Zukunft. Von nun an bin ich nicht mehr Schriftsteller, sondern nur noch Künstler. Bleibe ich von außen ungestört, so schaffe ich jetzt Werk auf Werk – denn ich bin übervoll von Stoff und künstlerischem Vorhaben. So lange die äußere Gestaltung der

Ferdinand Heine
Kostümbildner an der Dresdener Oper
und Freund Wagners

*Welt bleibt, wie sie jetzt ist, können diese Werke, als
stumme Werke, nur für meine Freunde bestimmt sein:
ändert sich, wie notwendig, jene Gestaltung, so werden
sie laut reden und so gerade das Rechte sein, was in das
Leben zu treten hat. Mein Lohengrin ist längst vollendet: zu meinem Siegfried endlich die Musik zu schreiben, drängt es mich aus ganzer Seele ...*

Zwei Wochen später, am 5. Dezember 1849, stehen in einem
Brief an Liszt die gleichen Gedanken, aber mit einem pessimi-
stischen Schlußsatz versehen: *...Nachdem ich mich kürzlich
ganz über meine Ansicht von der Kunst ausgesprochen habe,
und zwar in einer Schrift mit dem Titel Das Kunstwerk der Zu-*

kunft, so bin ich nun frei alles Hanges zum Theoretisieren ge-
worden, und bin nun so weit, daß ich nur noch Lust zu Kunst-
werken selbst verspüre. Am liebsten hätte ich meinen Siegfried
jetzt vollendet: diesen Wunsch könnte ich mir aber nur unter
einer besonderen Gunst der Umstände erfüllen, nämlich: wenn
ich einem von Nahrungssorgen freien Jahr entgegensehen
dürfte. Dies ist nun nicht der Fall . . .

Im Mai 1850 plant Wagner die Veröffentlichung seines *Sieg-*
fried-Gedichts. Er schreibt das Vorwort dazu:

Liebe Freunde! Ein gedrucktes Drama lege ich Euch
vor! In so dürftigem Ausdrucke teile ich mich Euch mit,
um eine künstlerische Absicht verstanden zu wissen, die
als wirkliches Kunstwerk Euch kundzugeben ich Einzel-
ner und Einsamer mich für unvermögend erklären
muß . . . Die Absicht, die ich Euch hier mitteile, wird –
ich fühle es deutlich – somit nur Absicht bleiben, und
mit keinem anderen Anspruche tue ich sie Euch daher
kund. Sollte ich sie, um sie Euch etwa verständlicher zu
machen, noch in den Schmuck der Tonkunst gekleidet
haben? Wahrlich nur meine Marter hätte ich dadurch
gemehrt! Erregt dem Künstler, der nur im lebendigsten
Kunstwerke zu beseligendem Verständnis sich Euch
mitteilen zu können weiß, der Anblick seiner gedruckten
Verse Wehmut, so muß sein nur der Lektüre vorgelegtes
Tonwerk ihm vollends Grauen erwecken . . . Mancher
von Euch blickte mir kürzlich nach Paris nach, um aus
diesem Ursitze modernen Opern-Glückes von mir zu
hören: seid auch Ihr enttäuscht! Es gibt eine Kraft in
uns, die unwiderstehlich das von uns abstößt, was uns-
rer Natur fremd und unverträglich ist; das ist – der Ekel.
Der Stärke, in der ich diese Kraft empfand, danke ich es,
daß ich nun auch von dem letzten Wahne vollständig
geheilt bin. Jetzt schwebe ich wie der Vogel in der Luft,
und keine Hoffnung habe ich mehr, als Eure Liebe! Und
Eurer Liebe empfehle ich denn meinen Siegfried! Möge
dieser freie Held, dessen herrliche Gestalt aus Papier-
schutt und Büchertrümmern in heitrer Lebenskraft
meiner sehnsüchtigen Phantasie aufstieg, Euren fernen

Theodor Uhlig (1822–1853),
der jung verstorbene Dresdener Musiker,
der zu einem der begeistertsten frühen
Wagnerianer wurde

Freund zu gutem Andenken zurückrufen! – Über manches Technische in meiner Dichtung – wie namentlich über den Stabreim und seinen mir klar gewordenen entscheidend gewichtigen Einfluß auf die innige Vermählung des Sprachverses mit der Tonweise – teile ich mich Euch an einem anderen Orte ausführlicher mit ...

Das Manuskript geht an den alten Freund Theodor Uhlig in Dresden, der mit einem Verleger verhandeln soll. Für den Druck macht Wagner genaue Angaben, die zum Teil überraschend sind. Er fordert *hohes Format, weiten Druck und jedenfalls lateinische Lettern*, dann aber (und hierüber verbreitet er sich sehr im einzelnen) *die Beobachtung der, durch unsere Germanisten eingeführten, vernünftigen Schreibart der Hauptwörter mit kleinen Anfangsbuchstaben.* Diese bis heute ungelöste Streitfrage hat also schon Wagner beschäftigt und wird von ihm zur wesentlichen Forderung erhoben. Er ist allerdings bereit, sie sich abkaufen zu lassen: *Sollte hierin der Verleger in Wahrheit ein Hindernis für die Verbreitung und den – sozusagen – populären Verkauf finden, und sollte er gegen die Bedingung, daß bei den Hauptwörtern die jetzt übliche Schreibweise beibehalten würde, sich zu einem anständigen Honorare bereit erklären, das er ohne dem nicht zahlen würde – (ich setze diesen Fall) – so will ich allenfalls von diesem letzten Punkte abstehen ...* Zu einer Entscheidung in der Frage »Prinzip oder Geld« kam es allerdings nicht: Der Verleger lehnte ab. Ob das Werk ihm nicht zusagte, ob er sich nicht entschließen konnte, etwas von einem politisch Verfolgten, einem Exilierten zu drucken, oder ob Wagners so gar nicht einladendes Vorwort ihn abschreckte, wissen wir nicht. Noch im selben Sommer 1850 ging er daran, die Komposition von *Siegfrieds Tod* in Angriff zu nehmen.

Der Ansporn kam aus Weimar. Dort wollte Liszt am 28. August 1850 seines Schützlings *Lohengrin* aus der Taufe heben. Und er hatte erreicht, daß die Hofkanzlei dem Komponisten einen Auftrag auf Fertigstellung von *Siegfrieds Tod* erteilte, wofür sie ein Honorar von 500 Talern anbot. Konsequenz und Prinzipientreue zählten nie zu Wagners stärksten Eigenschaften. Er, der jahrelang verkündet, sein Siegfried-Drama sei unter den *herrschenden Theaterumständen* unaufführbar, es könne überhaupt nur einem künftigen, von der *großen Revolution* geformten Publikum verständlich werden, beginnt sich unmittelbar nach Eintreffen dieser für seine ärmliche Züricher Existenz hochwichtigen Nachricht innerlich umzustellen. Man spürt förmlich, wie er sich mit dem Gedanken vertraut macht, dieses Werk doch den deutschen Bühnenverhältnissen anzupassen. Weimar besaß ein nicht viel mehr als mittelmäßiges Theater, auch wenn sein künstlerischer Leiter Franz Liszt hieß. Es war eine Hofbühne, deren Publikum aus den obersten Schichten des kleinen Herzogtums bestand, das vom einstigen Ruhm zehrte, Goethes (und Schillers) Wohnsitz gewesen zu sein. Wagner erscheint nun in Weimar alles das möglich, was ihn früher selbst in den größten Theatern Deutschlands unmöglich gedünkt hatte. So antwortet er Liszt:

...Das muß ich sagen: – Du bist ein Freund! ...Höre nun, was Dein Brief auf mich gewirkt hat! Im vergangenen Mai schickte ich die Dichtung meines Siegfrieds an einen Buchhändler, um sie – so wie sie ist – herauszugeben. In einer kurzen Vorrede erkläre ich mich darüber, daß ich für die Aus- und Aufführung dieses Werkes hoffnungslos sei, und es somit nur als Absicht meinen Freunden mitteile. In der Tat, in die Luft hinein komponiere ich meinen Siegfried nicht – aus den Gründen, die ich Dir soeben anführte. – Nun bietest Du mir die künstlerische Genossenschaft an, die den Siegfried zu Tag bringen könnte: – ich fordere Darsteller für Heroen, wie sie unsere Szene noch nicht gesehen hat; wo sollen die herkommen? Nun, aus der Luft nicht, sondern aus der Erde: ich glaube, Du bist im besten Zuge, sie mir aus der Erde wachsen zu lassen, wenigstens durch begeisternde Pflege ... Kurz und gut! Hast Du den Lohengrin zu Deiner Zufriedenheit zu Tage gefördert, so mache ich Dir auch meinen Siegfried fertig – aber nur für Dich und für Weimar! – Noch vor 2 Tagen hätte ich nicht geglaubt, daß ich zu diesem Entschlusse kommen würde. – Das danke ich also Dir!

Am 12. August 1850 setzt Wagner das Datum in die soeben begonnene Kompositionsskizze zu *Siegfrieds Tod*. Durch diese Datierungen, die am Anfang und Ende jedes Aktes sowohl bei der ersten Skizze wie bei allen späteren Stufen der Komposition bis zur endgültigen Reinschrift der Partitur stehen, fällt es stets leicht, Wagners Werke zeitlich zu ordnen und ihrem Entstehungsgang nachzuforschen. Das bedeutet nicht immer, daß alle musikalischen Gedanken wirklich in diesem Zeitraum gefaßt wurden: Es gibt stets einige, die schon früher in Wagners Phantasie aufblitzten und nur den Augenblick ihrer Unterbringung im Zusammenhang des Gesamtwerkes abwarten mußten.

Vier Tage später, also 12 Tage vor der *Lohengrin*-Premiere in Weimar, der Wagner zu seinem großen Schmerz nicht beiwohnen darf (und die er in Gedanken an Minnas Seite auf der Terrasse des Gasthofs »Zum Schwan« – nomen est omen – in Luzern verfolgt), geht abermals ein Brief an Liszt ab: ...*So oft*

270

ich von Dir Nachricht erhalte, erfrischt sich immer wieder meine Lust an eine größere künstlerische Arbeit wieder zu gehen ... Ich fühle noch Begeisterung für das Kunstwerk selbst: die Musik zu meinem Siegfried spukt mir bereits in allen Gliedern. So kommt es mir denn nur noch auf gute Laune an: die wirst du mir machen, Du lieber Freund! ...

In den nächsten Tagen und Wochen tritt ein Umschwung ein. Die Aussicht auf einen Kompositionsauftrag für *Siegfrieds Tod* in Weimar verwirklicht sich nicht. Hemmt etwas Unbefriedigendes an der Aufführung des *Lohengrin* die Unternehmungslust der Weimarer Hoftheater-Intendanz, sind politische, gesellschaftliche, künstlerische Gründe im Spiel? *Bis jetzt verharrt man dort gegen mich noch im hartnäckigsten Schweigen*, stellt Wagner am 20. September 1850 in einem Brief an Uhlig fest. Er setzt hinzu, daß er den *Siegfried anders in die Welt zu senden wünsche, als es den guten Leuten dort möglich sein könnte* ... Wieder einmal: welcher Wandel, welche Kehrtwendung innerhalb kürzester Frist! Wenige Wochen liegen zwischen dem begeisterten Brief an Liszt, den wir zitierten, und diesem an Uhlig, der jedem unverständlich erscheinen muß, der Wagners Charakter nicht kennt: seine Sprunghaftigkeit in den Gedanken und fast noch mehr in den Gefühlen, seine ans Unglaubliche grenzende Fähigkeit – dem Fuchs in der Fabel gleich, dem die Trauben zu sauer sind –, auftauchende Schwierigkeiten als Schwinden seines eigenen Interesses an einer Sache oder einem Menschen darzustellen und in kürzester Zeit daran sogar selbst felsenfest zu glauben. Im Brief an Liszt drückt er den Glauben aus, der Freund könne Heldendarsteller und -sänger, wie sie dem deutschen Musiktheater bis dahin völlig unbekannt waren, *aus der Erde wachsen* lassen, so daß *Siegfrieds Tod* eine angemessene Wiedergabe erleben könne. Und nun der ein wenig verächtliche Satz von den *guten Leuten dort*, denen derartiges kaum zuzutrauen wäre. Wagner nimmt, wie immer in solchen Fällen, eine etwas hochmütige Stellung ein; sogar Liszt ist – vorübergehend, wie so vieles bei Wagner – von einem Halbgott zu einem gewöhnlichen Menschen herabgesunken, und noch dazu zu einem mittelmäßigen Dirigenten: er hat sich erlaubt, im *Lohengrin* der Uraufführung Striche vorzunehmen, die Wagner erbosen. Und seine Tempi scheinen durchweg anders gewesen zu sein, als der Autor sie sich wünschte...

Die Lust und Freude an der Komposition von *Siegfrieds Tod* erlahmt aber nicht. Und gerade im Zusammenhang mit diesem Werk entzünden sich seine großen Ideen, die er seit Jahren immer wieder im Geiste durchdenkt. Er träumt von einem Festspielhaus, das der geeignete Rahmen für die Oper der Zukunft – seine eigene vor allem – sein könne: fern dem Alltag, gelöst von kommerziellen Rücksichten, Wallfahrtsstätte in höchstem geistigen, künstlerischem Sinne. Wenn so starke Persönlichkeiten wie Wagner intensiv Träumen nachhängen, so werden diese zur Wirklichkeit. Oftmals auf abenteuerlichsten Wegen, eben wie im Falle Wagners...

An Ernst Benedikt Kietz schreibt er im September 1850:

> ...*Ich denke daran, den Siegfried[1] wirklich noch in Musik zu setzen, nur bin ich nicht gesonnen, ihn aufs Geradewohl vom ersten besten Theater aufführen zu lassen: im Gegenteil trage ich mich mit den allerkühnsten Plänen, zu deren Verwirklichung jedoch nichts Geringeres als mindestens die Summe von 10 000 Talern gehört. Dann würde ich nämlich hier, wo ich gerade bin[2], nach meinem Plan aus Brettern ein Theater errichten lassen, die geeignetsten Sänger dazu mir kommen und alles Nötige für diesen besonderen Fall mir so herstellen lassen, daß ich einer vortrefflichen Aufführung der Oper[3] gewiß sein könnte... Nur so etwas kann mich noch reizen...*

Utopie? Man wäre bei diesen Gedanken geneigt, Wagner für einen romantischen Schwärmer zu halten, der Luftschlösser – Lufttheater müßte man sagen – baut und von vollendeten Aufführungen träumt, wie es sie im weiten Bereich der Oper wohl gar nicht gibt; doch der Brief an Kietz enthält noch einen Satz, der dieses Bild mit wenigen Federstrichen zu zerstören droht:

...Wenn Karl Ritters[4] Onkel stirbt, bekomme ich die Summe!

---

[1] *Siegfrieds Tod*, die spätere *Götterdämmerung*
[2] Zürich
[3] Wagner spricht von seinen Werken immer noch als »Opern«; wenige Jahre später zieht er den Begriff »Musikdrama« vor.
[4] Karl Ritter war ein Schüler und Schützling Wagners.

Er hat sie nicht bekommen. Hätte er sonst ein Festspielhaus 1850 in Zürich errichtet? Der Plan stand in seinem Kopf schon recht genau fest, zu seiner Verwirklichung waren aber noch mehr als zwanzig Jahre nötig. Nicht nur (und vielleicht nicht so sehr) um die äußeren Umstände dafür zu schaffen, sondern zur Erlangung der unbedingt nötigen künstlerischen Reife und Autorität. Damals war noch nicht einmal *Siegfrieds Tod* komponiert, die große, ein Festspielhaus am ehesten rechtfertigende Tetralogie des *Ring des Nibelungen* lebte noch nicht einmal in Wagners Gedanken. Ein Festspielhaus für *Rienzi*? Für den *Fliegenden Holländer*, für *Tannhäuser* und *Lohengrin*? Die Welt hätte es nicht verstanden und nie gebilligt.

Und so bleiben Wagners trotz allem schon recht konkrete Gedanken und Illusionen:

... Könnte ich je über eine solche Summe disponieren, so würde ich folgendes veranstalten: – hier, wo ich nun gerade bin und wo manches gar nicht so übel ist, würde ich auf einer schönen Wiese bei der Stadt von Brett und Balken ein rohes Theater nach meinen Plänen herstellen und lediglich bloß mit der Ausstattung an Dekorationen und Maschinerie versehen lassen, die zur Aufführung des Siegfried nötig sind. Dann würde ich mir die geeignetsten Sänger, die irgend vorhanden wären, auswählen und auf 6 Wochen nach Zürich einladen: den Chor würde ich mir größtenteils hier aus Freiwilligen zu bilden suchen (hier sind herrliche Stimmen und kräftige, gesunde Menschen). So würde ich mir auch mein Orchester zusammen laden ... Wer sich anmeldet und zu diesem Zweck nach Zürich reist, bekommt gesichertes Entrée: gratis ...! Also – schafft mir 10 000 Taler – weiter nichts! ...

So steht es in einem Brief Wagners an Theodor Uhlig vom 20. September 1850. Lesen wir weiter: Jugend, Universität und Gesangvereine werden besonders eingeladen, *Siegfrieds Tod* dreimal in einer Woche gespielt, *nach der dritten Aufführung wird das Theater eingerissen und meine Partitur verbrannt ... Nun, komme ich Dir gehörig verrückt vor? Möge es sein, aber ich versichere Dir, dies noch zu erreichen ist die*

273

*Hoffnung meines Lebens, die Aussicht – die mich einzig reizen
kann, ein Kunstwerk in Angriff zu nehmen ...* Dann kommt
Wagner aus Phantasien zur Wirklichkeit zurück, er setzt hinzu:

> *Ich glaube nicht, daß ich diesen Winter die Musik zum
> Siegfried schon ernsthaft werde angreifen können;
> erstlich ist der Winter an und für sich mein Todfeind,
> zweitens werde ich auch wahrscheinlich viele, nicht sehr
> erhebende Abhaltungen haben ... Somit rechne ich nicht
> darauf, vor dem Frühling zu meiner größeren künstleri-
> schen Arbeit zu kommen ...*

Der Schluß ist in seiner Mischung von Utopie, Realität, Traum
und Ironie »echter« Wagner: *Im Frühjahr 1852 – vielleicht
mitten im Sturme – könnte demnach die Aufführung stattfinden,
wenn Kaskel mir bis dahin die 10 000 Taler geschenkt hat ...*
Kaskel ist ein namhafter Dresdener Bankier, der absolut keinen Grund hatte, Wagner zehntausend Taler zu schenken; die
Briefstelle ist also ein »Witz« Wagners, über den der Dresdener Uhlig gelacht haben dürfte. Hat er es auch bei der Anspielung des Briefschreibers, die Aufführung werde *vielleicht mitten im Sturme* stattfinden, getan? Der *Sturm:* das ist immer
noch die *große Revolution,* die in Wagners Phantasie spukt, so
wie sie in den Hirnen und Herzen vieler »Linker« noch lebendig ist, jener »letzte Aufstand«, jenes entscheidende Gefecht,
in denen eine junge sozialistische Bewegung von unbezähm-
barem Schwung und mitreißender Begeisterung die kapitalisti-
sche Bürgerwelt wegfegen sollte – gerade jene Gesellschaft
also, zu deren Hauptstützen Männer wie der Bankier Kaskel
gehörten. Noch nie hat eine Niederlage die Revolutionäre von
ihrem Ziele abgebracht; das tut erst ihr Sieg ...
Die Komposition des Dramas *Siegfrieds Tod* wird bis zum
Frühjahr 1851 aufgeschoben. Dann aber erfährt der Plan eine
entscheidende Änderung. Am 9. März dieses Jahres wendet
sich Wagner in einem längeren Schreiben an Liszt; er bittet um
Auskunft, ob er noch auf Verwirklichung des Auftragsplans
seitens der Großherzogin von Weimar rechnen könne. Das ist
eigentlich nur noch eine rhetorische Frage, deren Ablehnung
von vornherein feststeht; vielleicht dient sie auch nur einer geeigneten Einleitung zum Folgenden:

Richard Wagner
während seines Pariser Aufenthalts (1840–1842),
von seinem Freund E. B. Kietz in einer Bleistiftzeichnung
festgehalten
(Original im »Haus Wahnfried«, Bayreuth)

Franz Liszt (im Jahre 1858)
Bleistiftzeichnung von Friedrich Preller
(Liszt-Museum in Weimar)

...Mußt Du mir – dem Stand der Dinge nach – mitteilen, daß Dein Plan jetzt nicht zu realisieren sei, und ich demnach auf eine gründlichere Unterstützung zugunsten der Komposition meines Siegfried mir jetzt keine Hoffnung machen dürfe, so sieh wenigstens einmal, ob es Dir irgend möglich ist, mir zu allernächst etwas Geld – sei es auch nur soviel als eben eine Verlegenheit es erfordert – verschaffen zu können, damit ich – wenn auch nur eine ganz kurze Zeit gewinne, um mich für meinen umgeänderten Plan zurechtzusetzen! – Es ist sehr traurig, daß ich Dich mit solchen garstigen Bitten plagen muß!...

Liszt aber nimmt Wagners Frage nach dem Kompositionsauftrag ernst. Er ist wirklich der große, edelmütige Freund, der aus ehrlicher Überzeugung zu einem Höchstmaß an Hilfe, selbstloser Hilfe bereit ist. Wagner hat das beinahe unfaßbare Glück, solcher Freunde nicht weniger als drei im Leben gewinnen zu können (von vielen weiteren, ebenfalls keineswegs unbedeutenden Helfern beiderlei Geschlechts abgesehen): Liszt, Wesendonck, König Ludwig. Liszt also macht das fast unmöglich Gewordene doch noch möglich: Weimar bietet Wagner fünfhundert Taler für *Siegfrieds Tod*. Natürlich schlägt Wagner eine solche Möglichkeit nicht aus; das erlaubt seine Zürcher Lage ihm unter keinen Umständen. Doch er präsentiert als Gegenleistung eine neue Idee. Da ihm einerseits *Siegfrieds Tod* zu ernst und für Weimarer Verhältnisse viel zu schwierig erscheint und da andererseits ihm dieses Drama seit den Dresdener Gesprächen mit Devrient irgendwie »unvollständig« scheint, entschließt er sich, der Tragödie um des Helden Ermordung ein heiteres, leichteres Vorspiel zu geben, das *Der junge Siegfried* heißen soll. In dieses Stück bringt er mehrere schon früher aufgeblitzte Gedanken hinein: das Märchen vom Jungen, der das Fürchten lernen will, und die Darstellung von Siegfrieds und Brünnhildes großer Liebe, die erst dann, durch Siegfrieds unfreiwilligen Verrat, in ihr Gegenteil umschlägt und so nur mit dem Tode gesühnt werden kann. *Die Sache ist nun fertig*, schreibt Wagner am 10. Mai 1851 an Uhlig und bezieht sich auf den Prosaentwurf des neuen Stückes, also auf die noch nicht in genaue Szenen geteilte und noch nicht versifizierte Skizze, die allen seinen Bühnenschöpfungen vorausgeht. *Im nächsten Monat*, fährt er fort, *mache ich die Dichtung des Jungen Siegfried, zu der ich mich jetzt sammle. Im Juli geht es an die Komposition –, und so unverschämtes Vertrauen habe ich zu der Wärme des Stoffes und meiner Ausdauer, daß ich im nächsten Jahre ganz ungeschwächt an der Komposition des Siegfrieds Tod anzulangen denke …* Damit steht für Wagner fest, daß die Komposition der beiden Siegfried-Stücke in der »richtigen« Reihenfolge erfolgen solle, ihrem chronologischen Ablauf gemäß und nicht nach ihrer Entstehung in seinem Kopf. Doch die zeitliche Voraussage trügt Wagner wieder einmal, wie immer, wenn er sich auf derartige Prognosen einläßt. Vor den *Jungen Siegfried* werden sich *Die Walküre* und *Rheingold* schieben. Und da später die Komposition dieser nun zur Tetralogie angewachsenen Dramenfolge bei ihrem Anfang – dem tief geheimnisvollen Urweltakkord des *Rheingold* – einsetzen wird, so vergehen bis zur Arbeit am *Jungen Siegfried* einige Jahre. Im Jahr 1857 wird diese Arbeit unterbrochen, um dem stürmisch andrängenden Liebesepos *Tristan und Isolde* Raum zu geben, und so dehnt sich die Entstehungsgeschichte des gesamten *Ring des Nibelungen* über Jahre und Jahrzehnte aus. (Der Leser kann das Werden von *Rheingold, Walküre* und *Siegfried* in den drei so betitelten Bänden[1] dieser Reihe im einzelnen nachlesen.)

Wagner ist zu Anfang der fünfziger Jahre völlig zum Dichter geworden. Natürlich sehnt er – der geborene »Zwillingsmensch«, der so gerne das Gegenteil von dem tun möchte, was er eben tut – sich nach musikalischer Betätigung: *…meine ganze Nibelungen-Tetralogie ist im vollständigen Entwurfe fertig, und in ein paar Monaten sollen es auch die Verse sein. Von da ab werde ich ganz und gar nur noch Musikmacher werden…*, berichtet er an Liszt am 29. Mai 1852.

Die künftigen Benennungen der einzelnen Dramen, ja der gesamten Tetralogie, beschäftigten Wagner immer wieder. Nachdem er lange Zeit nur an den Titel *Der Ring des Nibelungen* gedacht hatte, gefiel ihm nun eine kleine Weile lang *Der Reif des Nibelungen* besser, schien ihm poetischer und einer Legende angemessener. Er teilt diesen Namen dem im Gefängnis sitzenden Freund Röckel in einem Brief mit, in dem er dem *Vorabend* den Namen *Der Raub des Rheingolds* zuweist. Von beidem aber kommt Wagner bald wieder ab, und so lesen wir in einem Brief an Uhlig, der am 14. Oktober 1852 geschrieben wurde:

…Meine Hauptsorge ist nur noch die Nibelungen-Dichtung: dies ist das einzige, was mich jedesmal, sobald ich mich damit abgebe, hoch und mächtig erhebt…Über die Benennungen habe ich mich nun entschieden: Der Ring des Nibelungen, ein Bühnenfestspiel, aufzuführen

---

[1] Bde. 8033, 8037, 8034

*in drei Tagen und einem Vorabende: – Vorabend: Das
Rheingold. Erster Tag: die Walküre. Zweiter Tag: der
junge Siegfried. Dritter Tag: Siegfrieds Tod. – Der Vorabend ist eigentlich ein vollständiges, ziemlich hand-
lungsreiches Drama: bis zur vollen Hälfte bin ich nun
mit ihm fertig. Mit der Walküre ganz. Die beiden Sieg-
friede müssen aber noch stark umgearbeitet werden, am
meisten Siegfrieds Tod. Aber dann – wird's was!! …*

So stehen die Namen auch im ersten Druck des Werkes, den
Wagner privat im Februar 1853 herstellen ließ. Sie sind, wie
der Wagner-Kenner weiß, noch nicht endgültig. Der schließlich von Wagner gewählte Titel für das letzte der Dramen, *Götterdämmerung,* taucht erstmals[1] in einem Brief vom 22. Juni
1856 auf. Es mag nicht entscheidend sein, ob der Vorabend
Der Raub des Rheingoldes oder nur *Rheingold* genannt wird,
und *Ring* oder *Reif* im Gesamttitel ist kaum mehr als eine
Nuance ohne größere Bedeutung. Aber zwischen *Siegfrieds
Tod* und *Götterdämmerung* liegt eine Welt; hier wird das Gewicht von einer Persönlichkeit auf eine andere verlegt. Für
Wagner war sehr lange Zeit hindurch Siegfried die tragende,
die tragische Gestalt des Werkes gewesen. Nun aber schiebt
sich Wotan immer mehr in den Vordergrund, sein Drama ist es,
das der Tetralogie den Leben spendenden Atem einbläst. Aus
der Tragödie eines durch Zaubertrank irregeleiteten Helden,
dessen Tod schließlich die Erlösung aus unerträglich gewordener Situation darstellt, wird ein kosmisches, ein Weltendrama,
ein Äonen durchlaufendes Götterschicksal. *Der Ring des Nibelungen* ist ein ungeheurer Abriß vormenschlicher, menschlicher und übermenschlicher Geschichte geworden, aus Urzeiten bis zum Weltuntergang, gespielt in der Gestalt des
Gottes, die dieser Entwicklung Symbol wurde: Wotans.

War aber einmal der Titel *Siegfrieds Tod* endgültig in *Götterdämmerung* umgeändert, so fiel die Notwendigkeit weg, das
vorhergehende Drama ausdrücklich auf Siegfrieds Jugend zu
beziehen: dem Zug zur Vereinfachung aller seiner Titel trug
Wagner auch hier Rechnung und ging zum bloßen Namen

---

[1] laut W. Breig und H. Fladt: *Dokumente* usw., B. Schott's Söhne, Mainz 1976

Siegfried über. Auch das steht im Brief vom 22. Juni 1856, den
Wagner aus der Wasserheilanstalt Mornex bei Genf an den
Weimarer Regierungsrat Franz Müller richtet:

> *... Zudem stehen den letzten Stücken nicht unbedeutende
> Veränderungen bevor; selbst ihre Titel werde ich nicht
> beibehalten: vermutlich bloß Siegfried und das letzte:
> »Götterdämmerung«. – Namentlich aber werde ich Brünn-
> hilde's Schluß ganz neu dichten, da mir klar geworden ist,
> daß das Gedicht über seine ursprüngliche, in jenem
> Schluß noch beibehaltene, schematische Tendenz weit
> hinaus gegangen ist, und dieser somit eine Beengung und
> Verkümmerung des gewonnenen Resultates ist. Natürlich
> bleibt im wesentlichen dasselbe; nur die Deutung der
> allwissend gewordenen Brünnhilde wird eine andere,
> weitere und entscheidendere. Auch werden die Männer
> und Frauen – zum ersten Mal im ganzen Werke – ganz
> schließlich einen breiteren Anteil nehmen und äußern ...*

Dieser *breitere Anteil* bedeutet den Einbau von gewichtigen
Chorszenen. Nachdem alle drei vorangehenden Stücke (*Rheingold, Walküre, Siegfried*) völlig chorlos gehalten sind, ja Wagner dem Chor geradezu aus dem Wege gegangen zu sein
scheint, nachdem er ihm im *Fliegenden Holländer*, in *Tannhäuser* und in *Lohengrin* so bedeutende Rollen zugewiesen
hatte, dachte er daran, das letzte Drama der Tetralogie neuerlich mit großen Ensembles auszustatten. Es liegen Zeugnisse
dafür vor, daß ursprünglich die Trauermusik für den ermordeten Siegfried nicht nur instrumental gestaltet werden sollte –
wie sie es endgültig wurde –, sondern zu einem großen Klage-
gesang von Frauen- und Männerstimmen Anlaß geben sollte.

Die Frage ist aufgetaucht, ob Wagner den Titel *Götterdämmerung* selbst erfand. Mit Sicherheit kann sie nicht beantwortet
werden. Die Herausgeber der schon mehrfach zitierten *Dokumente* zum *Ring des Nibelungen* bemerken: *Die neuen Titel
wurden erstmals im Ring-Druck von 1863 veröffentlicht. Eine
Anregung durch Heinrich Heines »Götterdämmerung« (1824) ist
möglich, aber nicht belegbar.* Immerhin ist es wahrscheinlich,
daß Wagner das äußerst einprägsame, dichterisch schöne Wort
erstmals bei Heine gelesen hatte (dem er das Sujet des *Fliegen-*

den Holländers verdankte) und es ihm vielleicht unbewußt und allmählich einen neuen Sinn annehmend im Gedächtnis haftete.

In jenen fünfziger Jahren schwankt Wagners Gemütszustand wieder einmal zwischen extremsten Lagen. Dabei sind vielerlei Dinge von Wichtigkeit: die unsichere materielle Situation, das Angewiesensein auf gelegentliche Einnahmen oder die Hilfe einiger Freunde, der wachsende Überdruß gegenüber seiner Gattin Minna, das Aufkeimen einer neuen, tiefen Liebe (zu Mathilde Wesendonck), die wechselvollen Eindrücke der Gesellschaft und Menschen seiner Umgebung, bei denen ihn abwechselnd die demokratischen Freiheiten und das kleinbürgerliche Gebaren anzogen und abstießen. Im letzten aber ist bei ihm immer nur eins von ausschlaggebender Bedeutung: sein Werk. An einen unmittelbaren »Erfolg« einer Riesenschöpfung von den Ausmaßen des Nibelungenringes kann unmöglich gedacht werden. Kein Aufführungsdatum steht vor Wagner: weder als Druck noch als Hoffnung. Er erlebt die unsagbaren Freuden der schaffenden Stunden, aber er erlebt auch die Niedergeschlagenheit einer völlig aussichtslosen, undurchsichtigen Zukunft.

So erklären sich viele der Briefe jener Zeit. An Liszt geht am 9. November 1852 dieses Schreiben:

> *... Welches Schicksal diese Dichtung, das Gedicht meines Lebens und alles dessen, was ich bin und fühle, treffen wird, kann ich jetzt noch nicht bestimmen: soviel aber ist gewiß – eröffnet sich mir mit nächstem[1] Deutschland nicht wieder, muß ich fortan für mein Künstlerdasein ohne Nahrung und Reiz verbleiben, so treibt mich mein – animalischer Lebensinstinkt zum Aufgeben aller Kunst. Was ich dann ergreife, um mein Dasein zu fristen, weiß ich nicht: aber – die Musik zu den Nibelungen – mach' ich nicht, und nur ein Unmensch könnte von mir verlangen, länger noch der Knecht meiner Kunst bleiben zu sollen ...*

Anders klingt der Brief an *Theodor Uhlig*, geschrieben am 20. November 1852:

[1] = in nächster Zeit

*...Ich arbeite jetzt am jungen Siegfried, bald bin ich
damit fertig. Dann geht's an »Siegfrieds Tod« – das wird
mich länger aufhalten; dort sind zwei Szenen ganz neu
zu dichten (die Nornen – und die Szene Brünnhildes mit
den Walküren[1]), vor allem aber auch der Schluß –
außerdem alles sehr bedeutend zu überarbeiten. Das
Ganze wird – heraus! ich bin so unverschämt es zu
sagen! –: das Größte, was je gedichtet!*

Unterzeichnet hat Wagner dieses Schreiben mit: *Dein Nibelun-
genfürst Alberich.*

In der Autobiographie *Mein Leben*, die Wagner in den sech-
ziger Jahren schreiben und vor allem (Cosima) diktieren wird,
erinnert er sich jener Zeit, in der er an der Dichtung des Nibelungenringes arbeitete. Sein Gedächtnis ist, wie die moderne
Forschung nachgewiesen hat, nicht lückenlos, auch Rücksicht-
nahmen auf Cosima – oder gar deren »Retouchen« – mögen in
schwächerem oder stärkerem Maße mitgespielt haben, aber
seine Worte geben doch ein anschauliches Bild der damals
schon zehn Jahre zurückliegenden Zeit:

*...Wohl fand ich in der Nähe Anzeichen von Teilnahme
an der Vollendung meiner großen dichterischen Arbeit,
obwohl die meisten meiner Bekannten das Ganze für
eine Chimäre und vielleicht selbst für eine überhebungs-
volle Laune hielten; mit näherem Verständnis und wirklich warm ging nur Herwegh darauf ein, mit welchem
ich mich oft darüber besprach und dem ich die fertigen
Teile auch gewöhnlich vorlas. Sulzer war sehr verstimmt
über die Umarbeit von »Siegfrieds Tod«; denn er hielt
dieses Stück für gut und eigentümlich ...*

Der Dichter Georg Herwegh, vier Jahre jünger als Wagner, war
wie dieser als politischer Flüchtling aus Deutschland nach
Zürich gekommen. Er gehörte zu den stärksten Talenten des
jungen deutschen Schrifttums und bildete zeitweise mit Liszt
und Wagner einen freundschaftlichen Dreibund, wie er herz-
licher kaum gedacht werden kann. Jakob Sulzer, als »Staats-

---

[1] Von »den Walküren«, die Wagner in *Götterdämmerung* in der Szene mit Brünnhilde einzuführen dachte, blieb schließlich nur eine einzige übrig: Waltraute.

Der Dichter Georg Herwegh (1817–1875)
Porträt von Mme O'Connel-Mieth

schreiber« von Zürich einer der höchsten Regierungsbeamten
im föderalistischen System der schweizerischen Eidgenossen-
schaft, gehörte zu Wagners treuesten Freunden und besten Helfern aus mancherlei Nöten. Daß Liszt auch weiterhin zu den
engsten Vertrauten zählt, versteht sich von selbst. In gewissem
Sinne verband er die Vorzüge Herweghs mit denen Sulzers:
Die Kraft seiner geistigen Persönlichkeit gewann durch seine
stets offene Hand praktische Bedeutung. Am 27. Dezember
1852 fragt er bei Wagner an:

*... Wie weit bist Du mit Deinen Nibelungen gelangt? Wel-
che Freude wird es mir sein, Deine Schöpfung unmittelbar durch Dich erfassen zu können! Um Gotteswillen lass
Dich ja nicht davon abbringen, und schmiede Dir Deine
Flügel mit getrostem Mute weiter fort! – Alles ist vergäng-*

283

Jakob Sulzer (1821–1897),
»Staatsschreiber« von Zürich, ließ dem
geflüchteten Wagner alle nur mögliche
Hilfe zuteil werden und wurde einer
seiner treuesten Freunde.

*lich, nur Gottes Wort verbleibt ewiglich – und Gottes Wort
offenbart sich in den Schöpfungen des Genius ...*

Die Leipziger *Neue Zeitschrift für Musik* vom Dezember 1852
bringt einen Artikel über das rege Interesse, das gerade der
Nibelungenstoff unter Dichtern und Komponisten jener Tage
findet. Sie erinnert an die fünfaktige, erfolgreich gespielte
Tragödie von Ernst Raupach, zählt weitere (»schwächere«)
dramatische Dichtungen von Wurm, Fouqué, Müller und Herr-
mann auf, spricht von zwei Dramen, die soeben der Berliner
Hofbühne eingereicht worden waren; dann kommt sie auf
einige Vertonungen des Stoffs zu sprechen:

*Richard Wagner verspricht vor dem deutschen Publikum
nicht eher wieder als mit einer drei Abende hintereinander aufzuführenden musikalischen Trilogie jener alt-
deutschen Sage zu erscheinen. Das vorletzte Heft des
Conversations-Lexicons bringt unter dem Artikel* Gade
*die Nachricht, daß auch dieser geschätzte Komponist an
einer denselben Stoff behandelnden Oper arbeite, und
als dritter Mitbewerber tritt jetzt Kapellmeister Dorn in
die Schranken, dessen Werk am weitesten vorgeschritten
zu sein scheint ...*

Die Meldung stimmte. Wagner brauchte zu seinem inzwischen
auf vier Dramen anwachsenden Riesenwerk noch viele Jahre;
Gade kam über einzelne Bruchstücke nicht hinaus. Heinrich
Dorn aber, der 1830 Musikdirektor und Robert Schumanns
Theorielehrer in Leipzig gewesen war, später in Riga Organist
und zeitweise Wagners Rivale am Stadttheater wurde und nun,
seit 1849 (und bis 1869) Hofkapellmeister in Berlin war, beendete seine Nibelungen-Oper, und kein anderer als Franz Liszt
war es, der sie am 22. Januar 1854 erstmals an seinem Weimarer Hoftheater dirigierte. Scheint diese Tatsache nicht dem
früher zitierten Ermunterungsschreiben Liszts an Wagner voll
zu widersprechen? Es waren andere Opernzeiten; Uraufführungen waren unvergleichlich häufiger als in unserem Jahrhundert. Vielleicht glaubte Liszt sogar, mit dieser Premiere die
Neugier auf Wagners so ungleich umfangreicheres Werk über
das gleiche Thema anspornen zu können?

Wagner arbeitete unermüdlich fort. Kaum hat er die Dichtung aller vier Teile abgeschlossen, läßt er sie drucken. Eines
der ersten Exemplare geht an seine Dresdener Gönnerin Julie
Ritter, die auch dieses Mal mit einem namhaften Betrag das
Erscheinen des Librettos möglich gemacht hatte. Wagner begleitet die Sendung mit diesem Schreiben: ...

*Sie werden sich über die Verschwendung wundern, mit
der ich für die Vervielfältigung besorgt war: doch war
es das einzige Mittel, für jetzt meinem Wunsche einer
ausgebreiteteren Mitteilung an Freunde und Teilneh-
mende zu genügen; Sie selbst aber setzen mich in den
Stand, meinem Wunsche dies Opfer bringen zu*

Julie Ritter
Wagners Gönnerin, Mutter Karl Ritters,
der unter Richard Wagners Obhut zum
Musiker heranwuchs

*können ... Sie werden sehen, daß ich eine ganz neue
Arbeit hinter mir habe, wenngleich sie bereits fertige
Teile einer älteren Arbeit in sich schließt: »Siegfrieds
Tod« ist fast ganz neu geworden ... Macht es mir mein
Leben möglich, so gehe ich mit Frühjahr an die musi-
kalische Ausführung ...*

Am selben Tage, dem 11. Februar 1853, schickt Wagner auch
an Liszt ein Exemplar, mit einem Begleitbrief, in dem er –
nicht ganz wahrheitsgetreu – von einem Druck *auf eigene
Kosten* schreibt und hinzusetzt:

*... Wer meine Lage kennt, wird mich angesichts dieser
kostbaren Ausgabe von neuem für sehr verschwende-*

risch halten müssen: sei es drum! Die eigentliche Welt benimmt sich nun einmal filzig[1] gegen mich, daß sie mir keineswegs Lust macht, ihr nachzuahmen ... Großen Reiz übt auf mich aber die Aussicht, dies alles nun in Musik zu setzen: der Form nach ist diese vollkommen in mir fertig, und nie war ich so einig mit mir über die musikalische Ausführung, als ich es jetzt, und in Bezug auf diese Dichtung bin ... Ja – im Brande Walhalls[2] möchte ich untergehen! – Beachte wohl meine neue Dichtung – sie enthält der Welt Anfang und Untergang ...

Hier deutet Wagner an, daß er sich den Beginn des *Rheingold* in die Urzeiten der Welt oder zumindest der Menschen verlegt vorstellt und daß mit dem Brande Walhalls und dem Über-die-Ufer-Treten des Rheins – und dieser steht symbolisch für alle Flüsse – die Welt oder wenigstens ein Weltalter zu Ende geht.

An vier aufeinanderfolgenden Tagen des Februars 1853 – am 16., 17., 18. und 19. – liest Wagner *im unteren Saale des Dépendance-Gebäudes des Hotels de Baur* (wie die Einladung lautet[3]) je eines seiner Nibelungendramen vor. Der Eindruck muß sehr stark gewesen sein. Und selbst auf der Altenburg, dem Wohnsitz Liszts in Weimar, scheint das Werk eine starke Wirkung ausgeübt zu haben. Sogar des Meisters Lebensgefährtin, Prinzessin Caroline von Sayn-Wittgenstein, deren Umgangssprachen Russisch und Französisch ihr das Verständnis des Wagnerschen Deutsch nicht erleichtern konnten, war von den Visionen des Dramas ergriffen, als ein Vorleser die Dichtung geladenen Gästen zu Gehör brachte. Wenige Monate später liest der Autor selbst seine dramatischen Verse Liszt und Herwegh in Zürich vor; anschließend brechen alle drei zu einer Wanderung in die Innerschweiz auf. Am 6. Juli 1853 berichtet Liszt darüber an Caroline nach Weimar: *...Wagner emporte son Siegfried. Hier et avant-hier il nous a lu avec une incroyable*

---

[1] geizig, schäbig
[2] am Schluß der *Götterdämmerung*
[3] das heutige Hotel Baur au Lac in Zürich

*énergie et intelligence d'accent le Rheingold et die Walküre –
et ce soir nous aurons le jeune Siegfried*[1] ...

Doch die reine Freude am gedruckten Buch seiner Dichtung
hält bei Wagner nicht lange an. Schon am 13. August 1853
schreibt er an den Darmstädter Kapellmeister Louis Schindel-
meisser: ...*Was meine Dichtung »Der Ring des Nibelungen«
betrifft, so bereute ich jetzt entsetzlich, daß ich – noch dazu für
mein schweres Geld – mir 50 Exemplare davon habe drucken
lassen. Nicht nur, daß ich nicht vermeiden konnte, das Buch in
die Hände gänzlich Unberufener kommen zu lassen, sondern
selbst für meine Freunde durfte – so fühle ich jetzt – diese
Dichtung, ehe sie musikalisch ausgeführt, und fast möchte ich
sagen: selbst aufgeführt ist, eigentlich noch gar nicht vorhanden sein* ... Und in gleichem Sinne am 16. August 1853 an
Liszt: ...*Gott! was ich überhaupt bereue, das Gedicht drucken
gelassen zu haben! Es soll nicht so viel dran herumgegriffen
werden: noch ist es mein!* ...

Ist es das wirklich noch, nun da es gedruckt vorliegt? Damit
steht es zur Beurteilung, zur Kritik, zur Diskussion offen, Be-
rufenen und – wie Wagner sagt – Unberufenen. Zu den erste-
ren gehört wohl Eduard Devrient, der die warmen Sommertage
des Jahres 1853 dazu benutzt, das Werk des einstigen Dresdener Gefährten – der nun schon über vier Jahre fort ist – ernst-
haft und gründlich zu lesen. Er vermerkt am 17. Juli 1853 in
seinem schon früher erwähnten Tagebuch:

> ...*Im Gärtchen »Siegfrieds Tod« gelesen. So habe ich
> nun den vollen Eindruck des Nibelungenringes im
> ganzen Umfange der vier Stücke. Interessant, poetisch,
> eigentümlich, aber absonderlich und voraussichtlich
> nicht auszuführen, auch wenn Wagner sich zu vielen
> Abänderungen, Kürzungen, Zusammendrängungen bei
> der Komposition entschließt. Er sprengt, wie er mit dem
> »Holländer«*[2] *angefangen, die natürlichen Grenzen des
> Theatralischen, zieht Motive hinein, die nicht in die*

---

[1] *Wagner nimmt seinen Siegfried mit. Gestern und vorgestern hat er uns mit un-
glaublicher Energie und intelligentesten Betonungen* Rheingold *und* Walküre *vor-
gelesen – und heute abend folgt* Der junge Siegfried.

[2] *Der fliegende Holländer*, 1843 in Dresden uraufgeführt

288

Bühnenrealität passen und darum fehlschlagen. Er ist zu episch und verlangt Dinge dargestellt, die sich nur erzählen und beschreiben lassen. Aber ein geniales Gedicht ist es ...

Devrient erkennt mit untrüglichem Künstlerblick: Wagner sprengt die Grenzen des »Theatralischen«, also des, damaliger Auffassung gemäß, Theatergerechten. Was er ihm vorhält, wird seine Anhängerschaft und wird die Nachwelt gerade als seine Stärke empfinden. Doch weder seine Freunde noch seine Gegner konnten sich von dem neuen Werk einen auch nur annähernden Begriff machen, solange dessen Musik noch nicht komponiert war. Erst die unzertrennliche Einheit von Dichtung und Musik, von Wort und Weise wird den tiefsten Sinn der Wagnerschen Bühnenkunst ausmachen.

Die wenigen Exemplare des Nibelungentextes, die in die Öffentlichkeit gelangen, rufen in der deutschen Kunstszene auffallende Bewegung hervor. Zwei bedeutende Geister bearbeiten den Stoff für das Sprechtheater: Emanuel Geibel schreibt eine – 1857 uraufgeführte – *Brunhild* und Friedrich Hebbel die 1862 erstmals gespielte und berühmt gewordene *Nibelungen*-Trilogie. Ob viele Theaterkenner auf Wagners Musikdramen über diesen Stoff warten? Jahr um Jahr vergeht, ohne daß auf die eng gestreute, rein private Publikation der vier Libretti die endgültige Tat, die Vertonung folgte. Am letzten Oktobertag des Jahres 1853 verkündet Wagner, er beginne nun die Komposition seiner Nibelungen-Tetralogie, da er *jetzt voll und fertig dazu* sei. Und wirklich vergehen dieses Mal nur wenige Tage, bis er diesen Jubelruf an Liszt sendet: *Freund! Ich bin im Wunder! Eine neue Welt legt sich mir offen. Die große Szene im Rhein*[1] *ist fertig: ich sehe einen Reichtum vor mir, wie ich ihn nicht zu ahnen wagte. Ich halte mein Vermögen jetzt für unermeßlich: alles wallt und musiziert in mir. Das ist – oh, ich liebe! – und ein so göttlicher Glaube beseelt mich, daß ich selbst – der Hoffnung nicht bedarf! ...* Mathilde, die junge, schöne und beseelte Gattin des deutschen Großkaufmanns Otto Wesendonck, ist in Wagners Leben getreten. Das

---

[1] die erste Szene des *Rheingold,* die laut Wagners Angabe *in der Tiefe des Rheines* spielt

Mathilde und ...

Ehepaar hat mehreren Konzerten Wagners beigewohnt und die
Bekanntschaft des sie tief interessierenden Künstlers gesucht.
Mathildes Liebreiz wie ihr Kunstverständnis, das gleicher-
maßen aus Feingefühl, Herz und Verstand fließt, hat Wagner
wie ein Blitzstrahl berührt und entflammt. In Gedanken an sie
schreibt er die Musik zu *Rheingold*, komponiert er die liebe-
erfüllte, leidenschaftliche *Walküre* und setzt an deren Ende die
drei Buchstaben *G.S.M.*, deren Erklärung den Eingeweihten
nicht verborgen bleibt: *Gesegnet sei Mathilde.*

Wagners Leben hat einen neuen Auftrieb erhalten. Welche
Bedeutung haben die immer wieder auftauchenden Frauengestalten in seinem Leben! Sie stärken vor allem seinen Glauben an sich selbst, sie beflügeln seine künstlerische Phantasie,
sie sind die – unausgesprochenen – Widmungsträger seiner
Werke. Der *Ring des Nibelungen* (wie ein wenig später *Tristan*

290

Otto Wesendonck
(Nach Medaillons von Joseph Kopff)

und Isolde) wächst in beseligter Stimmung, in weltentrückten Träumen, in tiefer Selbstversenkung und im ununterbrochenen Gefühl, ein bezauberndes weibliches Wesen wache über jeder Note, die seine Hände zu Papier bringen. Das Eingehen Mathildes auf sein Genie gehört zu den herrlichsten Liebesbeweisen, von denen die Musikgeschichte zu erzählen weiß, zu den feinstgesponnenen Beziehungen zwischen einem Genie und einer für Größe und innere Schönheit empfänglichen weiblichen Seele.

Längst schreibt Wagner – gerade dieses Werk – nicht mehr für »die Theater«, die er überhaupt nur noch mit einem Anflug von Verächtlichkeit in der Stimme nennt. Sondern: *für uns!*, wie er seiner Nichte Clara Brockhaus am 12. März 1854 schreibt und womit er den kleinen Kreis Auserwählter meint, die sein Schaffen verstehen könnten. Und doch ist er kein

Weltabgewandter geworden, kein Illusionist im »Elfenbein-turm« der erdfernen Kunst. Im Gegenteil: Die *Nibelungen*, so schreibt er weiter, *aufführen werde ich sie doch: ich habe mir dies als einzige und letzte Lebensaufgabe gestellt. Meine Bühne werde ich mir selbst dazu bauen, und meine Darsteller mir selbst erziehen: wie viele Jahre es mich kostet, ist mir gleichgültig; wenn ich's nur einmal erreiche. Nach der Auf-führung werfe ich mich dann mit der Partitur auf Brünnhilde's Scheiterhaufen, so daß Alles verbrennt* ... Es ist die gleiche Idee, die er vor Jahren schon hegte, Mittelding zwischen Pathos und Selbstironie, hinter der er so gerne seine zähest ver-folgten Gedanken verbirgt. Anschließend kehrt er sozusagen ins Irdische, ins Realistische zurück und stellt wieder einmal Zeitberechnungen an, die sich als genauso falsch herausstellen werden wie die meisten vorangegangenen und kommenden: *Das Rheingold ist seit November angefangen und fertig ge-worden: nur instrumentiere ich noch dran.*[1] *Im Sommer kom-poniere ich die »Walküre«. Frühjahr nächsten Jahres geht's an den »Jungen Siegfried«, so daß ich im Sommer übernächsten Jahres mit »Siegfrieds Tod« fertig geworden zu sein denke* ...

Drei Jahre später, im Juli 1857, unterbricht Wagner – im »Asyl«, dem von Otto Wesendonck Wagner zur Verfügung gestellten Häuschen im Zürcher Vorort Enge – die Komposi-tionsarbeit in der *Waldweben*-Szene des *Siegfried* und wendet sich einem neuen, gänzlich anders gearteten Werk zu, das übermächtig vor seine Phantasie getreten ist und ihn rasch völ-lig einnimmt: *Tristan und Isolde*.[2] Und Jahre – sieben ins-gesamt – werden vergehen, bis Wagner zur Komposition der *Nibelungen*-Tetralogie zurückkehren wird.

Es sind Jahre, die an Ereignissen übervoll in Wagners Bio-graphie stehen: das häßliche Zerwürfnis zwischen Gattin Minna und Freundin Mathilde, die dadurch erzwungene Flucht Wagners nach Venedig, die Rückkehr in die Schweiz, die Voll-endung des *Tristan* 1859 in Luzern, die aufgeregten Wander-

---

[1] Die Instrumentierung stellt die letzte Etappe im Kompositionsprozeß für Orche-ster dar; in ihr wird das melodische und harmonische Geschehen den einzelnen In-strumenten zugeteilt.

[2] Die Reihe *Opern der Welt · Kurt Pahlen* enthält mit Band 8036 auch eine Ein-führung und einen Kommentar zu *Tristan und Isolde*.

jahre, mit immer neuen Hoffnungen und immer neuen Enttäuschungen, die Amnestie, die eine Rückkehr nach Deutschland möglich macht, die rasch wechselnden Wohnsitze und menschlichen Beziehungen. Und dann – das Wunder, König Ludwig II. von Bayern, soeben achtzehnjährig auf den Thron gekommen, der sein Idol Wagner suchen läßt und ihm einen Platz an seiner Seite einräumt, der ihn grenzenlos verehrt und so abgöttisch liebt, daß er für ihn Krone und Land aufzugeben bereit ist. Die Niederlassung Wagners in München, die mit Wagnermusik berauschend erfüllten Stunden in beseligender Zweisamkeit auf einem der Märchenschlösser des Monarchen, die Uraufführung von *Tristan und Isolde* am 10. Juni 1865 – einem die Musikgeschichte umstürzenden Datum –, der Wunsch des Königs nach Vollendung des Nibelungenrings.

Ludwig Schnorr von Carolsfeld (1836–1865)
(Nach einem Porträt von F. Gonne)

Wie nah erscheinen nun alle Ziele! Der Monarch beruft den Wagnerfreund Gottfried Semper, die Pläne eines Festspielhauses am Isarstrand in München zu entwerfen. An seinen Tristan-Interpreten, den Tenor Ludwig Schnorr von Carolsfeld, schreibt Wagner, er habe dem König *die sofortige Vollendung* des Nibelungendramas und dessen Uraufführung für 1867 versprochen; mit dem frohen *Gegrüßt sei mir Siegfried!* sieht er seinen Lieblingssänger im Geiste schon in dieser seiner Lieblingsrolle. Doch Schnorr von Carolsfeld wird, wenn es – nicht 1867, sondern 1876! – zur Uraufführung des Nibelungenringes kommen wird, seit mehr als einem Jahrzehnt tot sein. Tragischerweise gestorben an der Rolle des Tristan... Und der strahlende Sonnenschein, der sich am 4. Mai 1864 über Wagners Leben ergossen hatte, als er »seinem« König zum ersten Mal gegenüberstand, hat sich früher, als es denkbar schien, getrübt. Im Dezember 1865 ist Wagners Stellung an des Königs Seite unhaltbar geworden; Neid und Mißgunst, Intrigen und Beschimpfungen – durch manche Ungeschicklichkeit oder Anmaßung Wagners unnötigerweise verschärft – können zwar an Ludwigs Liebe und Treue nicht rütteln, aber nun scheint alles, was vor kurzem noch in hellem Licht erglänzte, trüb und beschmutzt. Schließlich bleibt Wagner nichts anderes mehr übrig als die Flucht – die wievielte in seinem bewegten Leben?

Wieder, wie aus Dresden vor sechzehn Jahren, wendet er sich der Schweiz zu. Und doch ist nun alles anders: eines Königs Hand beschirmt ihn auch im Exil. Das prächtige Haus am Vierwaldstätter See, in Sichtweite von Luzern, malerisch im großen Park am Wasser gelegen, bietet ihm nun, von Ludwig gespendet, wohligen Aufenthalt und geruhsame Arbeitsstätte: genau das, was er immer ersehnt hat. Und ein echtes Heim, das die nun erwählte Gefährtin einzurichten, mit Persönlichkeit und Hingabe auszufüllen versteht: Cosima, Liszts Tochter aus dessen Verbindung mit der Gräfin Marie d'Agoult, des Wagnerdirigenten und -anhängers Hans von Bülow geliebte Gattin, die sich nun endgültig zu Wagner bekennt, nachdem das schmerzliche Münchener Doppelspiel vor der Welt und dem König endgültig einer offenen Demaskierung gewichen ist.

Zu des Monarchen einundzwanzigstem Geburtstag – wie jung ist dieser Schwärmer auf dem Wittelsbacher-Thron! –, zum 25. August 1866, übersendet ihm Wagner die Originalpartitur der *Walküre* mit einem Huldigungsgedicht. Ludwig brennt auf Fortsetzung, auf Beendigung der großen Komposition. Aber immer noch macht das Werk nur langsame Fortschritte. Wieder unterbricht Wagner die Arbeit, um ein anderes Werk vorzuziehen: dieses Mal *Die Meistersinger von Nürnberg*, heller Kontrapunkt zum düsteren *Tristan*. Nach einer längeren Erkrankung schreibt Wagner dem König am 11. Januar 1867: *...Siegfried – und Wotan? Nein, die waren jetzt unmöglich! Damit sie aber nicht untergingen, stellt sich Sachs und Walther[1] ein: sie sind meine Ärzte gewesen; nun fühl' ich mich auch wieder stark für Wotan und Siegfried! – So sei es!* Dem Briefwechsel mit dem königlichen Freunde entnimmt man auch weiterhin immer wieder von Verzögerungen, von Hemmungen bei der Fertigstellung der Tetralogie. Ein Satz, den Wagner am 21. März 1868 schreibt, ist für sein ganzes Schaffen bezeichnend: *...In diesem Jahr wird Siegfried vollendet: ich gelobe es Ihnen. – Sorgen Sie nicht: meine Schöpfungen bedürfen nie einer langen Zeit; nur muß die Zeit gut sein; nicht Jahre, sondern Stunden wirken meine Werke...*

Genau auf den Tag drei Monate später – am »Johannistag« des Jahres 1868 – erklingen die *Meistersinger von Nürnberg* erstmals in München im Rahmen der vielleicht umjubeltsten Premiere eines Wagnerwerkes. An des Königs Seite in dessen Hofloge darf der Dichter-Komponist sich unzählige Male für die Ovationen eines ihm nun plötzlich völlig zugetanen Publikums bedanken. Doch unmittelbar nach dem Ereignis kehrt er der bayerischen Hauptstadt den Rücken und fährt heim nach Tribschen. Der alten Freundin vom Zürichsee, Eliza Wille, vertraut er an, hier gedenke er *wohl jahrelang ohne Weichen zu verbleiben, fest entschlossen, nur noch meinen Arbeiten, nicht aber mehr aufreibenden und fruchtlosen Bemühungen nach außen mich hinzugeben. Gegenwärtig bin ich über der Vollendung des 1858 unterbrochenen »Siegfried« her...*

Das Jahr 1869 vergeht mit dieser Tätigkeit. Mitten in die Niederschrift der *Siegfried*-Partitur fällt ein Schatten: Ludwig hat angeordnet, *Rheingold* in seinem Hoftheater zum ersten

---

[1] die männlichen Hauptgestalten aus den *Meistersingern von Nürnberg*

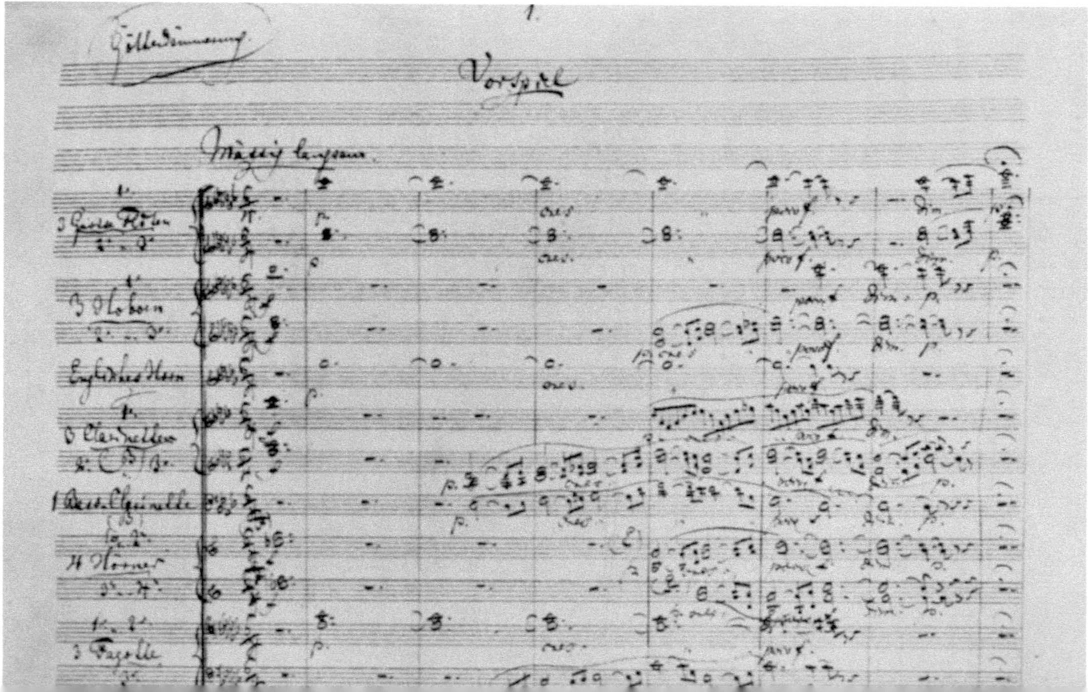
1.
Götterdämmerung.
Vorspiel
Mässig langsam.
Englisches Horn
4 Hörner
3 Fagotte

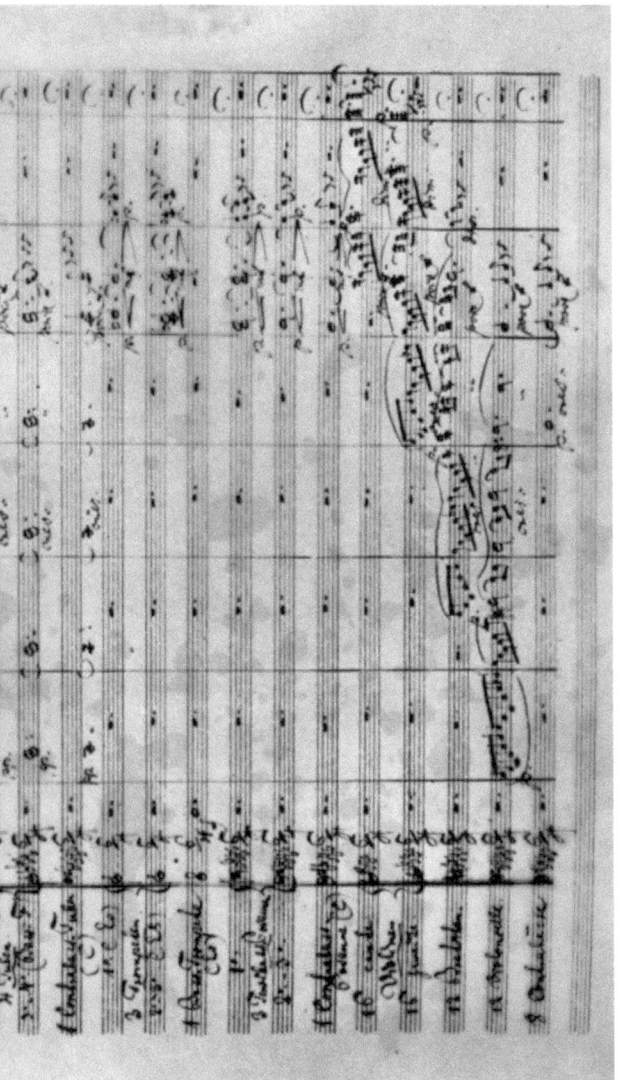

Erste Seite der Partitur zur *Götterdämmerung*, die Wagner am 21. März 1874 vollendete (Haus Wahnfried, Archiv, in Bayreuth)

Cosima Wagner
(im Alter von etwa 32 Jahren)

Erklingen zu bringen. Was er als Liebestat geplant, wird für den Freund zum tiefen Ärgernis: Der *Ring des Nibelungen* darf – so Wagners Wunsch – nur, vollständig beendet, im Zusammenhang seiner vier Dramen an vier möglichst aufeinanderfolgenden Abenden zur Aufführung gebracht werden. König und Künstler entzweien sich vorübergehend. Aber Wagner läßt sich seine wunderbar schöpferische Stimmung durch nichts trüben. Am 2. Oktober 1869 beginnt Wagner mit der Komposition der *Götterdämmerung,* wie nun *Siegfrieds Tod* endgültig heißt. Er schreibt die ersten Noten des Vorspiels in die sogenannte *Kompositionsskizze.* Wenige Tage darauf entwirft er den Beginn der Nornenszene. *Schon werfen die Nornen ihr Seil zu ihrem Weltenschicksal-Gespinst aus*, berichtet er dem König am 1. November 1869. Dem – manchmal ein klein wenig hohlen – Pathos der Briefe an Ludwig (die natürlich nur der Widerschein jener des Monarchen an ihn sind) stehen die Mitteilungen an gewöhnlichere Sterbliche gegenüber. An den französischen Freund Catulle Mendès schreibt er am 6. November 1869: *...Ich war auch nicht recht beisammen in diesen letzten Monaten: ich war angeekelt von meiner Arbeit und matt, matt in einem Grade, daß ich unserer edlen Freundin[1] viel Angst und Sorge bereitet habe. Jetzt komme ich endlich wieder ins Gleichgewicht. Die Götterdämmerung erhebt sich vor mir, und die einzige Quelle, welche meine Lebenskräfte erfrischt, beginnt zu sprudeln...*

Cosima, die *edle Freundin* – übers Jahr wird sie Frau Wagner sein – gibt, wahrscheinlich von Natur und dem großen Vater her stets ein wenig dem Pathos geneigt, ihrem Herrn und Meister im hochgestochenen Briefstil nichts nach. So berichtet sie dem neuesten Freund, dem in Tribschen überströmend begrüßten Philosophieprofessor Friedrich Nietzsche, am 30. November 1869: *...In diesem Augenblick webt der Meister am Nornenseil und in der Denkstube von den Kindern umgeben, welche ihre leidigen Aufgaben leidlich lösen, höre ich die Klänge, die für mich der Segen des Daseins sind!...* Nach Mathildes durch Wagners Vertonung berühmt gewordenen Gedichten beginnt nun auch Cosima in Alliterationen zu schreiben...

[1] Cosima

Am 30. Dezember 1869 geht ein sehr ausführlicher Brief Wagners an seinen königlichen Gönner: ...*Das ganze Vorspiel zu der Götterdämmerung sollte vollendet auf den Weihnachtstisch gelegt werden. So gern ersparte ich Ihnen nun eine etwas betrübende Kunde aus meiner Zurückgezogenheit: doch muß ich nun zu meiner unerläßlichen Entschuldigung Ihnen mitteilen, daß diesmal die Kräfte meiner Gesundheit mir nicht ausreichten. Ich fühlte mich während des verflossenen Herbstes (wohl in Folge großer kummervoller Aufregungen und andauernder Ruhelosigkeit) ungewöhnlich abgespannt und niedergedrückt...*, heißt es darin, bevor zuletzt ein tröstlicher Ausblick erreicht wird: Wagner sagt die Vollendung der *Götterdämmerung* (und damit des gesamten *Nibelungenringes*) für Ludwigs *edlen Geburtstag,* also für den August 1870, zu.

Aus vielerlei Briefen erfahren wir im Jahre 1870 ziemlich Genaues über den Fortgang der Komposition. An *Catulle Mendès* heißt es am 1. März: ...*Ich habe das große Vorspiel zur Götterdämmerung beendet, das gleichsam eine ganz ungewöhnliche Ouverture bildet; ferner habe ich den ersten Akt begonnen (Hagen, Gunther und Gutrune); ich stehe gerade beim Auftreten Siegfrieds. Das geht alles gut vorwärts...*, in einem Brief vom 25. März lesen wir, daß *Siegfried gestern Gutrunes Schicksalstrunk geleert* hat. Am 5. Mai gibt ein Brief an den König genauere Auskünfte über den Verlauf der Kompositionsarbeit. Zehn Tage darauf berichtet Cosima Nietzsche, vom *Meister sei nichts zu melden, denn er weilt jetzt bei Waltraute und Brünnhilde,* also in einer der Schlüsselszenen des Werkes, vor der »Grauen« empfunden zu haben Wagner dem Monarchen gestanden hatte.

Am 4. Juni 1870 ergreift Wagner selbst zu einer Mitteilung an Nietzsche die Feder und schreibt, er gedenke am folgenden Tage die Komposition des ersten Aktes *Siegfried* zu beenden; sofort verbessert er sich: *Götterdämmerung, wollte ich sagen.* Und tatsächlich trägt die Skizze dieses Teils Wagners Datumsvermerk *5 Juni 1870* mit dem in Klammer vermerkten Zusatz: *Fidi lacht dazu!!* Fidi: das ist Wagners noch in den Windeln liegender Sohn Siegfried.

An den nunmehr schon recht alten Freund Otto Wesendonck schreibt Wagner am 4. Dezember 1870: ...*Mit der »Götter-*

Der junge Bayernkönig Ludwig II.

dämmerung« denke ich nächstes Jahr fertig zu werden. Mein großes Werk noch genau nach meinem Willen aufgeführt zu sehen, bleibt meine einzige Absicht in meinem Weltverkehr... Genau nach seinem Willen: dieser Satz hat eine schmerzliche Bedeutung, denn auch im Jahre 1870 hat König Ludwig den Willen seines geliebten Freundes mißachtet und nach dem *Rheingold* nun auch *Die Walküre* in München zur Uraufführung bringen lassen. Wagner tut das einzige, was ihm in einer solchen Situation zu tun übrig bleibt: Er ignoriert die Münchener Aufführung und wird in seinen Mitteilungen an den König um eine deutliche Spur kühler, sachlicher. Kurz vor

Jahresende, am 28. Dezember 1870, lesen wir in einem seiner Briefe an den Monarchen:

Gestärkten Mutes trete ich in dieses neue Jahr, das hoffentlich mein großes Werk in entscheidendster Weise fördern soll: ich gedenke in ihm auch die ganze Komposition der Götterdämmerung *zu vollenden* ... *Auch über die Aufführung des Ganzen reifen nun meine Pläne, welche ich, sobald Ihre königliche Huld die Erlaubnis dazu erteilen wird – meinem erhabenen Herren näher vorzulegen mir angelegen sein lassen werde* ...

Über diesen Punkt läßt sich Wagner dann drei Monate später in einem sehr ausgedehnten Brief an den König ausführlich aus. Er zieht zuerst ein Resumée seiner Kämpfe, Leiden und Arbeiten rund um den Nibelungenring:

Es ist Ihnen nicht unbekannt geblieben, aus welcher Stimmung und welchem Entschlusse vor nun zwanzig Jahren die Konzeption des großen Bühnenfestspieles: der Ring des Nibelungen, hervorging. Ich wollte nie mehr ein Werk für unsre bestehenden Theater schreiben, dagegen einen Plan von solcher Größe ausführen, daß dabei von jeder Verwirklichung durch unsre Operntheater notwendig abgesehen werden mußte. Zu diesem Entschlusse war ich unter dem Befassen mit einem Theater gelangt, welches damals als das beste in Deutschland anzusehen war, und nachdem ich in Dresden sieben Jahre über meine bis dahin geschriebenen Werke ... *ganz nach meinen Intentionen persönlich zur Aufführung gebracht hatte. Trotz dieser Vorteile mußte ich, gerade an den mir ermöglichten relativ besten Leistungen, den weiten Abstand meiner wahrhaften Intentionen von dem Geiste unsrer Theateranstalten erkennen, worüber ich seitdem andrerseits mich umständlich genug ausgesprochen habe. Zu der Ausführung des Nibelungenringes begeisterte mich nun einzig die Annahme, sie dereinst unter den ausnahmeweisen Umständen zur Darstellung bringen zu können, welche ich später in dem Vorwort zu der Herausgabe der Dichtung desselben deutlich angab* ... *Nachdem ich das*

»Rheingold« und die »Walküre« im ersten Anlaufe wirk-
lich vollendet hatte, mußte ich aber inne werden, daß ich
die Kräfte meiner Imagination im Betreff ihrer Ausdauer
unnatürlich überschätzt hatte ...

Dann geht Wagner zu den beiden von Ludwig gegen seinen
Willen veranstalteten Uraufführungen des *Rheingold* und der
Walküre über, und dies in einer scharfen Art, die außerordent-
lich überraschend genannt werden muß:

... Ich vollendete, sobald einige Ruhe in meine Lebens-
beziehungen einkehrte, die Komposition des »Siegfried«,
während mich zugleich der unsägliche Schmerz der
Aufführung des »Rheingoldes«, gegen meinen Willen und
ohne meine Mitwirkung als Münchener Opernvorstel-
lung, traf. Dank den himmlischen Mächten, die mir mit
jeder Selbstaufopferung treu beistanden, durfte ich mich
erholen, und nachdem ich das schmerzlichste Gefühl des
Vaters, dem man sein Kind entrissen, um es der Prosti-
tution preiszugeben, überlebt, warf ich mich, wie zur
Selbstbetäubung, auf die Komposition auch der »Götter-
dämmerung«, von welcher ich einen großen, besonders
schwierigen Teil wirklich ausführte. Hierüber traf mich
nun der zweite Schicksalsschlag: kein Bitten, kein Fle-
hen vermochte es, der »Walküre« das gleiche Los wie
dem »Rheingold« zu ersparen: ich mußte erleben, daß
auch dieses Werk, welches mir selbst noch ein tief ge-
heimnisvolles Rätsel – nur durch mich selbst zu lösen –
war, in den Pfuhl des mir in der Seele verhaßten Theaters
und seiner widerwärtigen Routine geworfen wurde! ...

Nun lenkt Wagner ein. Liegt dem Brief in seiner Struktur ein
geradezu strategischer Aufbau zugrunde? Soll Ludwig, der ohnedies vor allem ein gefühlsbetonter Mensch ist und zur oft
schmerzhaften Selbstanalyse neigt, erst schuldbewußt gemacht werden, um hernach Wagners Plan – gewissermaßen zur
Sühne – voll zuzustimmen und seine Unterstützung zu gewähren? Denn so fährt Wagner fort:

... Die königliche Akademie der Künste in Berlin hat mir
die Ehre erwiesen, ganz aus freiem Antriebe mich zu

303

*ihrem Mitgliede zu ernennen; ich bin dieser ersten mir in
Deutschland erwiesenen Auszeichnung dieser Art meinen
Dank zu bezeigen gehalten, und ich will diesen dadurch
abtragen, daß ich in einer öffentlichen Sitzung der Akademie einen Vortrag über die »Bestimmung der Oper« halte.
An diesen Vortrag gedenke ich zugleich eine Darlegung
meines Planes für die Aufführung meines großen Bühnenfestspieles anzuknüpfen, und will nun sehen, wie weit es
mir möglich wird, hierdurch zur Betätigung einer Teilnahme an der Förderung meines Unternehmens anzure-
gen, für welche verschiedene bedeutende Anzeichen sich
als nicht ungünstig herausstellen. Mein Zweck ist, hierdurch – im günstigen Falle – ein deutsches National-Un-
ternehmen hervorzurufen, dessen Leitung natürlich mir
gänzlich allein nur in die Hände gelegt werden darf ...*

Bis hierher dürfte König Ludwig zwar mit einiger Befremdung, aber kaum wesentlicher Überraschung gelesen haben.
Wagners Plan, die Festspielidee ausgerechnet in Berlin »der
Welt« bekanntzugeben, muß den Bayernkönig ein wenig geschmerzt haben: zwischen ihm und dem mächtig aufstreben-
den Preußenstaat besteht eine tiefe Kluft. Es ist erst fünf Jahre
her, seit München sich im preußisch-österreichischen Kriege
auf die Seite des stammesverwandten Südens gestellt hatte und
gemeinsam mit ihm geschlagen wurde ... Andererseits verstand Ludwig, daß Wagner seine Idee kaum besser als bei dieser Gelegenheit öffentlich bekanntmachen konnte, wenn er es
auf ein »nationaldeutsches« Unternehmen abgesehen hatte.
Wieder muß der Monarch sich Vorwürfe machen: er hat das
Semper-Projekt, den Bau eines Festspielhauses an der Isar, ab-
geblasen und damit Wagner die ersehnte Grundlage zur idealen
Verwirklichung entzogen ...

Der Brief geht weiter und enthält nun im folgenden den für
Ludwig wie für andere Eingeweihte überraschendsten Punkt:

*... So hätte ich mir denn bereits auch den Punkt aus-
gewählt, welcher der Schauplatz Unsrer[1] großen Kunst-
taten werden soll; und, aufrichtig gesagt, das glückliche*

---

[1] Wagner weitet hier das von Monarchen gebrauchte »Wir« großzügig auf sich
selbst – in Zusammenhang mit König Ludwig – aus.

Hans Richter (1843–1906),
der erste Dirigent der Nibelungen-
Tetralogie in Bayreuth, 1876

*Auffinden desselben ist es, was meinem ganzen Plane
erst den realen Stützpunkt gegeben hat. Der Ort, den ich
im Sinne habe, entspricht in jeder Hinsicht den Anforde-
rungen, welche in jenem Vorwort[1] hierfür aufgestellt: er
liegt in Bayern und hat somit meinen erhabenen
Freund[2] zum Herren. Vorzüglich günstig ist es, daß man
dort nicht erst ein Theater zu erbauen hätte . . .*

Dem Eingeweihten wird klar, welche bayerische Stadt Wagner
meint, deren Namen er aber vorläufig nicht nennt: Es ist
Bayreuth. Dort steht tatsächlich ein Theater, an das Wagner in

---

[1] Vorwort zum Erstdruck der Nibelungen-Dichtung
[2] König Ludwig II. von Bayern

305

seinem Projekt denkt: das Markgräfliche aus Barockzeiten. Doch sehr bald wird er erkennen, daß dieser alte Bau nicht nur aus technischen Gründen für seinen Festspielgedanken untauglich ist. Es ist nicht recht verständlich, wieso Wagner an eine solche Lösung überhaupt denken konnte. *Der Ring des Nibelungen* auf einer Barockbühne? Trotzdem bleibt die Wahl Bayreuths von entscheidender Bedeutung. Seit der ersten Ankündigung Wagners, die unter dem Titel *Über die Aufführung des Bühnenfestspiels »Der Ring des Nibelungen«, eine Mitteilung und Aufforderung an die Freunde seiner Kunst von Richard Wagner* im Anschluß an den Berliner Vortrag gedruckt erschien, ist an der Wahl Bayreuths als Festspielort nicht mehr gerüttelt worden. Es mag schwer zu bestimmen sein, was Wagner zu dieser Wahl bewogen haben mag. Seine früheren Träume galten dem Rhein, München und Zürich. Wagners seltsam aus Idealismus und Opportunismus zusammengesetzte Persönlichkeit stellte sich zuerst wohl eine Flußnähe als erstrebenswert vor, da Beginn und Ende der *Nibelungen*-Tetralogie eng mit strömendem Wasser verbunden sind. Aber die lokalen Bedingungen Zürichs ließen ihn an eine Ansiedlung seines Gedankens in dieser Stadt denken, wo vielleicht die Zahl der wünschenswerten Mäzene – mit Wesendonck an der Spitze – zur Finanzierung des aufwendigen Projekts ausgereicht hätte. Und man geht möglicherweise nicht fehl, nun die Wahl Bayreuths auf ähnliche Beweggründe zurückzuführen: Maßgebende Kreise der fränkischen Stadt stellten sich vom ersten Augenblick an positiv zur Festspielidee. Das übrige Echo in Deutschland aber ließ sehr zu wünschen übrig. Es bedurfte noch jahrelanger Kämpfe, bis das Werk gesichert war.

Inzwischen wächst der letzte Teil des Nibelungendramas, *Götterdämmerung*, langsam heran. Datumseintragungen Wagners in die Kompositionsskizze zuerst und später in die Orchesterskizze lassen uns diesen Weg verfolgen. Ein Brief an den künftigen Dirigenten der Uraufführung, Hans Richter, verzeichnet am 25. November 1871: *...Am Neujahrstag (1872) beginne ich den letzten Akt, und hoffe mit Frühjahr auf den ganzen Nibelungenring Finis[1] setzen zu können...* Ähnliches

---

[1] = Ende (lateinisch)

Friedrich Nietzsche (1844–1900)
Nach einem Ölbild, das ein unbekannter Künstler im
Auftrag des Comte de Claussade gemalt hat.

kündet auch Wagners Brief an den König, am 27. Dezember 1871 abgefaßt: ...*Hier, in den Schoß meiner Lieben zurückgekehrt, sammele ich mich denn nun, um mit Neujahr an die Vollendung meines Werkes mit der Ausführung der Musik zu dem letzten Akte der Götterdämmerung zu gehen: die Ostersonne soll das Finis begrüßen! O, mein holder König! Was dies heißt!!* ... Und wirklich: über der Kompositionsskizze zum dritten, letzten Aufzug der *Götterdämmerung* steht Wagners Eintragung: *4 Jan 72.*

Bereits am 9. Februar dieses Jahres beginnt Wagner mit der Orchesterskizze desselben Aktes. Anfang März schreibt Cosima an den Freund Nietzsche, der nun zu den engsten Vertrauten in Tribschen gehört: ...*Doch hat der Meister gearbeitet, Siegfried ist beinahe erschlagen* ... Wagner hat, entgegen seiner zumeist geübten Gewohnheit, gleichzeitig an Kompositions- und Orchesterskizze gearbeitet, also wahrscheinlich Szenen, die er soeben musikalisch entworfen hatte, so rasch wie möglich auch mit ihrem wirklichen Klang in der Partitur festgelegt. Am 10. April 1872 schließt Wagner mit der Vollendung des dritten Akts die eigentliche Vertonung ab. Seine Eintragung lautet, wortreicher als sonst: *So geschehen und geschlossen am Tage, da mir vor 7 Jahren mein Loldchen geboren wurde. 10 April 1872 RW.* Damit erinnert er an die Geburt Isoldes, die noch während des Zusammenlebens Cosimas mit ihrem damaligen Gatten Hans von Bülow zur Welt kam, aber – wovon ganz München bereits überzeugt war – Wagners Vaterschaft zugeschrieben werden mußte ... Die Orchesterskizze wird dreieinhalb Monate später vollendet: *!Schluß! Alles Cosel'n zu gefallen. 22 Juli 1872 RW.* Der Wortlaut läßt darauf schließen, daß Wagner mehrere Änderungsvorschläge berücksichtigt hat, die Cosima im Verlauf der Arbeit äußerte und die auf ihr reges Mitdenken an dem großen Werk zurückgehen.

Wagner läßt die Orchesterskizze des dritten Aktes der *Götterdämmerung* kopieren und schickt sie zu des Königs 27. Geburtstag am 25. August 1872 nach München. Natürlich wieder mit einem Widmungs- oder Huldigungsgedicht. Dieses beginnt mit den Worten: *Vollendet das ewige Werk!* – so grüßt Wotan im *Rheingold* die stolze, soeben von den Riesen errichtete Götterburg Walhall. Doch vollendet ist das Werk noch keineswegs. Die Verwirklichung des Festspielgedankens beschäftigt Wagner nun nahezu Tag und Nacht, so daß für die ruhige Beendigung der Partitur-Reinschrift, also des endgültigen Wortlauts, keine Zeit bleibt. So bestätigt Wagner es dem König in einem Brief vom 22. Dezember 1872, und so lesen wir in einem Schreiben vom 16. April 1873, das an den Verleger Franz Schott in Mainz geht, der schon gewaltige Geldaufwendungen für die von seinem Haus übernommene Tetralogie gemacht hat:

... Sie fragen mich nach der »Götterdämmerung«? – Ich habe die Komposition dieses Werkes nach manchen bemühenden Abhaltungen im vorigen Sommer vollständig beendet; seitdem bin ich durch die steten Sorgen und Bemühungen für mein großes Unternehmen dermaßen in Anspruch genommen und erschöpft worden, daß ich den Beginn der Ausführung der Partitur stets noch verschieben mußte ... Ihnen, geehrtester Freund, eröffne ich nun zunächst als meinem Herrn Verleger, daß Sie vom 1. Juni an regelmäßige Zusendungen von der Partitur der »Götterdämmerung« erhalten werden; Sie mögen dann die Güte haben, den Stich sofort beginnen und energisch fortführen zu lassen; die einzelnen Szenen schicken Sie dann immer sofort (vielleicht noch im Revisionsabzuge) nach Moskau an Klindworth.[1] Wenn wir so unausgesetzt (wie ich mir dies auf das Bestimmteste vornehme) gemeinschaftlich fortarbeiten, dürfen wir wohl darauf rechnen, bis Ostern 1874 Alles fertig zu haben ...

Am 3. Mai 1873 beginnt Wagner endlich die Partitur-Reinschrift zur *Götterdämmerung*. Seine Datumseintragung enthält noch ein wichtiges Wort: *Bayreuth*. Es bedeutet, daß Wagner nun den endgültigen Wohnsitz seines Lebens bezogen hat: die Villa Wahnfried in Bayreuth, der Stadt seiner künftigen Festspiele. Die Arbeit geht nur schleppend voran, wofür ein Brief Wagners an Nietzsche vom 21. September 1873 beredtes Zeugnis ablegt:

... Seit 3. Mai habe ich nun angefangen, an der »Götterdämmerung« zu instrumentieren: und wie weit glau-

---

[1] Karl Klindworth, Verfasser mehrerer Klavierauszüge aus Wagners Werken

Der Pianist Karl Klindworth
(1830–1916), den Wagner zu seinem
musikalischen Vertrauten machte und
mit der Ausarbeitung mehrerer
Klavierauszüge beauftragte

*ben Sie, daß ich es gebracht habe? Derjenige Tag, an
welchem ich einmal eine Seite Partitur zustande bringe,
verdiente in meinem Lebenskalender jedesmal rot ange-
strichen zu werden. Kaum setze ich einmal an – so kommen »Briefe«, oder sonstige liebliche Nachrichten, aus
denen Nötigungen zu neuen Erfindungen für den Verkehr
mit der Welt entstehen, welche dann meine ganze arme
»geniale« Phantasie einnehmen! ...*

Am 24. Dezember 1873 ist die Partitur des ersten Akts beendet, am 26. Juni 1874 die des zweiten und am 21. November
1874 die des dritten. Nun erst dürfte Wagner sagen, was über

zwei Jahre früher in einem Brief an den König steht: *Vollendet das ewige Werk!* Es muß eine ungeheure Last gewesen sein, die damit von Wagners Schultern fiel. Die Vorstellung, er würde dieses sein größtes Werk nicht mehr vollenden können und damit den Wert der gesamten Tetralogie in Frage stellen, muß ihn in vielen Stunden gequält haben. Bei der Schlußeintragung findet er in überströmendem Gefühl keine Worte: *Vollendet in Wahnfried am 21. November 1874. Ich sage nichts weiter!! RW.*

Vielleicht mögen hier einige kurze Erklärungen für den nicht fachtechnisch ausgebildeten Musikliebhaber am Platze sein. Er wird möglicherweise erstaunt sein, von Wagners langen Mühen um die endgültige Reinschrift, die Orchesterpartitur, zu lesen. In einer solchen Partitur sind sämtliche »Stimmen« bis in die letzte Einzelheit ausgeführt: die Stimmen der Sänger – der Solisten wie der Chöre – und die »Stimmen« des Orchesters. Jede Instrumentengruppe ist auf einem gesonderten Notensystem verzeichnet; da jede von ihnen untergeteilt erscheint, gibt es z. B. drei Notensysteme für die Flöten, mehrere für die Geigen, Bratschen, Violoncelli usw. Eine Wagnersche Orchesterpartitur ist ein großformatiges, sehr »gewichtiges« Buch (was hier auch im ursprünglichsten Sinne zu verstehen ist) von gewaltiger Größe. Seine Lektüre erfordert nicht wenig Fachwissen und noch mehr Erfahrung. Denn nur das sehr geübte Dirigentenauge kann dreißig und mehr übereinandergestellte Notensysteme mit einem einzigen Blick überschauen und zugleich vom Optischen ins Klangliche »übersetzen«, also sich den Klang vorstellen und die Ausführenden überwachen. Die Zahl von Noten, die Wagner in einer solchen Partitur-Reinschrift zu Papier bringen mußte, geht in die Hunderttausende, wenn nicht noch höher. Dabei handelt es sich um mehr als eine bloße Schreibarbeit: Der Komponist muß – genau im Gegensatz zum Dirigenten – das Klangbild, das er in der Phantasie trägt, ins Optische der Notenschrift »übersetzen«; er muß sich oft sehr komplizierte Klangkombinationen vorstellen und niederschreiben können. Wagners »normales« Tempo bei der Partiturschrift betrug durchschnittlich bis zu drei Seiten am Tag. Aus obiger Bemerkung zu Nietzsche geht hervor, daß er bei *Götterdämmerung* nur selten auf eine volle Seite kam, daß also diese Arbeit nur langsam und schleppend vor sich ging. Daran trug, wie er selbst es bemerkt, die organisatorische Tätigkeit für das Bayreuther Festspielhaus die Hauptschuld. Denn wo Wagner nicht persönlich eingriff, dort drohte das Werk, eben mühsam im Entstehen, wieder zu zerfallen.

Zwischen dem Erstdruck der Nibelungentragödie und der schließlich vorliegenden Ausarbeitung liegen Jahrzehnte. Es konnte nicht ausbleiben, daß Wagner in die letzte Fassung Änderungen einbrachte. So ließ er beispielsweise mehrere Verse zuletzt fort, die im Erstdruck von Brünnhilde bei ihrem großen Schlußgesang vorgetragen werden. König Ludwig aber, der sich – wie wohl, außer vielleicht Cosima, kein zweiter Mensch – mit der Nibelungendichtung seines Freundes bis in jede Einzelheit vertraut gemacht hatte, empfindet diese Auslassung schmerzlich. Er schreibt am 7. März 1875 an Wagner: *... Ich bitte Sie, teuerster Meister, inständig, für mich (wenn Sie auch sonst nichts davon wissen wollen) jene leidenschaftlich von mir geliebten Worte, die Sie früher für die Brünnhilde[1] bestimmt hatten, in Musik setzen zu wollen, jene Verse, welche mit:* »Verging wie Hauch der Götter Geschlecht« *beginnen, mit* »selig in Leiden und Lust läßt die Liebe nur sein!« *enden. – Außerordentlich würde es mich freuen, in den Aufführungen vor mir jene so tief bedeutsamen, so wahrheitserfüllten Worte, jenes herrlich erhabene Evangelium der Liebe, welches Brünnhilde der Welt vor ihrem Scheiden zurückläßt, erklingen zu hören!* Wagner geht auf den Wunsch des Monarchen ein: *... Die Strophe Brünnhilde's soll von mir in Musik gesetzt, und von der Sängerin in diesen Vorstellungen eingefügt werden: mein huldreichster Freund wird hier zu entscheiden haben! ...* Die Zeilen erklangen bei den letzten Proben 1876 in Bayreuth, später aber, soweit wir wissen, nicht wieder.

Im Sommer 1876 geht Wagners tiefster und längster Traum in Erfüllung: Das Festspielhaus in Bayreuth öffnet seine Pforten. Ein Mann hat – was nie vorher und nie wieder gelang – ein Festspiel nur für seine eigenen Werke ins Leben gerufen. Am

---

[1] Ludwig verwendet mehrfach für Wagners Gestalten seine eigene Orthographie, so schreibt er Brünnhilde regelmäßig – alten Quellen zufolge wohl – mit nur einem N.

Hans von Bülow (1811–1886)
Nach einem Ölporträt von Franz von Lenbach

13. August erklang *Rheingold*, am 14. *Die Walküre* vor dem
wahrscheinlich sozial höchstrangigen Publikum, das sich seit
den Zeiten der Spätrenaissance jemals bei einer Opernpre-
miere zusammengefunden hatte. König Ludwig II. von Bayern
war nicht darunter; seine Menschenscheu überwog das brennende Interesse an Wagners Werk; aber er war zu den letzten
Proben erschienen, und nur so konnte er ein Kunstwerk – und
besonders eines des geliebten Freundes – voll genießen: einsam im verdunkelten Zuschauerraum, nicht mehr Monarch,
sondern träumender Mensch, dessen Seele in die Unendlich-
keiten des Alls entschwebte.

Nach einem Tag Ruhepause auf der Bühne – aber desto re-
gerem gesellschaftlichen Leben und kulturellen Gedankenaus-
tausch in der Umgebung des Festspielhauses in dem völlig aus
mittelalterlicher Ruhe gerissenen Städtchen Bayreuth – folgte
am 16. August 1876 *Siegfried*. Und am 17. August 1876 bildete die *Götterdämmerung* Krönung und Endpunkt der ersten
Bayreuther Festspiele. Ein Werk war an vier sehr langen Abenden aufgeführt worden, das stets eine Sonderstellung im
Opernleben würde einnehmen müssen. Wagner war von seinen
frühen Phantasien abgerückt: Seinerzeit hatte er an eine ganz
kurze Serie von Aufführungen gedacht, um danach das Theater
zu verbrennen und ... die Partitur mit ihm. Inzwischen hatte er
die Partituren zu Preisen verkauft, wie sie für musiktheatra-
lische Werke fast nie bezahlt worden waren (vergleichbare Be-
träge können höchstens für Verdis *Aida* und einige Schöpfungen Meyerbeers und Gounods angegeben werden) und wie sie
selbst im merkantilsten, dem 20. Jahrhundert, nur sehr aus-
nahmsweise von Richard Strauss und Puccini annähernd erreicht wurden. Von einer Vernichtung so teuer erkaufter Kultur-
güter konnte natürlich keine Rede mehr sein. Sie war es auch
nicht, weil der einstige Revolutionär Richard Wagner längst
über derartige Utopien hinausgewachsen war, seinen Frieden mit
der Welt und der sie beherrschenden Klasse gemacht hatte.

Als er in seiner Huldigung an Ludwig II. die Worte seines
Wotan verwendet hatte – *Vollendet das ewige Werk* –, war er
sich der Bedeutung seines Nibelungendramas wohl bewußt
gewesen. »Ewig« bleibt allerdings ein zu großes Wort für
Menschenwerk, so wie es auf Wotans Götterburg nicht zutraf:

Plakat des Kölnischen Richard-Wagner-Vereins als Werbung
für die ersten Bayreuther Festspiele
(Aus dem Richard-Wagner-Museum in Eisenach)

315

Walhall geht am Ende der *Götterdämmerung* in Rauch und Flammen auf, und auch dem Musiktheater in heutiger Form wird eines Tages die Stunde schlagen. Aber nicht nur den leichter aufführbaren Dramen Wagners, auch der seinerzeit fast unaufführbaren *Nibelungen*-Tetralogie haben die ersten hundert Lebensjahre so gut wie nichts anhaben können. Sie sind – entgegen der seinerzeitigen Bestimmung ihres Schöpfers – in das herrschende Musiktheater integriert worden – *Der Ring des Nibelungen* allerdings als Ausnahmeunternehmen im Operngeschehen.

Worterklärungen zur *Götterdämmerung*

aber: abermals
Albe: koboldartiges Wesen, Naturwesen, geschieden in Licht-
    Alben und Nacht-Alben oder Schwarz-Alben
bruderbrünstig: in Sehnsucht nach dem Bruder
brünstig: heftig, leidenschaftlich
entraten: aus Zeichen raten oder lesen, erraten
freislich: kämpferisch, stark
Friedel: Liebesgespiele
frieden (jemanden): sich (jemanden) geneigt machen; binden,
    gewinnen
gehrenswert: begehrenswert
geizen: ersehnen, wünschen, begehren
Gibich: Stammvater der Gibichungen, also Ahne Gunthers
greinen: jammern, weinen
Haft: Zusammenhalt, Band
Hella: nächtliche Göttin, Todesgöttin der germanischen
    Mythologie
jach: jäh, stark, eilig
künstlich: künstlerisch
Loges Heer: die Feuergeister
Lohe: Feuer, Flamme
Magen: Sippe, Verwandte
magdlich: mädchenhaft, jungfräulich
neidlich: beneidenswert
Nicker: Kobold
raunen: flüstern
Runen: Zauberzeichen
sehren: verletzen (auch tödlich), Sorge bereiten
Schaft: Körper einer Waffe
streitlich: kampfesstark
verwähnen: sich irren
weihlich: geweiht, heilig
Weltesche: Wagner übernimmt hier eine altnordische
    Sage von der zumeist »Yggdrasil« genannten
    Weltesche, welche die Erde trägt. Sie läßt Wotan
    fällen, als er seinen Untergang erkannt hat, und an

ihren brennenden Scheiten geht Walhall in Flammen
auf.

zehren: aufzehren, verbrauchen

zerschwingen: zerschlagen, zerschmettern

Feststellungen, Bemerkungen, Gedanken zur *Götterdämmerung*

und dem damit abgeschlossenen *Ring des Nibelungen*

1. *Der Ring des Nibelungen* ist nicht nur Wagners, es ist der gesamten Opernliteratur weitaus umfangreichstes Werk. Vier abendfüllende Stücke dramatisch wie musikalisch einheitlich zu gestalten, das war eine kühne Idee. Und eine utopische dazu, wie Wagner genau wußte. So meinte er selbst, eine szenische Verwirklichung dieses großen Dramas werde erst möglich werden, wenn eine »große Revolution« die Theater seiner Zeit vernichtet und ein »neues Publikum« geschaffen haben werde. Da er im weiteren Verlauf seines Lebens an diesen vollständigen politischen und sozialen Umsturz immer weniger glaubte, rief dieses dem »normalen« Bühnenbetrieb unerreichbare Werk seinen Gedanken eines Festspiels und des dazu zu errichtenden Hauses hervor. Und tatsächlich: das Festspielhaus in Bayreuth und das erste Erklingen des Nibelungenrings werden zusammenfallen – 28 Jahre nach dem Auftauchen der ersten Idee zu diesem Werk. (Von den Komponisten, die ähnlich überdimensionale Musikdramen planten, seien hier nur zwei genannt: Hector Berlioz schuf von 1856 bis 1859 ein zweiteiliges, nach eigener Angabe ungefähr acht Stunden beanspruchendes Werk *Die Trojaner*, und der Spanier Felipe Pedrell plante, ganz nach Wagners Vorbild, ein Drama *Die Pyrenäen*, auf drei Abende veranschlagt, das in Barcelona 1902 erstmals szenisch erklang.)

2. Ermöglicht wurde der an sich so utopische Nibelungenring Wagners vielleicht nur dadurch, daß er nicht in seiner Gesamtheit plötzlich vor die Seele des Dichter-Komponisten trat. Er erdachte *Siegfrieds Tod*, der ihn 1848 als das Drama eines idealistischen Anarchisten fesselte und der, obwohl er die bis dahin geschaffenen Werke (*Rienzi, Der fliegende Holländer, Tannhäuser, Lohengrin*) übertreffen würde an musikalischer Schwierigkeit, instrumentalem Aufwand, Ausdehnung und Konsequenz in der Durchführung neuer dramatischer Grundgedanken, vielleicht doch

größeren Bühnen nicht unerreichbar sein sollte. *Siegfrieds Tod*, die Keimzelle der künftigen Tetralogie, legte aber, kaum geschaffen, Wagner einen *Jungen Siegfried* nahe, um den Werdegang des Helden von seiner Kindheit her zu erklären, nicht anders als die moderne Psychologie dies tut, wenn sie die Wurzeln menschlicher Taten und Gedanken in Erlebnissen der Kindheit und Jugend sucht.

3. Kaum aber war *Der junge Siegfried* entworfen, fand Wagner es für notwendig zu erläutern, wie ungewöhnlich die Eltern eines solchen Helden und ihr Schicksal gewesen sein mußten: *Die Walküre* entstand mit ihrer doppelten Tragik: der des Wälsungenpaares Siegmund und Sieglinde und der des trotzigen, aber im Tiefsten moralisch vertretbaren Aufbegehrens der Walküre Brünnhilde gegen ihren göttlichen Vater Wotan. Und kaum war *Die Walküre* skizziert, trieb es Wagner, Wotans ausweglose Verstrickung in die Fesseln eigener Gesetze aufzuzeigen und so von seinen frühesten Schwankungen und eigensüchtigen Fehlern den unentrinnbaren Weg in einen Untergang, eine *Götterdämmerung*, nachzuzeichnen, die dann nach ungefähr fünfzehnstündiger Spieldauer eintreten mußte.

4. Den riesigen Ausmaßen des in seiner Gesamtheit *Der Ring des Nibelungen* betitelten Dramas entspricht die zentrale Stellung des Werks in Wagners Leben und Schaffen. Seine Entstehung reicht von der Dresdener Kapellmeisterzeit über das Zürcher Exil, die rasch wechselnden Schauplätze von Wagners Leben nach der Flucht aus der Schweiz, das Umherirren in äußerster Bedrängnis und über die wunderbare Rettung durch Ludwig II. hinaus bis in das neuerliche, nun Tribschener Exil und den Vorabend der Eröffnung des Festspielhauses in Bayreuth: also über einen Zeitraum von mehr als einem Vierteljahrhundert. Natürlich hat Wagner nicht unausgesetzt während so langer Epochen an diesem Drama gearbeitet; es wechselten Abschnitte intensivster Beschäftigung und Unterbrechungen. In eine dieser Unterbrechungen fällt die Geburt der Oper *Tristan und Isolde,* in eine andere die Vollendung der Arbeit an den *Meistersingern von Nürnberg.* Immer wieder jedoch kehrt Wagner zu diesem, seinem größten Werk zurück und ruht nicht, bis

er es – nun mit den endgültigen Titeln: *Das Rheingold*, *Die Walküre*, *Siegfried* und *Götterdämmerung* – restlos beendet hat.

5. Wagners Weg geht, vom rein historischen und eigentlich noch wenig »Wagnerischen« Frühwerk *Rienzi* abgesehen, von der Sage und Legende zum Mythos. Er selbst beschreibt dies in seiner *Mitteilung an meine Freunde* bereits 1851, als er eben *Siegfrieds Tod* den *Jungen Siegfried* dichterisch – noch lange nicht musikalisch – vorausschickte:

> ...*Meine Studien trugen mich so durch die Dichtungen des Mittelalters hindurch bis auf den Grund des uralten deutschen Mythos; ein Gewand nach dem anderen, das ihm die spätere Dichtung entstellend umgeworfen hatte, vermochte ich von ihm abzulösen, um ihn so endlich in seiner keuschesten Schönheit zu erblicken. Was ich hier ersah, war nicht mehr die historische konventionelle Figur, an der uns das Gewand mehr als die wirkliche Gestalt interessieren muß, sondern der wirkliche, nackte Mensch, an dem ich jede Wallung des Blutes, jedes Zucken der kräftigen Muskeln, in uneingeengter, freiester Bewegung erkennen durfte: der wahre Mensch überhaupt ... Hatte mich nun schon längst die herrliche Gestalt des Siegfried angezogen, so entzückte sie mich doch vollends erst, als es mir gelungen war, sie, von aller späteren Umkleidung befreit, in ihrer reinsten menschlichen Erscheinung vor mir zu sehen. Erst jetzt auch erkannte ich die Möglichkeit, ihn zum Helden eines Dramas zu machen, was mir nie eingefallen war, solange ich ihn nur aus dem mittelalterlichen Nibelungenliede kannte ...*

6. Und so vollzieht Wagner für dieses Werk eine große geistige Synthese zwischen dem *Nibelungenlied* und der nordischen *Edda* sowie anderen mythischen Quellen. Die sogenannte »Lieder-Edda«, um die Mitte des 13. Jahrhunderts auf Island niedergeschrieben, enthält die Mehrzahl der Gestalten, die Wagner in seinen Nibelungenring einbaute: Sigurd, Brynhild, Gudrun oder Krimhild; sie erzählt auch von Alfader, dem »Allvater« Wotan oder Wodan oder Odin, dem Herrn der Welt. Auffallende Ähnlichkeiten zwischen der nordischen und der mittelmeerischen, der grie-

chisch-römischen Mythologie, aber auch der indischen, hindustanischen tauchen auf. In ihnen allen gibt es Naturgötter, die sich in zwei Gruppen scheiden lassen: die »lichten« und die »dunklen«, die »guten« und die »bösen«. Tiefer als die Götter stehen sagenhafte Wesen, die teils im Wasser, teils im Innern der Erde, teils in den Lüften als Nixen, Zwerge, Geister lebten. Was hat Wagner nicht alles aus den Gedanken und Überlieferungen der verschiedenen *Eddas* geschöpft! Da ist Loke, Loki oder Logi, den Wagner Loge nennt: Er ist eine Feuergestalt und so ein gefährlicher Gegner der Götter, bis diese ihn, als Halbgott, an ihre Seite bringen; er ist nie recht zu fassen, falsch, betrügerisch, aber äußerst gescheit. Er leistet den Göttern wertvolle Hilfe – so, wie bei Wagner, als es um die Befreiung der Göttin Freia geht –, wendet sich aber später wieder gegen sie und trägt sogar zu ihrem Sturz bei – eine Wandlung, die Wagner zu Ende des *Rheingold* andeutet. Da ist – bei Wagner weniger wichtig – der Gott des Gewitters Donar oder Thor, bei Wagner Donner, Besitzer eines tödlichen Hammers von unheimlicher Gewalt; den raubt ihm eines Tages ein Riese und verlangt für seine Rückgabe die Göttin Freia, eine Episode, die Wagner gänzlich verändert, da er Freia als ausbedungenen Lohn Wotans an die Riesen für den Bau der Burg Walhall einführt. Bei der Rückgewinnung des Hammers muß Loki oder Loge seine ganze Schlauheit anwenden, so wie er es bei Wagner tun muß, um das »Pfand« Freia einzulösen. Da ist auch Froh, ursprünglich eine Art nordischer Hermes, leichtfüßig wie Merkur und Götterbote, aber er gewinnt bei Wagner kaum ein eigenes Profil. Verworren sind die Verwandtschaftsverhältnisse. Wagner macht aus Donner und Froh Brüder der Gemahlin Wotans, Fricka. Doch in uralten Sagen kommen sie manchmal als Brüder Wotans vor; ist Wotans und Frickas Ehe eine Verbindung zwischen Geschwistern? So wie Wagner es für Siegmund und Sieglinde schildert und so, wie es als höchste Stufe der Vereinigung in manchen Kulturkreisen fernsten Altertums – der Ägypter etwa oder der Inkas – gilt?

7. Die vielleicht interessanteste Gestalt der alten Mythen und wohl auch des Nibelungenringes Wagners ist Erda. In der

322

Edda heißt sie Woela oder Wala – ein Wort, das Wagner zum Symbol der weisesten Geschöpfe macht: des Geistes oder der Göttin der Erde. Diese ist keine Göttin im Sinne Wotans, Frickas, Freias, Donners und Frohs. Wagner schildert sie als *der Welt weisestes Weib* und gibt ihr, als einziger des gesamten Dramas, das Attribut der Ewigkeit sowie der Allwissenheit – zwei der Eigenschaften, die unseren Gottesbegriff auszeichnen, den germanischen wie den mittelmeerischen Gottheiten aber nicht gegeben sind. Zu ihr geht Wotan, um sich Rat in seinen Nöten zu holen. Ihr ist es vorbehalten, in die Zukunft zu schauen, sie ist also auch dem griechischen Orakel verwandt. Ihre Helferinnen sind – aus der *Edda* übernommen – die Nornen, die den Schicksalsfaden weben, ihn verlängern, verknüpfen, aber auch abschneiden können, woraus sich das Geschick der Erdenbewohner ergibt. Der Name Erda – der nicht von Wagner stammt – läßt darauf schließen, daß wir es bei dieser Seherin oder Künderin mit einem Symbol der Erde zu tun haben, »ewig« wie die Erde selbst, unberührt vom Kommen und Gehen der Götter.

8. In der *Edda* findet sich als eines der wichtigen Kapitel die Erzählung von der Weltesche Yggdrasil; bei Wagner ist ihr nur eine periphere Bedeutung zugedacht. Der englische Schriftsteller des 19. Jahrhunderts Thomas Carlyle hat diesen die Weltkugel tragenden Baum so beschrieben, wobei er auf sehr alte Quellen zurückgeht: *Sie senkt ihre Wurzeln in die Tiefe des Totenreiches, ihr Stamm berührt den Himmel und ihre Zweige bedecken das Universum.* Wagner läßt Wotan, als er das Ende seiner Herrschaft kommen fühlt, die Weltesche fällen und mit ihren um die Götterburg Walhall aufgeschichteten Scheiten den Weltenbrand entzünden (mit dem die *Götterdämmerung* endet).

9. Auch Walhall kommt bereits in der *Edda* vor. Dort heißt die Burg ursprünglich Walhöl, was ungefähr »Saal der gefallenen Helden« bedeutet. Das Wort »Wal« spielt in Wagners *Ring des Nibelungen* eine wichtige Rolle: Wotan ist Walvater, die Wal oder Walstatt ist der Kampfplatz. So wäre »Wal« der Kampf, die Schlacht, Wotan Herr der Schlachten. Aus diesen führen die Walküren, Wotanskinder

auf geflügelten Rossen, die toten Helden nach Walhall in Wotans Saal oder Burg. Wotan »kiest« die Wal – wie es in der *Walküre* steht –, was bedeutet: Er entscheidet das Schlachtengeschick im voraus und läßt es von den Walküren verwirklichen. Um den Ursprung jedes Gedankens, den Wagner in seinem Werk verarbeitet, in *Edda* oder *Nibelungenlied* festzustellen, wäre ein sehr ausführliches Studium vonnöten. Das mag interessant sein, gehört aber nicht unbedingt zum Verständnis von Wagners Musikdrama. Und mindestens ebenso fesselnd ist es festzustellen, wie frei Wagner sich von allen seinen Vorlagen gemacht hat, wie großartig seine eigene Phantasie neue Zusammenhänge schuf, ungeahnte Verbindungen herstellte, dem Mythos pulsierendes Leben einhauchte. Wäre es Wagner nicht gelungen, seinem Werk den Eindruck höchster Aktualität zu geben, so wäre ein deutscher »Amtsrichter« kaum auf den »Einfall« gekommen, den *Ring des Nibelungen* auf Straftaten im Sinne des modernen Gesetzbuches zu untersuchen und – wie gerne täte er es wohl wirklich! – theoretisch Verurteilungen der darin handelnden Personen zu insgesamt *fünfmal lebenslänglichem Zuchthaus und 90 Jahren Freiheitsentzug* auszusprechen...

10. Um Mythos in Musik zu setzen, erschien Wagner die bis dahin von ihm vor allem angewendete Form von Reim und Vers als untauglich. Auch zu diesem wichtigen Punkte kann er selbst zitiert werden: ...*Somit mußte ich auf eine andere Sprachmelodie sinnen; und doch hatte ich in Wahrheit gar nicht zu sinnen nötig, sondern nur mich zu entscheiden, denn an dem urmythischen Quell, wo ich den jugendlich schönen Siegfried-Menschen fand, traf ich auch ganz von selbst auf den sinnlich vollendeten Sprachausdruck, in dem einzig dieser Mensch sich kundgeben konnte. Es war dies der, nach dem wirklichen Sprachakzente zur natürlichsten und lebendigsten Rhythmik sich fügende, zur unendlich mannigfaltigsten Kundgebung jederzeit leicht sich befähigende stabgereimte Vers, in welchem einst das Volk selbst dichtete, als es eben noch Dichter und Mythenschöpfer war,* schreibt Wagner 1851 in

seiner *Mitteilung an meine Freunde*. Und so wurde *Der Ring des Nibelungen* die zweifellos bedeutendste Stabreimdichtung der neueren deutschen Zeit.

11. Zum Stabreim gehört die Alliteration, die Häufung gleicher oder gleichklingender Konsonanten, vornehmlich zu Beginn oder an Betonungspunkten der Sätze. Es war klar, daß eine solche Sprache, die zur Darstellung des Mythos hervorragend geeignet, aber dem modernen Bewußtsein längst entschwunden war, viele Parodisten auf den Plan rief – neben zahllosen Nachahmern, die im Grunde an den Parodien schuldiger waren als ihr Meister, als Wagner selbst. Das zu Beginn unseres Jahrhunderts äußerst populäre Witzblatt *Simplicissimus* erfand einen Scherz auf Kosten der Alliterationen Wagners, der jahrzehntelang die Runde unter den Musikern des gesamten deutschen Sprachgebietes machte: »Schabst du Schello, schäbiger Schuft?« »Nein, ich goge die Gige, geifernder Gauch!«

12. Wagners Dichtungen haben seit jeher Kritiken und Einwände, Spott und Parodie hervorgerufen. Wer – wie es leider geschehen ist – seine Musikdramen ohne Musik dem Publikum vorlesen oder vorspielen läßt, tut ihnen einen schlechten Dienst. Denn losgelöst von der Vertonung mag wohl manches an den *Nibelungen*-Versen (oder in *Tristan und Isolde*) seltsam, vielleicht unhaltbar anmuten, aber ein solches Vorgehen ist im höchsten Maße unstatthaft. Wagners Dichtung ist keine Dichtung im Sinne Goethes, Eichendorffs, Rilkes; sie erweist ihre Stärke, ja ihren Sinn nur und ausschließlich in Verbindung mit der von ihm darübergeworfenen Musik. Und seine Musik ist nicht absolut – wie etwa die seines Zeitgenossen Brahms –, sondern nur gemeinsam mit dem Drama und dessen Sprache vollgültig. Darum gehen die oft gehörten oder gelesenen Kritiken, die einen dieser Aspekte allein zu beurteilen suchen, von vornherein in die Irre. Wagners Schöpfungen sind, so häßlich das Wort auch sein mag, »Gesamtkunstwerke«. Die Dramatik, die Verse, die szenische Erfindung, die Musik, der Bewegungsablauf: Das alles sind nur Teile eines großen Ganzen, und nur dieses Ganze steht, unteilbar, zur Beurteilung.

13. Natürlich hat Wagner, wie jeder Mensch und also auch jeder Meister, Vorbilder, Vorläufer. Weder ist das Gesamtkunstwerk seine Erfindung, noch die »Durchkomposition« ganzer Akte, also die Eliminierung der »Musiknummern«, der einzelnen Stücke mit verbindender Prosa. Vom Gesamtkunstwerk träumten bereits die Schöpfer, die »Erfinder« der Oper, die »Camerata Fiorentina« um 1590, die mit ihr eine Wiederbelebung des griechischen Dramas anstrebten. Ihr erster »Klassiker«, Claudio Monteverdi, suchte es (mit *Orfeo*, 1607) zu verwirklichen. Zum Gesamtkunstwerk zurück – nach langer Verflachung und Verkennung der ehemaligen Ideale – strebte dann der große Opernreformator Gluck, als er mit dem Textdichter Raniero de Calsabigi daranging, das Musiktheater von seinen Dekadenzerscheinungen zu befreien. Daß ein so vielseitiges Konzept am reinsten und vollendetsten einem Manne gelingen mußte, der in derselben Person die Talente eines Librettisten, eines Komponisten, eines Dramatikers und eines Choreographen vereinigte wie Wagner, liegt auf der Hand. Einen durchaus ähnlichen Werdegang wies die »Durchkomposition« ganzer Akte auf: Auch die war in den frühesten Musikdramen der Camerata und Monteverdis verwirklicht, ging dann verloren zugunsten von Werken, die gewissermaßen aus zwei verschiedenen Teilen bestanden: den rein melodiösen Partien, die etwa in Arien ein festes Gefüge erhielten, und anderen Partien, in denen der Sprechgesang vorherrschte und in denen dann vorzugsweise das dramatische Geschehen im Vordergrund stand. Italien kannte niemals das gesprochene Wort in einer Oper; hingegen verwandelten sich in Frankreich und Deutschland die rezitativischen Sprechgesang-Teile in gesprochene Dialoge. Die deutschen Romantiker, die zweifellos die Schwäche dieser Zweiteilung fühlten, versuchten sie in »durchkomponierten« Werken auszumerzen. So entstanden z. B.: Schuberts *Alfonso und Estrella* (1821), Spohrs *Jessonda* (1823), Webers *Euryanthe* (1823) – bis Richard Wagners Musikdrama diesen Zwiespalt endgültig überwand (der völlig überraschend in Werken des 20. Jahrhunderts abermals auftauchte). Schließlich ist auch die

Leitmotiv-Technik, die im *Ring des Nibelungen* besonders stark entwickelt ist, keine Erfindung Wagners, worüber in einem eigenen Kapitel nachzulesen ist. (Vergl.
S. 351 ff.).

14. In vielen musikalischen Belangen stellt Carl Maria von
Weber den unmittelbaren musikalischen Vorläufer Wagners
dar. Dessen genialer *Freischütz* lieferte Wagner wichtige
Ansatzpunkte. So entwickelt Wagner Webers »Klangfar-
ben« weiter, die Klangwirkung einzelner Instrumente und
ihre zielbewußte dramatische, psychologisierende Wirkung;
ebenso die Verwendung bestimmter charakteristischer
Harmonien (die man ebenfalls als klangmalerisch bezeichnen könnte) wie etwa des verminderten Dreiklangs, den
schon Weber sehr bewußt zur Erzielung düsterer, auch
spukhafter oder bedrohlicher Stimmungen einsetzt. Daß
Wagner auch anderen romantischen Komponisten – so
Berlioz, Mendelssohn, Schumann, Liszt – Anregungen
verdankt, ist oft behauptet und nachgewiesen worden. Im
Beginn des *Rheingold* gibt es sogar einen sehr direkten,
fast wörtlichen Anklang an Mendelssohns Ouvertüre *Das
Märchen von der schönen Melusine*. Wir wissen von
Wagner selbst, daß er die tönende Vision zu der eindrucks-
vollen Anfangsszene »in der Tiefe des Rheins« während
eines ohnmachtähnlichen Anfalls in einer italienischen
Kleinstadt erlebte, aber das schließt nicht aus, daß in seinem musikalischen Gedächtnis – dem Gedächtnis eines
Kapellmeisters zahlreicher Werke in langjähriger Praxis –
unbewußt jene Klänge Mendelssohns gespeichert lagen
und im geeigneten Augenblick ohne Zutun, ja ohne Wissen
Wagners zutage traten. Das ist eine Erscheinung, die bei
jedem großen Komponisten, jedem Dichter, jedem Maler
bei einigermaßen schlechtem Willen nachzuweisen wäre,
besonders bei solchen, die im praktischen Kunstleben – als
Korrepetitoren, Dirigenten, Dramaturgen, Restauratoren –
tätig sind; in deren Gehirn befinden sich viele fremde
Werke gespeichert und mischen sich gelegentlich unter die
schöpferischen Gedanken, so daß eine strenge Trennung
unmöglich wird. Doch selbst dort, wo solche Anklänge bei
Wagner aufscheinen, ist deren Verwendung eine vom Ori-

ginal so völlig verschiedene, daß jeder Plagiatsvorwurf in sich zusammenfällt.

15. Ist von »Vorgängern« Wagners die Rede, so sollte zweier Männer gedacht werden. Einer der frühesten Romantiker, Johann Gottfried Herder (1744–1803) – dem die deutsche Sprache das schöne Wort »Volkslied« verdankt und die deutsche Geistigkeit eine Fülle von Anregungen – hat fast hundert Jahre vor Wagner den Gedanken eines »Gesamtkunstwerkes« ausgesprochen. Noch deutlicher hat vielleicht der Dichter Jean Paul (1763–1825) Wagner vorausgeahnt, als er den Wunsch aussprach, das Schicksal möge einmal anstatt wie bisher stets das Dichtertalent dem einen, das Musikergenie einem anderen zuzuteilen, beide in der gleichen Persönlichkeit vereinen. Und diese Prophezeiung sprach er im Jahre 1813 aus, in Wagners Geburtsjahr also, und in der Stadt Bayreuth, die mehr als 60 Jahre später Wagners Festspielhaus und endgültigen Sieg erleben sollte...

16. Wagner gehört zu jenen Meistern, die den weitaus größten Teil der entworfenen Szenen in ihren Werken tatsächlich unterbringen; das ist durchaus nicht die Regel. Zweimal kommt es vor, daß Wagner schon gedichtete und in Musik gesetzte Stellen schließlich dem fertig werdenden Werke nicht einverleibt. Aus *Lohengrin* entfernte er die Fortsetzung der *Gralserzählung* und steigerte damit zweifellos deren Wirkung, denn nach *Mein Vater Parzival*[1] *trägt seine Krone, sein Ritter, ich, bin Lohengrin genannt* und dem blendenden A-Dur-Schluß auf diesen Worten konnte keine Steigerung mehr denkbar sein.

In *Götterdämmerung* geschah nun etwas Ähnliches. Wagner dichtete für Brünnhildes großartigen Monolog vor dem Selbstmord dreißig Zeilen, die in der endgültigen Fassung nicht vorkommen. Sie beginnen mit den Worten *Ihr, blühenden Lebens bleibend Geschlecht, was ich nun melde, merket es wohl!* und gipfeln im Bekenntnis:

---

[1] damals noch in dieser Orthographie

Nicht Gut, nicht Gold,
noch göttliche Pracht;
nicht Haus, nicht Hof
noch herrischer Prunk;
nicht trüber Verträge
trügender Bund,
noch heuchelnder Sitte
hartes Gesetz:
selig in Lust und Leid
läßt – die Liebe nur sein!

So war noch einmal unterstrichen, was Meineid und Mord, Trug und Gewalt, Machtgier und Neid beinahe unsichtbar gemacht hatten: daß der *Ring des Nibelungen* im Grunde eine Apotheose der Liebe war; keine Verherrlichung des Heldentums, keine der Götterherrschaft, keine des Besitzes – einzig und allein ein Hohes Lied der Liebe. Als König Ludwig II. erfuhr, daß Wagner diese Zeilen, die ihn im Textentwurf so entzückt hatten, in der endgültigen Fassung fortlassen wollte, flehte er ihn an, es nicht zu tun: *...Sehr beklagen würde ich es, wenn Sie die früher gedichteten Schlußworte der Brünhilde[1]:* »*Selig in Leiden und Lust lässet[1] die Liebe nur sein*« *nicht komponieren würden, denn gerade Brünhildens Abschieds-Worte sind von so hinreißender, heiliger Gewalt...,* schreibt er dem Freund am 19. September 1874. Und, wie schon in der Geschichte erwähnt, kommt der Monarch auf diese ihm liebgewordene Stelle zurück: *...Ich bitte Sie, teuerster Meister, inständig, für mich (wenn Sie auch sonst nichts davon wissen wollen) jene leidenschaftlich von mir geliebten Worte, die Sie früher für die Brünhilde bestimmt hatten, in Musik setzen zu wollen, jene Verse, welche mit* »*Verging wie Hauch der Götter Geschlecht*« *beginnen, mit* »*selig in Leiden und Lust läßt die Liebe nur sein*« *enden. Außerordentlich würde es mich freuen, in den Aufführungen vor mir jene so tief bedeutsamen, so wahrheitserfüllten Worte, jenes herrlich erhabene Evangelium der Liebe, welches Brünhilde*

---

[1] König Ludwigs Schreibweise ist beibehalten.

der Welt vor ihrem Scheiden zurückläßt, erklingen zu hören ... Wagner antwortet am 6. April 1875: *Die Strophe Brünnhilde's soll von mir in Musik gesetzt, und von der Sängerin in diesen Vorstellungen eingefügt werden* ... Und vier Monate später schreibt er: ... *Was nichts erwirken konnte, das erwirkte der, die tiefste Seele mir durchdringende und neu belebende Ausdruck Ihres himmlischen Briefes! Ich genas von Übermüdung und – keimendem Ekel! Ich fand die Musik zu den Ihnen so lieben Worten der Brünnhilde* ... In der endgültigen Fassung aber sind die betreffenden Zeilen dann doch weggelassen worden. Wagner rechtfertigt es so: *Daß diese Strophen, weil ihr Sinn in der Wirkung des musikalisch ertönenden Dramas bereits mit höchster Bestimmtheit ausgesprochen wird, bei der lebendigen Ausführung hinwegzufallen hatten, durfte schließlich dem Musiker nicht entgehen.*

17. In *Götterdämmerung* gipfelt und endet das riesige Werk, ein weite Zeiträume umspannendes Kolossalgemälde von Anbeginn einer Weltepoche zu ihrem Ende. Thomas Mann hat es eine *Kosmogonie* genannt, ein Wort, dem wir nicht voll zustimmen können. Sollte es aber hier nur als Synonym für »gewaltiges Werk« gemeint sein, dann pflichten wir dem deutschen Nobelpreisträger gerne zu. Weltall und Erde bestehen bereits, als das Drama Wagners *in der Tiefe des Rheins* seinen Ausgang nimmt. Und der Weltenbrand, den Siegfrieds Tod herbeiführt und Brünnhilde entzündet, vernichtet die Erde nicht und ebensowenig den Weltraum, den Kosmos. In der ersten Szene (des *Rheingold*) gibt es längst Licht und Finsternis (die Haydn im grandiosen ersten Teil seiner *Schöpfung* erst sich voneinander scheiden läßt), es gibt die Ströme, die feste Erde mit ihren Bergen, die Wälder; und sie sind bewohnt – noch nicht von Menschen, wohl aber von menschenähnlichen Wesen: den Nixen im Wasser, den Nibelungen oder Zwergen in den Erdhöhlen und Klüften, den Riesen *auf der Erde Rücken.* Und den Göttern, die den Kampf um die Macht gewonnen haben. Von diesem Kampf um die Macht handelt im Grunde das gesamte Drama. Wagner symbolisiert ihn im goldenen Ring, den alle begehren: die Nibelungen, die

plumpen Riesen, selbst die Götter. Und, wie man annehmen muß, auch wenn es nicht unmittelbar gezeigt wird, die Menschen. Nur ein einziger begehrt das Gold nicht: Siegfried, Wotans Enkel und Sinnbild einer neuen, jungen, starken Generation. Ihn kümmern weder der Wert noch die Macht, die im Golde beschlossen sind. Wüßte er um sie, vielleicht könnte er ihren Fluch bekämpfen, der durch Liebesverzicht entstanden war: indem er die Liebe als höchstes Gut der Welt ihnen bewußt entgegengesetzt hätte. Viele Beobachter haben den *Ring des Nibelungen* ein antikapitalistisches Drama genannt. Es ist durchaus möglich, daß dies Wagners Absicht war, als er es 1848, in seiner revolutionären, anarchistischen Zeit, entwarf. In seiner endgültigen Ausführung aber wäre eine solche Interpretation fraglich. Siegfried bekämpft das Gold nicht, da er seine Bedeutung gar nicht erkennt. Brünnhilde kennt seinen Fluch und beendet den tragischen Zyklus, den es ins Rollen gebracht hat. Bis zu ihrem letzten Augenblick trägt sie den Ring, des geliebten Siegfried Ring, am Finger, und dann kehrt er nach ihrem Wunsch in den Rhein zurück, in die stille Wassertiefe, aus der er nie hätte herausgeholt werden sollen.

18. Siegfried fällt im Kampf um den Ring, dessen Bedeutung er nicht kennt. Kurz vor seinem Tod ist er nahe daran, den Rheintöchtern das Kleinod zu schenken. Hätte er es getan..., würde dann Hagen trotzdem den Mord an ihm verüben? Oder bräche dann mit dem Löschen des Fluchs durch die reinigenden Fluten des Wassers eine neue Ära an? Wäre es eine Epoche der Liebe und des Friedens? Wenn Hagen aber Siegfried nicht mehr nach dem Leben trachtete, ihn also nicht mehr des »Meineids« überführen wollte, dann gäbe er ihm nicht den Gegentrank, der das Vergessen widerriefe. Und Brünnhildes Schmerz, ihre Trauer um den sich selbst entfremdeten Siegfried hätten nach einer anderen Lösung verlangt.

Es gibt also keinen anderen Ausweg als den von Wagner dargestellten. Eine Epoche rollt unweigerlich ihrem Ende entgegen. Die Menschenwelt und die Götterwelt sind rettungslos korrumpiert, nur ein Neubeginn nach einem vollständigen Zusammenbruch kann eine wahrhaft neue Welt heraufführen ...

19. Die Frage, die – denkt man das Drama in dieser Art durch – zu stellen wäre, müßte anders lauten: Wird die neue Epoche, die eines – vielleicht Millionen Jahre entfernten – Tages heraufdämmern wird, wieder eine des Machtkampfes, voll Raub, Haß, Gier und Mord sein, gegen die Liebe und Edelmut einen so schweren Kampf zu bestehen haben werden wie jenen, den Wagner symbolhaft im *Ring des Nibelungen* erzählt? Kommt ein neuer Alberich und verflucht die Liebe, um Gold und Macht erringen zu können? Und verfallen dem Gold und dem Machttrieb dann wieder die Wesen unter, auf und über der Erde? Wagner hat ein Werk geschaffen, das Fragen aufwirft und zum Nachdenken zwingt.

20. Zuletzt aber siegt doch die Liebe. Nicht Hagen, der die Macht für sich selbst und für seine Rasse erstrebt, bleibt Sieger, sondern die von Gier nach Gold und Machtkampf freien, liebeerfüllten Wesen Siegfried und Brünnhilde. Sie verbrennen gemeinsam im reinigenden Feuer, das sie entsühnt von – unbewußtem – Treuebruch und – rächendem, aber befreiendem – Mord; sie werden erlöst in einer höchsten Vereinigung, die jene ihres kurzen irdischen Zusammenlebens unendlich übertrifft. Zur reinigenden Kraft des Feuers tritt die reine, heilige Macht des Wassers. Die letzte, tiefste Vereinigung zweier Menschen erfolgt in der Unendlichkeit der Elemente. Wagner liebt die »Erlösung«: Senta entschwebt mit dem durch ihre treue Liebe erlösten Fliegenden Holländer in den Himmel; Elisabeth erlöst durch ihre reine Liebe den sündigen Tannhäuser, dem nicht einmal der Papst eine solche Erlösung zugestehen wollte; Tristan und Isolde sterben den Liebestod, sie gehen erlöst von irdischem Sehnen, untrennbar Eins geworden, in die Ewigkeit ein.

Und so gehen – es ist wieder ein Liebestod im tiefsten Sinne des Wortes – Siegfried und Brünnhilde in die Erlösung aus irdischen Verkettungen in die Unendlichkeit ein.

21. In die Unendlichkeit? Für Brünnhilde besteht kein Zweifel daran, daß sie durch ihren Freitod für immer mit Siegfried

vereinigt sein wird. Aber genaugenommen wirft auch dieser Punkt Fragen auf. An welches Jenseits, an welche Unsterblichkeit kann sie glauben? Sie stammt aus Walhall, dem (germanischen) »Himmel« der toten Helden; sie wurde aus Walhall verbannt, das nun – durch ihre letzte Erdentat – in Flammen aufgeht, in Nichts versinkt. Wo glaubt sie, mit Siegfried für immer vereinigt zu werden? Es wird nicht gesagt, und es ist für Wagners Drama wohl auch nicht so wichtig. Oder sollte da dem Schöpfer dieses Dramas ein Denkfehler unterlaufen sein? Ist die Vereinigung zweier Menschen im »Jenseits« nicht schon eine christliche Idee?

22. Wagners Kritiker haben ihm manchmal die wiederholte Verwendung »magischer« Tränke vorgeworfen und darin ein zu leichtes Mittel zur Schürzung dramatischer Knoten gesehen. In *Tristan und Isolde* ruft der von Brangäne anscheinend irrtümlich bereitete Trank keineswegs Tristans und Isoldes gegenseitige Liebe hervor, sondern räumt nur konventionelle Hemmungen aus dem Weg, so daß diese längst schwelende und mühsam zurückgedämmte Leidenschaft nun endlich ihren vollen Ausbruch erleben kann. Schwieriger ist die Deutung des Vergessenstrankes, den Hagen durch Gutrune Siegfried bei seiner Ankunft am Gibichungenhofe reichen läßt. Der Trank – wie die moderne Wissenschaft es erklären würde – bewirkt eine partielle Amnesie im Gehirn Siegfrieds. Doch vielleicht »verdrängt« der Trank aus Siegfrieds Bewußtsein, was sein Unterbewußtsein ohnedies ein wenig zurückdämmen wollte: die vollständige und bedingungslose Bindung an Brünnhilde? Wagner selbst läßt Siegfried bei seiner Begegnung mit den Rheintöchtern ausdrücklich mit dem Gedanken eines erotischen Abenteuers spielen; tut er das nur unter der Einwirkung des Vergessenstrankes, der Brünnhildes Bild in ihm ausgelöscht hat? Doch: hat er nun nicht eine Treuepflicht gegen Gutrune, die er soeben erst zur Ehefrau genommen hat? Taucht hier im Bilde Siegfrieds eine »Anfälligkeit« für weibliche Reize auf, die mit dem Trank nichts zu tun hat? Es gäbe noch verschiedene mögliche Erklärungen. Brünnhilde, die erste Frau, der Siegfried im

Leben begegnete, hat, obwohl sie nun ein irdisches Weib wurde, noch manches der einstigen Göttin an sich, sie ist erhaben, überirdisch, Siegfried weit überlegen. Später begegnet er dieser Gutrune, die so gänzlich anders geartet ist: lieblich, jungmädchenhaft, zart und zärtlich, erotisch reizvoll. Siegfried ist durch manches Abenteuer gegangen: daher sein Ruhm, der ihm bis an den Gibichungenhof vorausgeeilt ist und unter denen der Kampf gegen den Drachen Fafner nur das aufsehenerregendste und folgenreichste darstellt, und er befindet sich auf dem Wege zu immer größerer menschlicher Vollendung und Vervollkommnung, aber er ist noch sehr jung, seiner selbst noch kaum bewußt, sehr weltunkundig. Er kann das *ungeheure Problem der Treue* (wie Hugo von Hofmannsthal in einem Brief an Richard Strauss zur Erklärung seines Textbuches zur *Ariadne auf Naxos* schreibt) noch nicht erkennen und erfassen. In Gutrune begegnet Siegfried einer Frau, die nichts Überlegenes, Erhabenes an sich hat, sondern zu ihm aufblickt, die nur Weib sein will und ist und in Siegfried ganz andere Gefühle hervorruft, als es Brünnhilde tat. Läßt ihn das – und nicht oder nicht nur der Trank – Brünnhilde vergessen? Doch vielleicht sollte man nicht im Lichte modernster psychologischer Erkenntnisse nach Deutungen suchen, die Wagner höchstwahrscheinlich gar nicht angestrebt hat ...

23. Welche Deutung aber erklärt Siegfrieds grauenhafte Tat, mit der er Brünnhilde für Gunther besiegt und unterwirft? Mag der Vergessenstrank noch dafür herhalten, Siegfrieds Ahnungslosigkeit zu erklären, mit der er den feuerumbrannten Felsen abermals ersteigt. Aber der Zweikampf mit einer Frau, der nur durch brutale Gewaltanwendung entschieden wird, ihre Übergabe an einen ungeliebten, ja ihr verhaßten Mann wird durch einen solchen Zauber nicht entschuldbarer. Wie verurteilt Wagner in der *Walküre* einen Frauenraub, mit dem Hunding zum Ehegatten Sieglindes wird! Ein reiferer Mann, als Siegfried es in jenem Augenblick noch ist, hätte wohl gezaudert und die moralische Verantwortung überdacht, die er übermütig im Bewußtsein seiner Kraft und in der Begierde nach Gutrune auf sich lädt. Schuld oder Nichtschuld: sie werden durch

den Trank nicht hinlänglich geklärt. Nur Hagen erhält damit den Vorwand, den er sucht: er kann mit der Ermordung Siegfrieds »Meineid« rächen.

24. Brünnhilde hilft ihm dabei, und das wirft wieder Fragen auf. Ginge nur sie selbst nach Erkenntnis von Siegfrieds Verrat in den Tod, lebte dann Siegfried an Gutrunes Seite glücklich bis an das Ende seiner Tage? Gäbe es dann den Gegentrank nicht, der ihm die Erinnerung wiederbringt? Was täte Hagen, wenn Brünnhilde ihm nicht von der Verwundbarkeit Siegfrieds erzählte? Wagte er sich dann an den »Helden« heran, um ihm im Kampf den Ring zu entreißen, den er am Finger trägt und der Hagens höchstes Ziel darstellt? Vielleicht sind die wahrhaft großen Dramen jene, die Fragen nicht nur beantworten, sondern vor allem aufwerfen?

25. Brünnhilde erkennt, daß mit Siegfrieds Persönlichkeit eine entscheidende Veränderung vorgegangen sein muß, seit er sie verließ. Eine Entfremdung, die ihm zweifellos von außen aufgezwungen wurde. Noch ahnt sie nichts von Hagens verhängnisvollem Trank, aber sie fühlt, daß sie Siegfried nicht auf der ihm völlig fremden Bahn weitergehen lassen dürfe. Und so stimmt sie, die Große, Reine, mit Hagen, dem Finsteren und Gewissenlosen, darin überein, daß Siegfried sterben müsse. Kann sie, die einstige Göttin, Siegfried nicht selbst töten (da sie das Geheimnis seiner Verwundbarkeit als einzige kennt) und gemeinsam mit ihm in den Tod gehen? Muß sie Komplizin des »Bösen« werden? Oder ist sie ihrer einstigen überirdischen Eigenschaften so weit schon verlustig, daß sie Hagen nicht durchschaut und infolgedessen vielleicht für würdig hält, Siegfried zu erschlagen? Auf jeden Fall ist Brünnhilde an diesem Mord mitschuldig; hat sie das Recht, dem Ermordeten die großartigste Totenfeier zu bereiten, die je in einer Oper gezeigt wurde?

26. Rund um Hagen tauchen noch andere Fragezeichen auf. Woher stammt er? Wagner führt ihn als Sohn des Zwerges Alberich ein, des Nibelungen, der in gewissem Sinne als treibende Kraft in der Tetralogie bezeichnet werden muß: Er raubt das Rheingold, wozu er den schwersten Verzicht

leisten muß, der einem Lebewesen auferlegt werden kann, den Verzicht auf Liebe. Er entsagt ihr feierlich und für immer, während er das Gold dem Riff in der Rheinestiefe entreißt und mit ihm nach Nibelheim flieht. Dort schmiedet er den Ring, der Weltmacht verleihen kann. Weltmacht und Liebe, Gold und Liebe schließen einander aus, sind unversöhnliche Gegensätze: Das ist Wagners Leitidee, der Grundgedanke, der ihn das große Werk entwerfen ließ. Und es ist Bakunins, des Anarchisten Glaubensbekenntnis, zu dem der Wagner der Revolutionsjahre um 1848 sich glühend bekannte. Wieso kann Alberich, der den Liebesverzicht ausgesprochen hat, hernach einen Sohn zeugen? Die Erklärungen Wagners zu dieser Frage sind spärlich. Es wird lediglich einmal berichtet, der Zwerg habe *ein Weib bewältigt,* und nun wachse *des Hasses Frucht ihr im Schoß*: Hagen. Eine andere Bemerkung spricht nicht von einem Gewaltakt, sondern von der Wirkung des Goldes, von käuflicher Hingabe also. Das entspräche auch einem Gedanken Alberichs, der einmal erwähnt, er könne sich zwar keine Liebe mehr erwerben, aber doch *listig Lust erzwingen.* Wagner unterscheidet also sehr klar zwischen Liebe und Lust: dem höchsten Gefühl, dessen der Mensch fähig ist, und seiner rein animalischen Komponente. Von der Mutter Hagens erfahren wir nichts bis zur Szene im Gibichungenpalast, wo wir gleichzeitig die beiden Stiefbrüder Gunther und Hagen kennenlernen. Den »legitimen« Sohn Gibichs, und damit wohl Erben seines Landes, und den »illegitimen« Hagen, der zwar mit den Stiefgeschwistern Gunther und Gutrune am Hofe lebt, aber lediglich untergeordnetere Aufgaben erfüllen darf. Doch hat gerade er sich durch Klugheit und Entschlossenheit zum unentbehrlichen Ratgeber aufgeschwungen. Auch ihrer aller Mutter wird erwähnt: Frau Grimhild. War sie schon Gibichs Gattin, als sie Hagen empfing? Wäre in diesem Falle eine Bestechung durch Gold denkbar? Aber auch die Vergewaltigung ist unwahrscheinlich, denn hätte Fürst Gibich die Frucht dieser Tat an seinem Hofe aufgezogen? Wie immer: so viel Toleranz in einem altgermanischen Palast?

27. Hat Wagners gigantisches Gedankengebäude Schwächen oder gar »Fehler«? Eine Textstelle bei der Ankunft Brünnhildes am Gibichungenhof läßt diesen Gedanken sehr wahrscheinlich werden. Völlig gebrochen ist sie mit ihrem angeblichen Bezwinger Gunther an Land gegangen; da entdeckt sie Siegfried, der sie nicht mehr zu erkennen scheint. Und dann sieht sie an seinem Finger den Ring, den ihr Besieger ihr während des Zweikampfs vom Finger gerissen. Laut erhebt sie Klage, fragt, wie der ihr von Gunther geraubte Ring nun an die Hand Siegfrieds komme? In furchtbarer Verlegenheit behauptet Gunther, nichts von einem Ring zu wissen. *Wie mochtest den Ring du von ihm empfahn?* wendet sie sich an Siegfried, der ausweicht: *Den Ring empfing ich nicht von ihm.* Die Verwirrung wächst. Brünnhilde verlangt von Gunther, er solle von Siegfried den Ring zurückfordern, der ihm als ihrem Besieger und »Gemahl« gebühre. Gunther windet sich: *Den Ring? Ich gab ihm keinen...* Und Brünnhilde: *Wo bärgest du den Ring, den du von mir erbeutet?* Plötzlich erkennt sie die Wahrheit, die furchtbare Wahrheit: nicht Gunther war es, sondern Siegfried, der sie besiegte. Sie klagt nun Siegfried offen an; aller Blicke richten sich auf diesen. Und nun geschieht etwas Merkwürdiges: Siegfried *versinkt über der Betrachtung des Ringes in fernes Sinnen* (wie Wagner fordert): *Von keinem Weibe kam mir der Reif, noch war's ein Weib, dem ich ihn abgewann: genau erkenn ich des Kampfes Lohn, den vor Neidhöhl' einst ich bestand, als den starken Wurm ich erschlug.* Das ist wahr, aber nicht mehr als die halbe Wahrheit. Siegfried mag durch Hagens Vergessenstrank die Erinnerung daran eingebüßt haben, daß er diesen Ring einst Brünnhilde, bei seinem zärtlichen Abschied von ihr, als Liebespfand an ihrer Hand zurückließ. Aber er kann unmöglich vergessen haben, was sich vor wenig mehr als zwölf Stunden auf dem Walkürenfelsen abgespielt hat. Lügt Siegfried, um den Blutsbruder Gunther zu schützen? Das wäre ein Motiv, aber dann müßte Siegfried dabei bleiben. In Wirklichkeit aber tut er das Gegenteil. Auf dem Höhepunkt ihrer Empörung über so viel Verrat schleudert Brünnhilde vor

allem Volk diese Beschuldigung in die Menge: *Wisset denn alle: nicht ihm* – und sie zeigt auf Gunther und wendet sich dann Siegfried zu – *dem Manne dort bin ich vermählt!* Und noch klarer setzt sie hinzu: *Er zwang mir Lust und Liebe ab* ... Das empört Siegfried, in dessen Gedächtnis sein Zusammenleben mit Brünnhilde ausgelöscht ist (das sie merkwürdigerweise *erzwungen* nennt). Spräche Brünnhilde wahr, dann hätte er dem Blutsbruder Gunther die Treue gebrochen, dann wäre er ihr während der letzten Nacht nicht ferne geblieben. In diesem Punkt aber ist sein Gewissen rein. Und so erwidert er: *Hört, ob ich Treue brach! Blutsbrüderschaft hab ich Gunther geschworen: Nothung, das werte Schwert, wahrte der Treue Eid: mich trennte seine Schärfe von diesem traur'gen Weib* ... Eine unbedachte, im Affekt vorgebrachte Antwort? Mit diesen Worten hat Siegfried den großen Betrug eingestanden: Nicht Gunther, sondern er selbst war es, der für den schwächlichen, feigen Gibichungen das Feuer durchschritt, Brünnhilde besiegte. Seltsamerweise geht niemand im weiten Kreise auf dieses schwerwiegende Geständnis ein, empört sich niemand über den unmoralischen Pakt, verachtet niemand Gunthers Armseligkeit, die sich unwürdiger Listen bedient. Die Frage ist und bleibt: ob Siegfried in der abgelaufenen Nacht auf dem Brünnhildenstein sich von der besiegten Frau ferngehalten habe oder nicht? Kann das Absicht sein? Zählt für Wagners alte Germanen nur die Frage der Männertreue, während Frauen gegenüber der Zweck die Mittel heiligt? Oder läge hier eine bedeutende dramatische Schwäche? Ja, ein ausgesprochener Fehler? In der Fortsetzung dieser Szene, bei der Schwur gegen Schwur steht, sucht Siegfried das Volk mit gewollt unbetonten Worten vom *Weibergezänk* abzulenken und froh zur Doppelhochzeit zu laden. Ist ihm so leicht zumute, da er dem Blutsbruder Treue bewahrte? Kommt ihm die Schwere seiner Tat nicht zu Bewußtsein?

Wagner – hundert Jahre nachher

Rund um Wagners 100. Todestag (zu dem dieses Buch in der 1. Auflage erschien), 1983 also, flammt die politische Polemik um sein Leben und Werk mit erneuter Schärfe auf. Immer wieder wird die Öffentlichkeit mit Fragen konfrontiert, die sich nicht auf das künstlerische Erbe des Meisters von Bayreuth beziehen. Der Staat Israel hält immer noch am Verbot der Aufführung seiner Werke fest. Aber dieses Verbot wird immer öfter gebrochen, und der starke Jubel, den jede Aufführung hervorbringt, bekräftigt nur die unleugbare Tatsache, daß zu den ersten und glühendsten Parteigängern Wagners zahlreiche Juden gehörten... Ein »Forscher« veröffentlicht in einer der meistgelesenen deutschen Publikationen einen Angriff gegen Wagner, in dem diesem ohne jeden Schimmer eines Arguments geradezu eine Mitschuld an Konzentrationslagern und Judenmord des Dritten Reichs vorgeworfen wird; die Zeitschrift selbst, für Objektivität bekannt, rückt von dieser Attacke weitgehend ab. Die Mehrzahl der zu Wagners Jubiläum erscheinenden Werke fühlt sich zu einer Stellungnahme genötigt, ja gedrängt. Für viele Laien weist Wagner, hundert Jahre nach seinem Tode, vor allem einen politischen Aspekt auf. Schade.

Die musikalische »Unfähigkeit«, deren ihn mancher Zeitgenosse bezichtigte, wird heute kaum mehr ins Treffen geführt. Auch die Anwürfe, ein »schlechter Dichter« zu sein, sind nicht mehr erwähnenswert, da inzwischen doch klar erkannt wurde, daß »reine« Dichtung und Operndichtung völlig verschiedene Dinge sind und *musikhaltige Situationen, nicht poetische Verse das Wesentliche* eines guten Textes für das Musiktheater ausmachen, wie Kurt Honolka es sehr treffend ausgedrückt hat. Und *musikhaltige Situationen* wußte Wagner wahrhaftig zu schaffen wie wenige.

Trotz alledem ist Wagner der umstrittenste Meister früherer Jahrhunderte geblieben, Angriffsflächen bietet teilweise seine eigene politische Haltung, noch stärker aber seine angebliche Wirkung auf die politischen Strömungen bis weit ins 20. Jahrhundert hinein. Mancher seiner Feinde will in ihm nichts weniger als einen der Schuldigen an Deutschlands schwärzester

Epoche sehen, am Nationalsozialismus, an der geistigen und körperlichen Versklavung Andersdenkender oder Andersgearteter, an der brutalen »Gleichschaltung«, am Hegemoniestreben des Deutschtums oder des »arischen« Gedankens, am millionenfachen Mord. Als »Beweis« dient – neben den *Meistersingern von Nürnberg* – vor allem *Der Ring des Nibelungen.*

Eine überhebliche oder gar chauvinistische Hervorhebung des Deutschtums kann es in diesem Werk schon aus dem einfachen Grunde nicht geben, da es lange vor dem Bestehen deutscher Stämme oder gar Deutschlands spielt, ja lange vor einem bewußten Germanentum im Gegensatz zu anderen, etwa mittelmeerischen Völkern. Auch von »Rasse« kann nicht im entferntesten die Rede sein. Genaugenommen gibt es im figurenreichen *Ring des Nibelungen* überhaupt nur drei Menschen: Hunding, Gunther und Gutrune. Keine der drei Gestalten ist durch hervorragende positive Eigenschaften gekennzeichnet. Siegfried, den man als Verkörperung des »heldischen« Menschen verstehen kann, ist ein Enkel Wotans. Im übrigen siegt er nicht, sondern geht zuletzt unter; die Nibelungen fällen ihn, die der »Unterwelt« im wahrsten Sinne des Wortes angehören, denn sie hausen in den Klüften der Erde. Sind sie »Untermenschen« im Sinne des Nationalsozialismus? Da wäre ja die gewünschte Erklärung! Die Untermenschen, Parasiten und Blutsauger, bringen den Edelmenschen zur Strecke, genau wie *Der Stürmer* es Tag für Tag beschrieb. Aber o weh! Die Nibelungen sind gar keine Untermenschen, Parasiten oder Blutsauger, sondern... Proletarier, arbeitsam und unterdrückt, geschickte Handwerker, genügsam und bescheiden.

Im übrigen ist Wagner sehr weit davon entfernt, für irgendeine Gruppe seiner Gestalten deutlich Partei zu ergreifen. Selbst Siegfried, der zu Anfang sicher sein Liebling war, verstrickt sich in Schuld; und Wotan, dem zuletzt sein ganzes Mitgefühl und Verständnis gehört, vertritt eine sehr anfechtbare Herrenkaste. Es gibt im gesamten *Ring des Nibelungen* nirgends eine »Verherrlichung der Macht«, es wird an keiner Stelle Gewalt gepredigt oder Haß gerechtfertigt. Siegfried ist für Wagner keineswegs der Held eines Volkes. Vielleicht sollte man ihn als Sinnbild einer neuen Menschheit nehmen, die von Gold und etablierter Gesellschaftsordnung frei und unabhängig sein will. Viel eher könnte also eine revolutionäre Linke ihn zu ihrem Heros erklären als eine völkisch eingestellte Rechte!

Völlig unbegründet sind die Vorwürfe gegen den »Machtanbeter«, den »Verkünder einer Herrenrasse« oder gar den »Propagandisten des Völkermords« Wagner. Wer sich mit der Tetralogie wirklich auseinandersetzt, wird nicht nur nichts derartiges entdecken, sondern auf geradezu entgegengesetzte Ideen treffen. Für keinen Menschen und keine Gruppe gibt es hier einen »Endsieg«. Hier wird bildhaft dargestellt, wie Epoche auf Epoche folgt, wie immer alles fließt und neugeboren wird, um wieder unterzugehen. Es wird auch gezeigt, daß weder Macht (wie Wotan sie besitzt) noch Kraft (wie sie Siegfried eignet), noch hinterhältiges, über Leichen gehendes Planen (Hagens Eigenschaft) zum Siege führt. Der Grundgedanke des Werkes könnte viel eher der einer sühnenden Gerechtigkeit sein: erst wenn ein durch Gewalt gestörter Ruhezustand wiederhergestellt, wenn ein Unrecht wiedergutgemacht ist, beruhigt sich das Spiel, geht es seinem Ende zu. Kein Mächtiger oder Starker trachtet nach der Ausrottung anderer. Wotan entreißt das Rheingold dem Räuber Alberich nicht, weil er die Nibelungen haßt, sondern weil er es selbst dringend zur Bezahlung großer Schulden benötigt. Er vernichtet auch die Riesen nicht: Das besorgen diese selbst. Alberich empfindet allerdings Haß gegen die »Oberen«; er, der im Dunkel des Erdinnern lebt, neidet den Göttern den Platz auf den Höhen. Das ist höchstens ein klassenkämpferisches Merkmal, keine Rassenfrage, eher sozialistisch als national.

Wotan beendet seinen Herrschaftszyklus nicht durch äußere Einwirkung feindlicher Mächte, sondern durch die unvermeidliche Aushöhlung der Macht, wie sie die stärkste aller nichtmenschlichen Kräfte mit sich bringt: die Zeit. Auch die Gewalt triumphiert nicht, die durch Hagen verkörpert wird: Er gelangt nicht an sein Ziel, er sühnt sein Verbrechen mit dem Tode. Wo liegt also die »Verherrlichung der Gewalt«, die »Anbetung der Macht«? Die Kernfrage des politischen Wagnerproblems lautet: Hat er in seinen Werken, seiner Musik und Dichtung oder deren Hintergründen zur Züchtung einer ungesunden, gefährlichen, aus humanistischen Gründen abzulehnenden Haltung beigetragen? Die Antwort muß eindeutig »Nein« lauten.

Lohengrin und *Die Meistersinger von Nürnberg* müssen wahrscheinlich als Wagners »nationalistischste« Werke gelten. In *Lohengrin* spricht der König – der ja eine völlig historische Gestalt ist – harte Worte gegen *der Ungarn Wut*; es war die Zeit immer wieder neuer Einfälle aus dem Osten in das noch ziemlich junge christliche Europa. Hier ist also von einem geschichtlich zweifelsfrei nachweisbaren Existenzkampf die Rede, von blutigen Kämpfen gegen Hunnen und andere, großteils nomadisierende Völker aus dem riesigen Raum an den Ostgrenzen des Abendlandes; nicht aber von einem »Nationalismus« oder gar einer »rassistischen Überlegenheit«. Wie viele ähnliche Textstellen wären in Verdis Opern zu finden und wie viele böse Worte fallen dort über »Feinde«, »Besatzungstruppen«, »Kollaborateure«. Verdis – durchaus gesunder – Nationalismus ist niemals Gegenstand irgendeiner Kritik gewesen, einmütig bewundern ihn sein ganzes Volk und die Welt mit Recht als »Patrioten«, während Wagner in sehr ähnlicher politischer Konstellation ein »Chauvinist« gewesen sein soll. Wer Wagners Leben studiert, findet ihn nicht einmal eindeutig »deutsch« eingestellt. Es gibt zwar gelegentlich solche Äußerungen bei ihm – was selbstverständlich ist, da seine Zeit den nationalen Zusammenschluß zu »Reichen« und einheitlichen politischen wie kulturellen Gebieten als eine ihrer wichtigsten Forderungen verstand. Aber er hat mindestens ebenso oft festgestellt, wie wenig Heimatgefühle er eigentlich gegenüber Deutschland empfindet. In Wagner haben – wie bei jedem Zwillingsgeborenen und darüber hinaus bei vielen Menschen – die entgegengesetztesten Gefühle ihren Platz und ihre Zeit.

Im übrigen kommt die Lichtfigur Lohengrin nicht aus dem deutschen Raum. Wagner folgt (nicht in *Lohengrin*, wo der geographische Aspekt nur mit den vagen Worten vom *fernen Land, unnahbar euren Schritten* angetönt wird, sondern in *Parsifal,* der ja das Gralsthema später in viel intensiverer Weise aufgreift) der Auffassung, der Gralstempel habe in Spanien gestanden und eine völlig übernationale Ritterschaft in sich versammelt. Eher wäre die Gestalt Ortruds als »deutsch«

einzustufen – sie ist *des Friesenfürsten Radbods letzter Sproß –*, und gerade sie steht nicht nur als Heidin gegen das siegreiche Christentum, sondern als negative Kraft gegen den Heilsglauben, sehr fern also jeder »Verherrlichung«.

Im übrigen: außer den *Meistersingern von Nürnberg* spielt kein Werk Wagners betont auf deutschem Boden. *Tannhäuser* etwa? Gewiß, der Großteil der Handlung ist in und um die Wartburg angesiedelt, aber dorthin verlegt Wagner sie keineswegs aus »nationalen« Gründen, sondern nur um dort das legendäre Treffen der Minnesänger zu Anfang des 13. Jahrhunderts in den Mittelpunkt rücken zu können. Der »deutsche Wald«, der die thüringische Landschaft deckt, spielt keinerlei »nationale« Rolle, zeigt Frühling und Herbst, wie jeder andere mitteleuropäische Wald auch – und unvergleichlich weniger »Deutschtum« als etwa in Webers *Freischütz* (wo er übrigens auch nicht so ohne weiteres als »deutsch« anzusprechen ist, da es sich laut Ortsangabe im Textbuch um den »Böhmerwald« handelt). *Der Fliegende Holländer* spielt in Norwegen, *Tristan und Isolde* zwischen Irland, England und der französischen Bretagne, *Parsifal* in Spanien und an irgendeiner »Grenze« zu »heidnischem«, wohl orientalischem Gebiet voll Zauber vor allem erotischer Art. Nietzsche, zuvor Wagners glühender Anhänger, wendet sich von seinem Idol ab, da er ihm diesen *Fußfall vor dem Kreuz* nicht verzeiht. Doch Parsifal widersteht dem Zauber nicht, weil er im weiteren Sinne ein »Kreuzritter« sein könnte, sondern weil er das unabweisbare Gefühl einer Aufgabe in sich trägt. Auch diese »Mission« hat man Wagner angekreidet, hat im Gral eine der SS-Ordensburgen gesehen, in denen sich »reinstes« Blut fortpflanzen sollte – also eine »rassische Überlegenheit« gepredigt werde. Auch das ist völlig falsch, denn die Gemeinschaft um den Gral hat mit geburtsmäßiger Auslese nicht das mindeste zu tun, sondern nur mit jener glaubensmäßigen Gemeinschaft, wie jede Religion bis hinab zur kleinsten Sekte sie für sich fordert. Also Wagner als gläubiger Christ? *Da fehlte wohl, wer darauf riet*, heißt es in den *Meistersingern*.

Der *Ring des Nibelungen*: Wo spielt er? Wagner nimmt eine einzige Ortung vor: am Rhein. Der »heilige, deutsche« Strom; »sie sollen ihn nicht haben!«, »deutsch, deutscher, am deutschesten«. Keine Rede davon! Der Rhein steht hier nur als Symbol für ewig ziehendes Wasser, für dunkle Vorgeschichte, für Urzustand der Menschheit. Es könnte genausogut die Donau sein, die Wolga oder der Don, der Mississippi, der Amazonas, der Gelbe Fluß, Euphrat und Tigris. *Im Ring*, schreibt Kurt Honolka, *sind germanische Namen, Zeit und Ort – der Rhein fließt ja hier keinesfalls als deutscher Strom, sondern symbolisiert den Urgrund der Welt – über alles national und historisch Bedingte völlig hinausgewachsen. Bärenfell und Brünne sind so nebensächlich wie einst in der Barockoper die Kostümierung olympischer Götter . . . Die Walküre* und *Siegfried* muß man sich im »germanischen Walde« vorstellen, aber Wagner verbindet mit diesem Begriff keinerlei Werturteil. *Rheingold* und *Götterdämmerung* jedoch weisen über jede Ortung hinaus, auch wenn sie »den Rhein« mitspielen lassen. Wagner ist ein geborener Dramatiker, er weiß, daß ein Schauplatz eindringlicher, eine Handlung nachvollziehbarer wird, wenn dem Hörer zugängliche Begriffe ins Spiel gebracht werden. »Nationales« oder gar nationalistisches Denken lagen ihm dabei vollständig fern. Er schrieb für ein deutsches Publikum – wenn auch mit wenig Hoffnung, vor diesem gerade mit dem *Nibelungenring* jemals aufgeführt und von diesem verstanden zu werden – er schuf im Gedanken an einen deutschsprechenden König (der alles eher als ein Nationalist war) und eine seinen Lebensweg begleitende Frau (der im übrigen die französische Sprache vom Elternhaus her viel näher lag als die deutsche), bei denen er auf Mitdenken und Mitfühlen rechnen durfte.

Nennte man Wagner einen »nordischen« Menschen – im Gegensatz zu einem »mittelmeerischen« etwa: Man käme seinem Wesen näher, als wenn man ihn als »deutsch« bezeichnet. »Nordisch« ist kein enger nationalistischer Chauvinismus, es ist keine Weltanschauung, sondern die Zugehörigkeit zu einer Schicksalsgemeinschaft. Nordisch sein philosophisches Gedankengebäude, sein Glaube an eine mystische »Erlösung« (die nichts mit einer bestimmten Religion zu tun hat), seine Sehnsucht nach Süden, Sonne, Wärme, Sinnlichkeit, seine Zerrissenheit. Verdi hat seinen nordischen Gegenspieler genau erfaßt, wenn er, auf *Tristan und Isolde* angesprochen, sich von diesem bewunderten Werk schicksalsmäßig distanziert: *Wie hätte ich, unter unserem Himmel, einen Tristan komponieren können?* Gewiß, auch Wagner hat sozusagen »blaue Himmel« komponiert. Aber es ist, als bildeten sie bei ihm die Ausnahme, nicht die Regel. In seinen Werken gibt es Herbststimmungen, Jahreszeitenwechsel, wie nur der nordische Mensch sie tief in seinem Wesen empfindet. Wagner ist nordisch, was viel umfassender ist als »deutsch«; so wie Rossini und Verdi, aber auch Bizet »mittelmeerisch« sind, Mussorgskij und Dvořák slawisch, Gershwin trotz seiner östlichen Abstammung amerikanisch. Was kann Wagner – aber auch Beethoven und Brahms – dafür, daß der Nationalsozialismus auch aus »nordisch« ein politisches Schlagwort gemacht hat? Es ist lächerlich, unsinnig, unverantwortlich, aus der Zugehörigkeit zu einer Schicksalsgemeinschaft einen Vorwurf oder gar eine Ablehnung herleiten zu wollen. Hat Wagner dies je getan?

Damit kommen wir zum Kernpunkt jener Anklagen, die heute vor allem gegen ihn gerichtet werden. Mit einem Wort: zu seinem Antisemitismus. Daß dieser viel mehr theoretischer als praktischer Natur war, ändert im Prinzip nicht viel. Seiner häßlichen Schrift *Das Judentum in der Musik*, die von unhaltbaren Herabsetzungen etwa Mendelssohns und Meyerbeers nur so strotzt, steht seine Freundschaft mit einer überraschend großen Zahl jüdischer Musiker (Tausig, Rubinstein, Angelo Neumann, Lilli Lehmann u. a.) gegenüber sowie als auffallendstes Faktum das Vertrauen in Hermann Levi, Rabbinersohn aus Gießen, dem er die zentrale Rolle bei der Uraufführung des *Parsifal* anvertraute. Wenn ein moderner Polemiker gegen Wagner behauptet, Wagner sei der Dirigent Levi vom – völlig vorurteilslosen – König Ludwig »aufgezwungen« worden, da er eben der Dirigent der Münchener Hofkapelle war und mit dieser übernommen werden »mußte«, so ist das schlicht falsch. Als Levi sich in Bayreuth fremd, mißtrauisch beobachtet glaubte und abreiste, holte Wagner ihn am nächsten Tage schon mit einem sehr klaren Brief zurück; *Lernen Sie uns besser kennen!* steht darin als Kernsatz.

Diese seltsame Diskrepanz zwischen Leben und theoretischen Schriften gibt zu denken, auch wenn es nur eine der vielen unerklärlichen Diskrepanzen in Wagners Geschichte ist. Das Pamphlet über *Das Judentum in der Musik*, zuerst anonym veröffentlicht, später von Wagner anerkannt, ist und bleibt ein dunkler Punkt. Es wimmelt von Ungerechtigkeiten, ja es ist in seiner Grundhaltung nicht zu verteidigen. Es erscheint uns heute undenkbar, irgendeine Rasse – Neger, Indianer, Malaien oder welche immer – als in irgendeinem Punkte anderen unterlegen oder überlegen zu betrachten. Wagner läßt an Mendelssohn kein gutes Haar, an dessen romantischer Musik selbst der ärgste Judenhasser kaum einen Zug jüdischen Wesens finden kann. Wo ist etwas »Jüdisches« in seinem *Paulus,* in seiner *Schottischen Sinfonie,* in der *Reformationssinfonie,* in den Liedern, den *Liedern ohne Worte,* wo gar in den zu deutschen Volksliedern gewordenen Chören *Wer hat dich, du schöner Wald, aufgebaut so hoch da droben?* oder *O Täler weit, o Höhen?* Wenn Wagner – wie er es gern tut – persönliche Sympathien oder Antipathien zu »Grundsätzen« ausbaut, Theorien konstruiert, wo er einfach persönlich Zu- oder Abneigung empfindet, da begibt er sich auf unhaltbaren Grund. Und das ist bei dieser »Streitschrift« der Fall. Mendelssohn starb hochberühmt, geliebt und gefeiert mit 38 Jahren. Wagner lebte, als er ebenso alt war, unbeachtet, wenigen Kennern und lokalen Opernliebhabern ein Begriff, im politischen Exil; sollte da eine der Grundeigenschaften des Menschen, der Neid, nicht eine Rolle gespielt haben? Wagner war nur zu bereit, die enorme Popularität Mendelssohns von einem »jüdischen Zusammenhalten« in der ganzen Welt abzuleiten, gerade so wie siebzig Jahre später Hitler an eine »jüdische Weltverschwörung« der »Weisen von Zion« glaubte. Aber gerade das kann kaum zu Ungunsten Mendelssohns angeführt werden, der seit seiner Kindheit der christlichen Gemeinschaft angehörte, keine Verbindungen zu bewußt jüdischen Kreisen unterhielt und viel weniger Freunde in jener Religionsgemeinschaft besaß als – Wagner. Dessen Haß aber richtete sich, mehr noch als gegen Mendelssohn, gegen einen anderen jüdischgeborenen – wenn auch ebenfalls längst konvertierten – Musiker, dessen Ruhm ihm besonders ins Auge stach: Meyerbeer. Sind dessen »große« Opern – er gilt mit Recht als Begründer der »grande opéra« Frankreichs – als »typisch jüdisch« zu bezeichnen? Sie begeisterten damals nicht nur Paris, sondern die gesamte Opernwelt, sie wurden auch an den Theatern gespielt, in denen

Wagner tätig war. Empfand er sie als »jüdisch«? Vom Thema
her keinesfalls, denn sie behandeln historische Stoffe, die zum
großen Teil sogar zur christlichen Kirchengeschichte gehören:
Die Hugenotten, *Der Prophet* (unter dem nicht etwa ein alt-
testamentarischer Prophet gemeint ist, sondern Johann von
Leyden, der Anführer der »Wiedertäufer«). Meinte er, Meyerbeers zum Pathos neigende, mit höchstem äußeren Glanz aus-
gestattete, überaus effektvolle Musik sei »jüdisch«? Es lassen
sich so viele »christliche« Gegenbeispiele anführen, daß eine
solche Theorie ins Wanken kommen müßte. Aber selbst angenommen, an dieser Theorie wäre etwas Wahres: Jeder andere
hätte sie aufstellen dürfen, nur Wagner nicht. Denn Wagner
war dem berühmten »Kollegen«, der ihn in Boulogne und hernach in Paris freundlich empfangen hatte, zu höchstem Dank
verpflichtet. Er selbst bestätigt dies sogar in einem Brief an
Schumann in Leipzig, in dessen Musikzeitschrift Angriffe gegen Meyerbeer abgedruckt worden waren. Ihn nicht so *herun-*
termachen zu lassen bittet Wagner, denn ihm verdanke er . . .
seine *baldige Berühmtheit!* Wirklich war es Meyerbeer, der
sich von Paris aus für Wagners *Rienzi* (der mit allen Vorzügen
und Fehlern einer Meyerbeerschen »grande opéra« behaftet
ist) und für seinen *Fliegenden Holländer* so energisch und
überzeugt einsetzte, daß es zu deren Annahme in den größten
deutschen Theatern kam: Wagner wurde tatsächlich damit innerhalb kürzester Frist bekannt. Und diesen Mann, der unein-
geschränkt sein Wohltäter genannt werden muß (obwohl später
von interessierter Seite daran zu rütteln begonnen wurde), griff
Wagner in unflätiger Weise in seinem Pamphlet an. Bevor Ludwig II. Wagner den endgültigen Triumph seiner Kunst erleben
ließ, war es gerade Meyerbeer, der dazu die frühesten Grund-
lagen schuf. Aus Wagners nicht nur schwer haltbarer, sondern
geradezu unanständiger Polemik gegen Meyerbeer spricht –
wieder einmal – Persönliches: Die Bitternis der Pariser Jahre
lebte noch in ihm fort. Sie ist der Ausfluß aufgehäufter Res-
sentiments. In Paris sah er Meyerbeers Glanz, Ruhm und
Volkstümlichkeit, während er selbst niedrige musikalische
Handlangerarbeiten für den Verleger Schlesinger machen
mußte, um leben zu können. Beide waren Juden. Wagner
fühlte in sich die künftige Größe, wußte um sein Genie und

nahm es allen übel, davon keine Kenntnis zu nehmen. Da stand ihm ein Jude vor der Sonne; und ein anderer Jude verlangte Fronarbeit von ihm, um ihm kärglichen Sold dafür zu bezahlen. So sah er es. Wagner besaß kaum je wirkliche politische Überzeugungen, ja nicht einmal Richtlinien für seine Haltung der Gesellschaft gegenüber; er handelte stets spontan aus einer augenblicklichen Gefühlsregung heraus, aus einem momentanen Gemütszustand, zu dessen Bildung keine greifbaren Faktoren beitrugen. Das Schlimme aber war, daß er sofort jeden dieser Zustände zum Prinzip, zum Glaubenssatz erhob, ohne in seinem ihn gerade beherrschenden Impuls daran zu denken, daß er kurze Zeit danach möglicherweise gänzlich anders, vielleicht das Gegenteil empfinden und verkünden würde.

Es wäre natürlich kindisch, Wagners Antisemitismus zu leugnen. Er teilt ihn mit weiten Kreisen der europäischen Geistigkeit und noch weiteren des »Volkes«. Der wachsende Liberalismus, der den Juden starke Aufstiegsmöglichkeiten innerhalb der Gesellschaft geboten hatte, da er ihnen, vielerorts zum ersten Male, eine freie Entfaltung ihrer Fähigkeiten gestattete, hatte beträchtliche Gegenkräfte mobilisiert. Ob sich dies in der französischen Dreyfus-Affäre äußerte oder in der (ungeschriebenen) Erschwerung militärischer oder staatsbeamtlicher Karrieren für Juden in Mitteleuropa und Rußland, es gab einen latenten Antisemitismus weiter Kreise, der allerdings – außer bei den schlimmen »Pogromen« im Zarenreich – nicht mehr in Gewalt umschlug. Das Judentum selbst präsentierte sich diesen Strömungen gegenüber in völlig gespaltener Form. Den »Assimilanten«, die sich vielfach taufen ließen und innerhalb weniger Generationen durch Mischheiraten und völligen Verzicht auf »nationale« Eigentümlichkeiten ein Aufgehen in der Volksmehrheit erzielten, standen die »Orthodoxen« gegenüber, die bewußt ihre Bräuche pflegten und in der Absonderung von ihren christlichen Mitbürgern viel weiter gingen, als diese es je erwartet oder gefordert hätten. So gab es auch die verschiedensten antisemitischen Gefühle, Abstufungen, Standpunkte. Zu den populärsten gehörte die weitverbreitete Auffassung der Frage durch Wiens ungemein volkstümlichen Bürgermeister Dr. Karl Lueger, der jeder Rassentheorie abhold war: »Wer ein Jude ist, bestimme ich!«

Ein solcher Antisemit luegerischer Prägung könnte wohl Wagner am ehesten genannt werden. Wäre das »Dritte Reich« nicht gekommen mit seinen unmenschlichen »Judengesetzen«, mit den »Vernichtungslagern« rundum im deutschen Herrschaftsgebiet, man könnte mit obenerwähntem, halb ernstem, halb scherzhaftem Satz auch über Wagners Antisemitismus hinweggehen. Wenige Jahre nur nach Wagners Tod konnte ein Jude Operndirektor in Wien werden – und er wurde der wahrscheinlich größte –, nachdem er ohne weiteres den »kleinen Wunsch« des Kaisers auf Übertritt in eine christliche Kirche erfüllt hatte: Gustav Mahler. Aber es kam, wiederum nur kurze Frist nach seinem Tode, jener Fanatismus zur Macht, der aus der Judenfrage einen unabdingbaren Grundsatz machte. Und so geriet die Abneigung Wagners gegen die Juden in den viel späteren Verdacht, Schuld zu tragen am Ausbruch unvorstellbaren Hasses, an der Erweckung von Weltmachtsträumen, der Begehung von Massenmorden, Anstifter gewesen zu sein von physischer, geistiger und seelischer Folter eines diabolischen Herrschaftssystems.

Das entbehrt, ehrlich betrachtet, jeglicher Begründung. Am besten wäre es, diese weltweite Polemik endlich abzubrechen und Wagner nur noch als Künstler zu betrachten, als Komponisten sowie als Schöpfer von geistigen Inhalten und dichterischen Texten. Zu trennen wären der Mensch und das Genie Wagner. So viele dunkle Flecke sein Charakterbild auch aufweisen möge, so wenig werden sie in seinen Schöpfungen fühlbar. Wollte man alle Genies genauer charakterlicher Analysen unterziehen, so stünde es um manchen unter den Allergrößten schlecht. Im gesamten Werk Richard Wagners findet sich keine Apologie des Hasses, wohl aber immer wieder eine Apotheose der Liebe. So – und nicht nach seinen menschlichen Schwächen, die er sicherlich kannte – hat ihn Ludwig II. beurteilt, so hat er ihn geliebt und verehrt, ihn als eines jener seltenen Genies erkannt und verstanden, die dazu berufen sind, die Welt durch große Werke zu bereichern und zu verschönern.

Der Nationalsozialismus hat sich für germanische Sagen, für Heldengestalten der nordischen Vorzeit interessiert, von denen auch Wagner – mehr als ein halbes Jahrhundert vorher – manche Anregung bezogen hatte. Der Nationalsozialismus hat in seinem tönenden Pathos Selbstverständliches wie Ehre und Treue zu mystischen Begriffen gewandelt – Worte, die in Wagners Werken mit einer gewissen Vorliebe verwendet sind. Ohne den Nationalsozialismus hätte niemals ein Mensch angenommen, Ehre und Treue seien verdächtige Worte, und niemand hätte die Beschäftigung mit Mythen – welchen Volkes immer – für auffallend oder gefährlich gehalten. Was kann also Wagner dafür, daß seine Lieblingsthemen später entwürdigt und entwertet wurden – nicht durch seine Verwendung, sondern durch ihre spätere Entmenschlichung in der Hand von Personen, die selbst seine reiche Phantasie niemals hätte erfinden, die er sich niemals auch nur annähernd hätte vorstellen können. Wagner ablehnen, weil man keine Verbindung zu Hitler, der sich für ihn begeisterte, haben will? Ein deutscher Bundespräsident (Walter Scheel) hat darauf eine glänzende Antwort gegeben, so absurd wie die Frage selbst, ob Wagner zu boykottieren sei, da Hitler ihn verehrte: *Hitler hat auch die Schäferhunde geliebt – sollen wir sie deshalb ablehnen?*

Zu Wagners Leitmotiv-Technik

In keinem anderen musikalischen Werk der Weltliteratur ist die Verwendung kurzer, prägnanter, die Phantasie des Hörers in bestimmte Bahnen leitender Tonfolgen – oder Motive – so intensiv und grundlegend wie in Wagners *Ring des Nibelungen*. Es handelt sich dabei um eine sehr bewußte Technik, wie Wagner sich in Briefen und Schriften mehrfach geäußert hat. Der Name *Leitmotiv* stammt nicht von ihm; er selbst sprach von Grundmotiven, Erinnerungsmotiven, Grundformen, Gefühlswegweisern. Erst nach seinem Tode schuf Hans von Wolzogen, Herausgeber der *Bayreuther Blätter*, den Begriff *Leitmotiv*, der sich schnell und international durchsetzte. Fremde Sprachen übernahmen ihn wörtlich oder übersetzten ihn genau.

Die Grundidee solcher »leitender«, Zusammenhänge oder Assoziationen herstellender Motive bzw. Tonfolgen ist alt. Eigentlich ist jedes Zitat, mit dem ein Komponist an irgend etwas »erinnert«, ein Leitmotiv. Dazu mag man – ohne weiter in die Vergangenheit zurückgehen zu wollen – vielleicht schon die Kadenzformel rechnen, mit der Mozart die Worte *Così fan tutte* (in der gleichnamigen Oper) unterlegt; weniger die parodistischen Zitate, die er in die, der Erscheinung des steinernen Gastes vorausgehenden, Abendessen-Szene Don Giovannis einlegt. Interessant ist, daß es ein Dichter war – Grillparzer – der einem Komponisten – Beethoven – die konsequente Verwendung solcher Motive bei einer gemeinsam zu schaffenden Oper – *Melusine* – vorschlug, zu der es leider nicht kam. Beethoven schrieb nach *Fidelio* keine neue Oper mehr, aber gerade er war solchen geistigen Verbindungen, wie Leitmotive sie schaffen, durchaus offen und gewogen. Er bewies es in seiner Instrumentalmusik: in der Fünften Sinfonie (wo der Rhythmus des Hauptthemas, das berühmte Klopfen des Kurz-kurz-kurz-lang durch alle Sätze geht) sowie in der »Neunten« (wo vor dem Einsatz der Singstimmen im letzten Satz noch einmal an die Themen der vorangegangenen Sätze erinnert wird). Weniger bekannt ist die Tatsache, daß der als wenig operndramatisch verrufene Franz Schubert in seinem

1823 entstandenen *Fierabras* starke Ansätze zur Verwendung von Leitmotiven zeigt.

Eine neue Bedeutung bekommt das Leitmotiv in der *Phantastischen Sinfonie* von Hector Berlioz. Da zieht eine Tonfolge durch alle Sätze: wie eine immer wieder auftauchende Idee, eine Wahnidee sogar, eine »fixe Idee«, wie Berlioz selbst sie genannt hat, eine *idée fixe*. Ihr wohnen starke Erinnerungskräfte inne: Ihr Wiederauftauchen ruft in der Seele des rauschgiftsüchtigen Künstlers (der diese hier geschilderten Halluzinationen erlebt) wie im Publikum Szenen und Bilder der Vergangenheit herauf.

Daß Weber und Liszt, zwei Bahnbrecher der deutschen Romantik, sich der Verwendung fester Motive nähern, mit deren Hilfe sie Gefühle und Gedanken aus der Erinnerung des Hörers hervorzurufen trachten, liegt auf dem Wege ihrer »schildernden«, ihrer »Programm-Musik«, als deren stärkster »Fortsetzer« Wagner gelten muß.

Schon in seinem *Fliegenden Holländer* tauchen Motive auf, denen bestimmte außermusikalische Bedeutungen beigelegt werden können: das Motiv des Meeres und damit auch des unseligen Seefahrers, das Motiv der Liebe, also auch der Erlösung. Die »motivische Arbeit« verstärkt sich dann von Werk zu Werk und erreicht ihren Höhepunkt im *Ring des Nibelungen*. Wie sehr diese Entwicklung aber in Wagners künstlerischem Wollen schon vorgebildet war, geht aus seinen Worten hervor, die er 1851 in der theoretischen Schrift *Oper und Drama* publizierte: ...*Der lebengebende Mittelpunkt des dramatischen Ausdruckes ist die Versmelodie des Dichters. Auf sie bezieht sich als Ahnung die vorbereitende absolute Orchestermelodie; aus ihr leitet sich als Erinnerung der »Gedanke« des Instrumentalmotives her... Diese melodischen Momente, an sich geeignet, das Gefühl immer auf gleicher Höhe zu erhalten, werden uns durch das Orchester gewissermaßen zu Gefühlswegweisern durch den ganzen vielgewundenen Bau des Dramas. An ihnen werden wir zu steten Mitwissern des tiefsten Geheimnisses der dichterischen Absicht, zu unmittelbaren Teilnehmern an dessen Verwirklichung...*

Wagner faßt seine Leitmotive also als *Gefühlswegweiser* auf, die den Hörer zum *steten Mitwisser* der tiefsten Absichten

Hans von Wolzogen (1848–1938),
der von Wagner eingesetzte Direktor der *Bayreuther Blätter*
und Erfinder des Begriffs der *»Leitmotive«*

des Autors machen. Dazu müssen diese Tonfolgen kurz, leicht-
faßlich und im Gedächtnis verbleibend sein. Sie müssen, schon
von ihrem musikalischen Charakter her, die vom Komponisten
gewünschten Assoziationen herzustellen imstande, geradezu
prädestiniert sein. Ein Liebes-Motiv muß einen sinnlichen, ja

353

einen erotischen Beiklang besitzen, das die Götterburg Walhall
»darstellende« Motiv eine unüberhörbare Hoheit, das Nibelungen-Motiv nach dem eifrigen Schmieden der Zwerge in den
unterirdischen Klüften klingen, die Tonfolge, die das Helden-
schwert Nothung musikalisch darstellt, kann nicht anders als
schneidend scharf, stolz, unbesiegbar tönen. Diese kleinen
Beispiele werfen schon eine der Grundfragen der Musik, jeder
Musik auf: Wie bildhaft plastisch kann sie sein, bis zu welchem Grade ist sie der Schilderung außermusikalischer Dinge
fähig? Denn das Wesen der Leitmotive besteht gerade darin,
Außermusikalisches in Musik zu verwandeln. Im *Ring des
Nibelungen* verleiht Wagner zahlreichen Gedanken, Vorstellungen und Personen eigene Leitmotive. Man hat ihrer mehr
als hundert gezählt. Da sind einmal die Gestalten des Werks:
die Götter (Wotan, Fricka, Freia, Donner, Froh), der Halbgott
Loge (der als schillerndste, vieldeutigste Figur des Dramas
mehrere Motive besitzt), die weise Seherin Erda, die Walküre
Brünnhilde, die Nibelungen, der Riese Fafner und seine spätere Verwandlung in einen Lindwurm oder Drachen, Siegmund
und Sieglinde, deren Gatte Hunding, die Lichtgestalt Siegfried
(der ebenfalls verschiedene Motive zugeteilt sind), die Bewohner des Gibichungenpalastes Gunther, Gutrune und Hagen, die
Rheintöchter, die Nornen. Andere Motive sind mit Gegenstän-
den verbunden: der in der Tiefe des Rheins schlummernde
Goldschatz, der aus ihm geschmiedete verhängnisvolle Ring,
der Tarnhelm, das Schwert Nothung. Wichtig sind die Motive,
die Gefühle, Gemütszustände schildern: Es gibt eine Reihe
von Liebes-Motiven – die tragische Liebe der Wälsungen
unterscheidet sich von der komplexeren, die Brünnhilde für
Siegfried empfindet, diese von der Jungmädchenhaftigkeit
Gutrunes usw. –, es gibt Motive für Haß, Neid, Grübeln, Treue,
Gier, Verzicht, Leid, Trauer.

Es gibt ein Motiv für das Vergessen, das in Siegfrieds Gehirn durch den Zaubertrank ausgelöst wird und furchtbare Wirkungen zeitigt. Es gibt ein Schicksals-Motiv, ein Motiv, das die
»Todverkündigung« Brünnhildes an Siegmund begleitet und
von da an zum Symbol schwerwiegender Ankündigung wird;
Hagens »Hochzeitsruf« erhält eine Tonfolge, die aber die
wahre Stimmung verrät, in der Hagen den Ruf erschallen läßt:

als Kriegsruf, als Signal für die tragischen Ereignisse, die im Zusammenhang mit dieser Hochzeit stattfinden werden. Ein »Erlösungs-Motiv« wird eingeführt: Es schildert das überwältigende Gefühl, das Gestalten des Dramas anläßlich von höchsten Empfindungen überfällt, das »Wunder« gewissermaßen, wie es etwa die zusammengebrochene, todessehnsüchtige Sieglinde überwältigt, als sie durch Brünnhilde von ihrer Schwangerschaft erfährt. Es ist fast unmöglich, alle Motive aufzuzählen und zu erklären, die ein aufmerksamer Hörer im musikalischen Kolossalbau des Nibelungenrings wahrnehmen kann.

Wagner wäre nicht der große Psychologe, der er ist, wenn er seine Motive in starrer Form verwendete. Menschen wie Dinge wandeln sich, sind stetem Wechsel unterworfen und können in verschiedensten Farben schillern, je nach dem Betrachter und je nach der Situation, in der sie gesehen werden. Wie könnten da Motive, die ihre Spiegelbilder sind, unverändert verharren? Sie bleiben jedoch stets erkennbar, wie etwa ein Mensch, der in vielerlei Verkleidungen gesteckt wird. Die »Variationen-Technik« ist ein alter Rekurs der Musik: Die Organisten des Mittelalters haben sie bereits angewendet, jeder klassische, viele romantische Komponisten mit ihrer Hilfe Werke geschaffen. Sie alle »variieren« Melodien, indem sie sie rhythmisch, harmonisch, tonartlich verändern. Eben das tut auch Wagner, aber auf dem viel engeren Raum eines Motivs. Die Plastizität der Motive, die er erfindet und verwendet, macht es dem Ohr leicht, ihren Entwicklungen zu folgen, es legt die Schlüsse nahe, die Gefühl und Verstand aus ihrer Verwendung ziehen sollen. Und so gewinnt die bösartig gemeinte Kritik eines Berliner Blattes einen tieferen Sinn, das zu Wagners Lebzeiten diesen einen *Komponisten für Unmusikalische* nannte. Nun ist es tatsächlich nicht schwierig, bei einigermaßen gutem Gehör und Gedächtnis dessen Leitmotiven zu folgen, also den Sinn seiner Werke zu erfassen. Es unterliegt kaum einem Zweifel, daß Bach und wohl sogar Mozart schwerer in ihrer ganzen Bedeutung zu erfassen sind als Wagner. Bei einem Minimum an »Vorbereitung« ist Wagners Werk – *Tristan und Isolde* vielleicht ausgenommen – jedem Hörer vom Dramatischen wie vom Musikalischen her zugänglich. Zu die-

ser Vorbereitung gehört auch die Beschäftigung mit den Leitmotiven. Der Hörer muß sie kennen, um nicht nur das musikalische Gefüge erfassen zu können, sondern auch die tieferen
dramatischen Zusammenhänge. Denn, vergessen wir es nicht,
mit Hilfe dieser Motive macht Wagner den Hörer zum *steten
Mitwisser*, wie er selbst es ausgedrückt hat.

Wie das vor sich geht? Nun, hier zwei einfache Beispiele.
Sieglinde erzählt Siegmund vom traurigen Tag ihrer erzwun-
genen Hochzeit: ein Fremder sei mitten in das Fest getreten
und habe ein Schwert in den Baumstamm gestoßen, der das
Haus trägt. An dieser Stelle erklingt im Orchester leise das
Walhall-Motiv; was die im Hause Hundings versammelten
Männer nicht wissen, weiß der Hörer: Jener Fremde war
Wotan, und damit gewinnt das in den Stamm gestoßene
Schwert eine große Bedeutung. Ebenso einfach ist das zweite
Beispiel. Siegmund ist getötet worden, Brünnhilde hat die
widerstrebende Sieglinde gerettet, die viel lieber mit dem Ge-
liebten sterben würde. Nach Brünnhildes Worten, die ihr die
Geburt eines künftigen Helden voraussagt, ändert sich Sieglin-
des Einstellung zum Leben schlagartig. Der Hörer aber weiß
noch mehr: Brünnhildes Prophezeiung erfolgt auf das Motiv
Siegfrieds. Noch fehlen Monate bis zu seiner Geburt, Jahre bis
zu seinem Auftreten im Drama – aber der Hörer, *Mitwisser* des
Autors, weiß, daß Sieglindes Kind niemand anderer sein wird
als Siegfried.

Vielleicht kann man Wagners Leitmotiv-Technik mit der Her-
stellung eines großen Mosaiks vergleichen. Die Motive stellen
die Steinchen dar. Jedes von ihnen hat Bedeutung, vielleicht
auch künstlerischen Eigenwert (was nicht unbedingte Voraus-
setzung sein muß). Doch der wahre Wert des Bildes ergibt sich
erst aus der Zusammenschau, der Gesamtgestaltung des Werkes. Mag auch den Steinen selbst Bedeutung zukommen, der
Wert des Ganzen ist doch größer als die Summe dieser einzelnen Teile. Wagners Kraft beruht auch nicht so sehr auf der Erfindung der Leitmotive, auf der Konstruktion jedes Steinchens
für sein Mosaik, als vielmehr auf dem geistig-dichterisch-
musikalischen Gesamtbild, das er mit ihrer Hilfe errichtet.

Wagners Arbeit mit den Leitmotiven ist in erster Linie eine
musikpsychologische und dramatische. Wer sie rein musika-

lisch bewerten wollte, irrte ebenso wie jener, der in seinen Texten das rein dichterische Moment sucht. Oftmals sind die Veränderungen, die Variationen, denen er ein Motiv unterwirft, wichtiger als die – oft überraschend einfache – Grundform. Unser Buch bringt eine Tabelle vieler der wichtigen Leitmotive, so wie dies auch die vorangegangenen Bände zum *Ring des Nibelungen* taten. Dem Laien mag die Anzahl der Motive – es sind 47 zur *Götterdämmerung* – vielleicht groß, übergroß erscheinen; Kenner hingegen können vielleicht manches vermissen, wenn sie gelernt haben, in nahezu jeder Tonformel Wagners ein »Leitmotiv« zu sehen. Leider hat Wagner selbst nie daran gedacht, eine Liste dieser Tonformeln zu geben oder gar ihre Bedeutung durch Namengebung zu umschreiben. Wenn er es aber nicht getan hat, so sollten späteren Analytikern Grenzen gesetzt sein. Wie oft aber sind diese eindeutig überschritten worden! Wie wütete lange Zeit hindurch geradezu eine Sucht, den Riesenbau der Dramen Wagners in winzigste Teilchen zu zerlegen, jedes von ihnen nach allen möglichen und unmöglichen Richtungen zu »interpretieren« und so, anstatt mehr Verständnis zu schaffen, den wahren Wert schwerer erfaßbar zu machen. Wenn irgendwo die Gefahr besonders groß ist, den Wald vor lauter Bäumen nicht mehr zu sehen, dann hier …

Was wir dem Hörer raten möchten, ist ein Vertrautmachen mit den wichtigsten Leitmotiven. So wie man vor einem großen Mosaik sich einzelne Steinchen betrachten mag. Man soll ihren Sinn erfassen, in ihren Buchstaben und Geist eindringen. Soll z. B. wissen, daß zu einem Erklingen des Leitmotivs der Göttin Erda deren Erscheinen auf der Bühne nicht unbedingt erwartet werden muß, daß aber deren Sehergabe oder ihr Wissen um den Untergang der Götter hier eine Rolle spielen. Und einmal vertraut mit dem Sinn der Leitmotive, möge der Hörer das tun, was auch dem Betrachter eines großen Mosaiks geraten werden muß: zurückzutreten, um das Gesamte überschauen zu können. Die Beschäftigung mit Wagners Leitmotiven mag eine Gedanken-, eine Verstandesarbeit sein. Wir haben es hier nicht mit einer intuitiven Kunst zu tun wie etwa in Schuberts Musik; infolgedessen genügt auch nicht die Intuition allein, um dem Werk völlig gerecht zu werden. Trotz-

357

dem wäre es verfehlt, hier von einer »Verstandeskunst« zu sprechen (so wie dies bei einigen Strömungen des 20. Jahrhunderts der Fall ist, etwa bei der Zwölftonmusik). Denn die wahre Komposition, die Zusammensetzung der Leitmotive zu einem großen Musikstück, ist bei Wagner ohne echte Inspiration nicht denkbar. Gedanke und Gefühl finden sich bei ihm in vollendeter Weise miteinander verbunden.

Um ein Bauwerk völlig erfassen und vielleicht bewundern zu können, dürfte die Kenntnis seines Materials, seiner Bauweise, seines Stils von großem Nutzen sein. Ähnliches gilt für alle Kunstwerke. Wer »weiß«, hat mehr von der Kunst. Das stimmt ganz besonders für Wagner und vor allem für seinen *Ring des Nibelungen*. Da gibt es vielfältige Zusammenhänge, Ideenverbindungen und Verständnismöglichkeiten, die sich der Vorbereitung des Hörers erschließen. Das Hören aber dürfte niemals von zu starker Gedankenarbeit belastet sein. Hier gilt es, sich vom unendlichen Strom der Musik forttragen zu lassen.

Leitmotiv-Tafel[1]

Einige der wichtigsten musikalischen Motive[2] aus *Götter-dämmerung* in ihren Urformen oder meistgebrauchten Formen. Sie kommen, neben vielen anderen, auch in den weiteren Dramen des *Ring des Nibelungen* vor. Die angegebenen Deutungen gehen zwar über einfache Benennungen hinaus, können aber keinesfalls erschöpfend sein.

LM 1   Motiv der Natur im Urzustand, hier des Rheins (reines Dreiklangsmotiv ohne Veränderung der Harmonie):

LM 2   Der Rhein als strömende Kraft; ebenfalls ein Naturmotiv, Nr. 1 verwandt und aus diesem entwickelt:

[1] Wir verwenden den Ausdruck »Leitmotiv«, der nach Wagners Tod von Hans von Wolzogen, dem Herausgeber der *Bayreuther Blätter*, geschaffen wurde; er ist heute allgemein als Bezeichnung für die Tonfolgen akzeptiert, die Wagner selbst *Grundthemen* nannte.
[2] Die Ziffern sind nicht mit denen in den *Erläuterungen* S. 10ff. identisch.

LM 3   Die »Rheintöchter«, Naturwesen, die in der Tiefe des Stromes leben:

a)

b)

c)

LM 4   Das in der Tiefe des Rheins schlummernde Gold, noch Teil der Natur:

a)

b)

LM 5 Das Liebesverzichts-Motiv; durch diesen Verzicht wird Alberich in die Lage versetzt, das Rheingold rauben und aus ihm einen Ring schmieden zu können, der ihm die Weltherrschaft verspricht:

LM 6 Walhall und somit auch das Motiv des dort regierenden obersten Gottes Wotan:

LM 7 Erda, ewige Göttin der Erde, der Natur, der Weisheit:

LM 8 Das Ende der Götter, die »Götterdämmerung«, von Erda prophezeit, von Loge vorausgesehen, schließlich von Wotan selbst ersehnt (musikalisch die Umkehrung des Erda-Motivs Nr. 7, also in rückläufiger Bewegung):

LM 9 Die Motive der Göttin Freia, a) im übertragenen Sinne Motiv der Schönheit, der Liebe (im erotischen Sinne) und der ewigen Jugend, als deren Hüterin sie gilt: b) als Motiv der »goldenen Äpfel der ewigen Jugend« zu verstehen, die Freia in ihrem Garten pflegt:

LM 10 Loge, der Gott des Feuers, aber auch der Schlauheit, Verwandlungsfähigkeit, List. So erklärt es sich wohl auch, daß ihm mehrere Motive zugeordnet sind; gemeinsam ist ihnen das »Schillernde«, fast Gestaltlose, Vieldeutige – musikalisch gesprochen: die Chromatik (Fortschreitungen in kleinsten Intervallen, Halbtönen):

a)

b)

c)

d)

LM 11 Das Motiv der Riesen (Fafner und Fasolt), Symbol der primitiven Kraft:

LM 12 Das Motiv der Nibelungen in ihrer Eigenschaft als Schmiede, Symbol auch der rastlosen Tätigkeit:

LM 13 Das Motiv des Ringes, den Alberich unter Verzicht auf die Liebe aus dem geraubten Rheingold schmiedet und der ihm unermeßliche Macht, ja die Weltherrschaft bringen soll. Das Gesamtdrama rankt sich um den Besitz dieses Ringes oder das Streben danach:

LM 14 Das Motiv der Verträge, der Übereinkünfte zur Sicherung einer Ordnung in der Welt. Sie sind symbolisch in den Speer Wotans eingeritzt, so daß der Gott zum »Hüter der Verträge« wird, das Motiv also auch ihm zugeordnet ist:

LM 15 Das Motiv des Tarnhelms, der in der Mythologie und alten Sagen oftmals anzutreffenden Kopfbedeckung, die wundertätige Eigenschaften besitzt: dem Träger jede beliebige Gestalt verleiht, unsichtbar macht oder an andere Orte versetzen kann:

LM 16   Alberichs Fluch, mit dem er den ihm von Wotan gewaltsam entrissenen Ring zum tödlichen Instrument macht,
zum Unheilsbringer und Kampfobjekt:

LM 17   Motive der Wälsungen, also Siegmunds und Sieglindes, der Eltern Siegfrieds, ihrer Liebe und ihres Leides.

LM 18   Motiv des Verzichts, der Hoffnungslosigkeit, der
schmerzlichen Entsagung:

LM 19 Die Liebe, das immer wiederkehrende Thema, vielleicht Grundthema der Tetralogie, kommt in vielerlei Formen vor und besitzt so eine Reihe von Motiven, die zwar im Augenblick ihres Erscheinens differenzierte Bedeutung haben (Liebeswerbung Siegmunds und Sieglindes, Siegfrieds und Brünnhildes Liebe usw.), aber im Grunde nur verschiedene Ausdrucksformen des großen Gefühls »Liebe« darstellen:

f)

g)

h)

i)

k)

LM 20 Der Walkürenruf:

LM 21 Der Walkürenritt durch die Lüfte (als göttliches Element der Walküren):

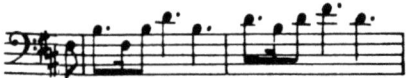

LM 22 Das Motiv des unentrinnbaren Schicksals:

LM 23 Das Motiv der Todverkündigung, im übertragenen Sinne: des durch nichts zu ändernden Schicksals, das über dem Menschen, im *Ring des Nibelungen* aber auch über den Göttern steht:

LM 24 Brünnhildes Einschlafen, in übertragenem Sinne: ihr Verwandlungsschlaf (von der Halbgöttin zur Menschenfrau), ihr Versinken ins Unbewußte, aber auch das sie während dieser Verwandlung beschützende Feuer:

LM 25 Die Motive Siegfrieds. (Es wäre denkbar, sie verschiedenen Phasen Siegfrieds zuzuordnen, etwa: der tragenden dramatischen Persönlichkeit, dem jugendlichen Abenteuerdrang und dem gereiften, durch Taten zum Helden gewordenen Siegfried):

LM 26 Das Schwert-Motiv:

LM 27 Mimes Klage, das Lied, mit dem er Siegfrieds Zuneigung erringen will, aber das Gegenteil erreicht:

LM 28 Siegfrieds Freiheitsdrang. Sein Lied *Aus dem Wald fort in die Welt zieh'n* wird zum Motiv seines Tatendurstes:

LM 29 Siegfrieds Schmiedegesang, der zum Motiv seiner jugendlichen Kraft wird:

LM 30 Motiv des Schwertes Nothung, das Siegfried neu geschmiedet hat:

LM 31 Das Wurm-Motiv: Fafner hat sich, nur auf das Hüten seines Schatzes bedacht, in ein gefährliches Untier, einen Lindwurm verwandelt; das Motiv begleitet schon in *Rheingold* Alberichs Verwandlung durch die Tarnkappe in einen Riesenwurm. Die Tonfolge bedeutet also etwas Schleichendes, Kriechendes, Unmenschliches, Gefährliches:

LM 32 Zwei Motive des Waldvogels, Symbol einer hellen freundlichen Naturkraft, die mit dem Menschen in Verbindung zu treten wünscht:

LM 33 Motiv des »Wanderers«, der Gestalt, in der Wotan auf die Erde kommt und sich den Menschen zeigt:

LM 34 Motiv Brünnhildes in ihrer irdischen Existenz:

LM 35 Brünnhildes Erwachen und Gruß an Sonne und Tag:

LM 36 Das Motiv des Grübelns, des angestrengten Nachdenkens:

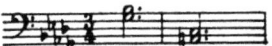

LM 37   Motive Hagens:

a)

b)

LM 38   Motiv Gunthers:

LM 39   Motiv Gutrunes:

LM 40   Motiv der Treue, der Stetigkeit, Festigkeit, des starken Charakters:

LM 41 Motiv des Vergessenstrankes, des Auslöschens im menschlichen Gedächtnis:

LM 42 Motiv des Speereides, des auf Hagens Speer geleisteten Schwurs Siegfrieds und Brünnhildes:

LM 43 »Wehe«-Motiv: Motiv des Unglücks, des Schmerzes, der Warnung:

LM 44 Motiv des Unheils, Unglücks, der Gefahr, Bedrohung:

LM 45 Das Motiv der Sühne:

LM 46   Der Tod: Beginn des Trauermarsches nach Siegfrieds Ermordung:

LM 47   Erlösungs-Motiv, Symbol für letzte, höchste Erfüllung aller Wünsche, zuletzt des Eingehens in die endgültige
Ruhe:

Biographische Daten Richard Wagners

(unter besonderer Berücksichtigung der Entstehung und der ersten Aufführungen des *Ring des Nibelungen*)

1813   Am 22. Mai wird Richard Wagner in Leipzig geboren und am 16. August in der Leipziger Thomaskirche – an der Bach während der letzten 27 Jahre seines Lebens tätig gewesen war – getauft.
Am 23. November stirbt sein Vater Carl Friedrich Wilhelm Wagner, 43jährig, an Typhus.

1814   Wagners Mutter, Johanne Rosine, geborene Pätz aus Weißenfels, heiratet mit 36 Jahren den gleichaltrigen Schauspieler und Dichter Ludwig Geyer.
Übersiedlung nach Dresden, wo Geyer am Theater tätig ist.

1821   Tod Ludwig Geyers (30. September).

1822   Wagner kommt – übrigens unter dem Namen »Richard Geyer«, den er bis zu seiner Konfirmation beibehält – auf die Kreuzschule.

1827   Wagner wird am 8. April in der Dresdener Kreuzkirche konfirmiert.

1828   Nach der Übersiedlung von Dresden nach Leipzig tritt Wagner in das dortige Nicolaigymnasium ein.

1829   Er erlebt die große dramatische Sängerin Wilhelmine Schröder-Devrient in ihrer Rolle als *Fidelio* und wird dadurch entscheidend zum Künstlerberuf gedrängt, schwankt aber noch jahrelang zwischen seinen beiden Talenten: der Musik und der Dichtung. Schließlich wird ihm bewußt, daß er – wie nur sehr wenige vor ihm – beide verbinden könnte und müßte.

1830   Im Dezember wird im Leipziger Theater zum ersten Mal ein Werk Wagners öffentlich aufgeführt: eine Ouvertüre für Orchester in B-Dur.

1831   Wagner beginnt erste musikalische Studien beim Kantor der Thomaskirche, Theodor Weinlig, dessen er in seinen Memoiren dankbar gedenken wird, allerdings nicht ohne hinzuzufügen, daß sich *das Komponieren in Wahrheit nicht lehren* ließe.

Minna Wagner geb. Planer (im Jahre 1853)
Nach einem Aquarell von Clementine Stockar-Escher
(Richard-Wagner-Museum in Bayreuth)

1832   Erster Druck einer Komposition Wagners, einer Kla-
viersonate in B-Dur, bei Breitkopf & Härtel in Leipzig. Fragmente einer Oper *Die Hochzeit*.

1833   Wagner arbeitet an seiner ersten wirklich fertiggestell-
ten Oper: *Die Feen*.
Er wird Chordirektor am Theater in Würzburg.

1834   Wagner betätigt sich erstmals musikschriftstellerisch
(*Die deutsche Oper*).

Im Juli nimmt er eine Stellung an der kleinen Sommerbühne in Bad Lauchstädt an, wo er seine spätere Gattin, die Schauspielerin Minna Planer, kennenlernt. Im Herbst wird er Kapellmeister in Magdeburg.

1835   Wagner arbeitet an der Oper *Das Liebesverbot*.

1836   Uraufführung der Oper *Das Liebesverbot* in Magdeburg. Wagner geht nach Königsberg und Memel. In Königsberg heiratet Wagner Minna Planer (am 24. November).

1837   Wagner wird Kapellmeister in Königsberg, aber nach kurzer Zeit bricht das Theater unter einer Schuldenlast zusammen. Auch Wagner kann – nicht zum ersten und schon gar nicht zum letzten Mal – seinen persönlichen Verpflichtungen nicht nachkommen. Flucht nach Dresden. Er entwirft *Rienzi* und reist nach Riga, mit dessen Theater er für die kommende Saison einen Vertrag als Kapellmeister abgeschlossen hat.

1838   Wagner dichtet *Rienzi* und beginnt mit der Komposition.

1839   Von Gläubigern bedrängt und mit seiner Tätigkeit unzufrieden, flieht Wagner mit Minna und seinem Neufundländer an Bord eines Segelschiffs von Pillau (Ostsee) westwärts, erreicht England und (am 20. August) Frankreich. In Boulogne-sur-Mer lernt er den zufällig dort anwesenden Komponisten Giacomo Meyerbeer kennen. Am 17. September Ankunft in Paris, womit eine der bedrückendsten Epochen in Wagners Leben beginnt.

1840   Ein Pariser Theater nimmt auf Meyerbeers Empfehlung *Das Liebesverbot* Wagners zur Aufführung an, muß aber vor dem vereinbarten Datum wegen Geldmangels seine Tore schließen. Wagner arbeitet an *Rienzi* sowie am Prosa-Entwurf des *Fliegenden Holländer*, den er der Pariser Oper unterbreitet. Von seinen schriftstellerischen Arbeiten erscheint *Über deutsche Musik* sowie *Eine Pilgerfahrt zu Beethoven*. Wagner lernt Liszt kennen. Kümmerliche Brotarbeit für den Pariser Verleger Maurice Schlesinger. Anfrage an die Dresdener Oper, *Rienzi* aufzuführen.

1841 Weitere Prosa-Arbeiten erscheinen in Paris. Dresden nimmt, vor allem über Meyerbeers Empfehlung, *Rienzi* zur Uraufführung an. Die Pariser Oper interessiert sich für den *Fliegenden Holländer*, wenn auch anders als erhofft: Sie kauft Wagner den Entwurf für 500 Francs ab, um ihn von einem ihrer Kapellmeister (Pierre Louis Philippe Dietsch, der 20 Jahre später den *Tannhäuser* in Paris dirigieren wird) komponieren zu lassen. Wagner setzt trotzdem seine eigene Arbeit an diesem Werk fort, Ende November sendet er die fertige Partitur an die Berliner Oper.

1842 Wagner lernt nicht nur die Volksbücher *Der Venusberg* und *Der Sängerkrieg auf Wartburg* kennen – aus denen seine Oper *Tannhäuser* später hervorgeht –, sondern liest im Jahrbuch der Königsberger Deutschen Gesellschaft einen Aufsatz über das Lohengrin-Epos. Während Tannhäuser und besonders der Sängerwettstreit ihn sofort fesseln (*Eine ganz neue Welt war mir hiermit aufgegangen*, schreibt er später in *Mein Leben*), tritt er zum Lohengrin-Stoff noch in keine nähere Beziehung. Verzögerung der *Rienzi*-Uraufführung in Dresden, hingegen Interesse in Berlin (dank der *wahrhaftigen und energischen Teilnahme Meyerbeers*) für den *Fliegenden Holländer*.
Am 7. April Aufbruch aus Paris, Fahrt über den Rhein, durch Thüringen, wo angesichts der Wartburg Tannhäuser-Ideen in ihm Gestalt annehmen, nach Dresden. Im Juni Beginn der Arbeit an *Tannhäuser*, im Juli der Proben zu *Rienzi*. 20. Oktober: Uraufführung des *Rienzi* in Dresden. Trotz über sechsstündiger Dauer stürmischer Erfolg.

1843 Am 2. Januar Uraufführung des *Fliegenden Holländer* in Dresden; viel schwächerer Beifall. Wilhelmine Schröder-Devrient in der Rolle der Senta (auf ihrem vielleicht letzten Höhepunkt). 2. Februar: Wagner wird königlich-sächsischer Hofkapellmeister. Hoffnung auf eine gänzliche Neuorganisation des deutschen Opernwesens. Er vollendet die Dichtung zu *Tannhäuser*, Beginn der Komposition.

1844 Wagner dirigiert die erste Aufführung des *Fliegenden Holländer* in Berlin (7. Januar) und die Erstaufführung des *Rienzi* in Hamburg (21. März).
Organisation der Beisetzung Carl Maria von Webers in Dresden mit Wagners Trauermusik und -rede.

1845 Vollendung des *Tannhäuser* (13. April). Im Juli Urlaub in Marienbad; dort erster Prosaentwurf für *Die Meistersinger von Nürnberg* und *Lohengrin*. 19. Oktober: Uraufführung des *Tannhäuser* in Dresden.

1846 Aufsätze Wagners über Beethovens »Neunte« als Vorbereitung einer von ihm geleiteten Dresdener Aufführung, der Pionier- und Modellcharakter zukommt. Beginn der musikalischen Arbeit an *Lohengrin*; Unterbrechung im Dezember, um Glucks *Iphigenie in Aulis* für eine Aufführung zu bearbeiten.

1847 Wiederaufnahme der Arbeit an *Lohengrin*. 24. Oktober: Erstaufführung des *Rienzi* in Berlin unter Wagners Leitung.

1848 Tod der Mutter in Leipzig (9. Januar). Beginn der Partitur-Niederschrift des *Lohengrin* am 1. Januar, Beendigung am 28. April.
Wagner beschäftigt sich mit Fragen der Theaterorganisation, aber auch mit Politik und hält Vorträge über *Republik und Königtum*. Liszt verbringt einige Tage mit Wagner in Dresden. Der russische Anarchist Michail Bakunin kommt auf der Flucht aus seiner Heimat nach Dresden, wo er mit Wagner und dessen engem Freund Röckel in Verbindung kommt.
Im Juli weilt Wagner vierzehn Tage in Wien, wo er Pläne *zur Reformierung des Theaterwesens* entwickelt. Im Spätsommer legt Wagner einen Dramenentwurf zu einem Barbarossa-Stück (*Friedrich I.*) beiseite und interessiert sich, zuerst in einem Aufsatz oder einer Studie, für *Die Nibelungen, Weltgeschichte aus der Sage* (ursprünglich *Die Wibelungen*). Am 4. Oktober schreibt er den Prosa-Entwurf *Die Nibelungen-Saga*, die er später unter dem Titel *Der Nibelungen-Mythos, als Entwurf zu einem Drama* veröffentlicht. Bei der weiteren Arbeit an diesem Stoff schließt Wagner am

20. Oktober die Prosafassung zu *Siegfrieds Tod* ab, der späteren *Götterdämmerung*. *Der Ring des Nibelungen* entsteht also in umgekehrter Reihenfolge – vom Ende zum Anfang. Wagner liest im Dezember einer Freundesgruppe *Siegfrieds Tod* vor.

Unruhen, Aufstände, Revolutionen in weiten Teilen Europas; Wagner steht mehr künstlerisch als politisch eindeutig auf seiten von Reform und Umsturz.

1849   Wagner schildert in einem später nicht ausgeführten, aber im einzelnen niedergelegten Drama *Jesus von Nazareth* diesen als Sozialrevolutionär. Am 30. April Ausbruch der Aufstände in Dresden. In der Nacht vom 9. zum 10. Mai Flucht Wagners aus Dresden über Chemnitz nach Weimar, wo Liszt ihn mit Geld und einem falschen Paß ausstattet.

Am 28. Mai Ankunft in Zürich. Am nächsten Tag schon liest Wagner den Staatsschreibern Sulzer und Hagenbuch *Siegfrieds Tod* vor; sie gewähren ihm einen Schweizer Paß, mit dem er am 30. Mai nach Paris reist. Mit Liszts geldlicher Zuwendung kehrt Wagner am 6. Juli nach Zürich zurück, wo er sich niederläßt. Er beschäftigt sich mit Aufsätzen über zahlreiche politische und kunstpolitische Fragen. Im September arbeitet er am *Nibelungen*-Entwurf, gegen Ende des Jahres interessiert ihn ein Drama *Wieland der Schmied,* das er aber nicht vollendet.

1850   Wagner dirigiert (am 15. Januar) erstmals in Zürich. Monatelange Liebeswirren: ein Fluchtplan mit der jungen Französin Jessie Laussot, Tochter einer Mäzenin Wagners und in Bordeaux verheiratet, scheitert, ebenso scheitern Wagners künstlerische Bemühungen in Paris, Rückkehr nach Zürich – zu seiner Gattin Minna – Anfang Juli. Am 12. August beginnt Wagner, sich mit der Komposition von *Siegfrieds Tod* zu beschäftigen, es entstehen einige später beibehaltene musikalische Motive.

Am 28. August Uraufführung des *Lohengrin* in Weimar unter Leitung von Franz Liszt und in Abwesenheit des exilierten Wagner. Eine Aufführung von *Siegfrieds Tod* scheint undenkbar, die Festspielidee taucht auf.

Oper und Drama, eine von Wagners wichtigsten theoretischen Schriften, entsteht.

1851 Wagner erkennt die Notwendigkeit, *Siegfrieds Tod* ein Drama voranzustellen, das die Vorgeschichte Siegfrieds erklären soll: Anfang Mai skizziert er in wenigen Tagen *Der junge Siegfried* (später: *Siegfried* genannt) und legt ihn sofort in einem ausführlichen Prosa-Entwurf nieder. Vom 3. zum 24. Juni entsteht das Textbuch des *Jungen Siegfried.* Im Juli arbeitet Wagner an der autobiographischen Abhandlung *Eine Mitteilung an meine Freunde.* Das Thema des Walkürenritts (im späteren Musikdrama *Die Walküre* verwendet) entsteht am 23. Juli.

Im Sommer muß Wagner erste Gedanken und Pläne zur Ausgestaltung des Nibelungendramas in vier einzelnen Stücken gefaßt haben. Er will *dereinst im Laufe dreier Tage mit einem Vorabende jene drei Dramen nebst einem Vorspiel aufführen*, wie er in der *Mitteilung* niederlegt, die hierfür *ein eigenes dazu bestimmtes Fest* vorsieht. Es ist der klar ausgesprochene Festspiel-Gedanke, im Gegensatz zum üblichen »Theaterbetrieb«, von dem Wagner sich immer stärker zu lösen sucht. Der Grundgedanke zum *Nibelungen*-Zyklus taucht in mehreren Briefen auf. Der November (1851) darf hierfür als entscheidendes Datum angesehen werden: vom 3. bis 11. skizziert Wagner *Das Rheingold*, das er ursprünglich den *Raub des Rheingolds* nennt, anschließend – bis etwa zum 20. – *Die Walküre.* Dies geschieht in der Wasserheilanstalt Albisbrunn bei Zürich. Von dort geht auch (am 12. November) ein Brief an seinen Freund Theodor Uhlig, in dem steht:

...Mit dieser meiner neuen Konzeption trete ich gänzlich aus allem Bezug zu unserem heutigen Theater und Publikum heraus ... die nächste Revolution muß notwendig unserer ganzen Theaterwirtschaft das Ende bringen ... Aus den Trümmern rufe ich mir dann zusammen, was ich brauche: ich werde, was ich bedarf, dann finden. Am Rheine schlage ich dann ein Theater auf, und lade zu einem großen dramatischen Feste ein:

Nach einem Jahr Vorbereitung führe ich dann im Laufe von vier Tagen mein ganzes Werk auf...

Um diesen kühnen Plan in die Wirklichkeit umsetzen zu können, bedarf es noch ziemlich genau eines Vierteljahrhunderts.

1852   Wagner dirigiert Opernvorstellungen in Zürich. Bei einem von ihm geleiteten Beethoven-Konzert lernt er Otto und Mathilde Wesendonck kennen (Ende Februar). Arbeit an *Rheingold* und *Walküre*; vom 1. Juni bis 1. Juli schreibt Wagner die »Urschrift« der *Walküre* nieder, die des *Rheingold* wird vom 15. September bis 3. November verfaßt. Anschließend bringt Wagner die beiden anderen Dichtungen in Übereinstimmung mit dem neuen, endgültigen Gesamtkonzept, zuerst *Der junge Siegfried*, der nun den Namen *Siegfried* erhält, später *Siegfrieds Tod*, der in *Götterdämmerung* umbenannt wird. Am 15. Dezember (1852) ist die gesamte Dichtung des *Ring des Nibelungen* zu Papier gebracht. Am 18. desselben Monats liest Wagner die beiden ersten dieser Dramen, am 19. die zwei folgenden einem kleinen Freundeskreis im Hause des Ehepaares Wille in Mariafeld-Meilen bei Zürich vor.

1853   Im Februar erscheinen 50 Exemplare des *Ring des Nibelungen* als Privatdruck in Zürich. An vier Abenden dieses Monats (16., 17., 18., 19.) liest Wagner diese Dichtung im Zürcher Hotel »Baur au Lac« einer Gruppe von Freunden und Kunstinteressierten vor. Am 18., 20. und 22. Mai dirigiert er in drei Konzerten in der gleichen Stadt Bruchstücke aus verschiedenen seiner früheren Werke.

Liszt kommt Anfang Juli zu Besuch, gemeinsam mit dem Dichter Georg Herwegh besteigen sie am 7. Juli das Rütli – die historische Bergwiese, auf der 1291 der Schwur zur Gründung der Schweiz erfolgte –, wo sie feierlich aus Quellen Bruderschaft trinken. Wagner entwickelt seinen Festspielgedanken, den er sich nun in Zürich verwirklicht denken kann, Liszt verspricht Unterstützung. Wagner und Herwegh reisen durch die Schweizer Bergwelt, wo Wagner des öfteren Visionen für künftige Szenen seines *Rings* hat. Ende August fährt Wagner nach Italien, am 5. September fällt ihm in einem starken Traum- oder Halbschlaferlebnis in Spezia die Musik zum *Rheingold*-Vorspiel ein. Er kehrt sofort nach Zürich zurück, um die Komposition zu beginnen. Verschiedene Ereignisse verzögern die Ausführung: eine Reise mit Liszt nach Paris (wo Wagner die sechzehnjährige Cosima zum ersten Male sieht), ein Treffen mit mehreren prominenten Musikern in Basel. Überall liest Wagner aus seinem *Ring* vor. Am 1. November (1853) beginnt die Komposition: In zehn Wochen (bis Mitte Januar 1854) entsteht die vollständige musikalische Skizze des *Rheingold*.

1854 Die Arbeit an der Partitur schließt sich an. Deren »Erstschrift« ist am 28. Mai, die endgültige Ausarbeitung am 26. September beendet. Im Oktober scheint der erste Gedanke zu *Tristan und Isolde* bei Wagner entstanden zu sein, Frucht seiner (zum Teil unter dem Einfluß der Lektüre Schopenhauers) immer pessimistischer werdenden Gedanken sowie der ihn bald stark fesselnden Liebesgefühle für Mathilde Wesendonck. Die Kompositionsskizze zur *Walküre* entsteht vom 28. Juni bis 27. Dezember, während wachsende Geldsorgen ihn bedrängen, die schließlich – vorübergehend – durch Wesendonck beseitigt werden.

1855 Anfang Januar beginnt Wagner mit der Partitur-Erstschrift der *Walküre*. Ohne diese noch ganz abgeschlossen zu haben, geht er, gegen seine sonstige Gewohnheit, am 14. Juli an die Partitur-Reinschrift und führt nun beide Arbeiten parallel durch. Im Dezember beschäftigt er sich wieder mit *Tristan und Isolde*. Sein Gesundheitszustand verschlechtert sich, er leidet unter mehreren Anfällen von Gesichtsrose oder *nervöser Allergie* (Gregor-Dellin).

1856 Am 23. März vollendet Wagner *Die Walküre*. Längere Zeit beschäftigt ihn ein geplantes Drama *Die Sieger* mit buddhistischen Gedankengängen. Im Juni erfolgt die endgültige Umbenennung von *Siegfrieds Jugend* oder *Der junge Siegfried* in *Siegfried* und von *Siegfrieds Tod* in *Götterdämmerung*. Erfolgreiche Kur Wagners in einer Wasserheilanstalt von Mornex (französische Schweiz). Im Spätsommer beginnt Wagner mit der Komposition des *Siegfried,* am 22. September mit der Orchesterskizze des I. Akts, am 11. Oktober mit dessen Partitur. Zur Feier von Liszts 45. Geburtstag versammeln viele seiner Freunde sich mit ihm in Zürich, Wagner improvisiert (am 22. Oktober) eine Aufführung des I. Akts der *Walküre,* bei der er selbst die beiden männlichen Rollen singt, Frau Emilie Heim die Sieglinde und der phänomenal vom Blatt spielende Liszt am Klavier den Orchesterpart ausführt. Am 23. November dirigieren Liszt und Wagner gemeinsam ein Sinfoniekonzert in St. Gallen. Am 1. Dezember nimmt Wagner die einige Zeit unterbrochene Kompositionsarbeit an *Siegfried* wieder auf, vom 19. dieses Monats an beschäftigen ihn während einiger Tage verschiedene musikalische Themen zu *Tristan und Isolde.*

1857 Am 20. Januar schließt Wagner die Kompositionsskizze des ersten Aktes, am 5. Februar die Orchesterskizze dieses Aktes von *Siegfried* ab. Er kann auch noch die Partitur-Erstschrift im März vollenden. Dann unterbrechen verschiedene Ereignisse diese Arbeit.

Wesendonck hat dem Ehepaar Wagner ein kleines Haus neben seiner im Bau befindlichen prächtigen Villa – heute Rietbergmuseum – im Vorort Enge am Zürichsee zur Verfügung gestellt. Wagner bezieht dieses »Asyl« am 28. April. Am 12. Mai beginnt er dort mit der Partitur-Reinschrift der vollendeten Teile des *Siegfried,* am 22. Mai mit der Kompositionsskizze des zweiten Akts. Am 18. Juni geht er an die Orchesterskizze zum zweiten Akt, aber sie gerät nur noch bis zur Szene des *Waldwebens.* Am 27. Juni unterbricht Wagner, um sich mit ganzer Kraft in die Komposition des ihn unabweislich bedrängenden *Tristan* zu stürzen. Am 13. Juli kehrt er überraschend nochmals zu *Siegfried* zurück und beendet die Orchesterskizze des zweiten Akts, bevor er am 9. August den *Ring des Nibelungen* für lange Zeit beiseite legt.

Richard Wagners »Asyl« neben der Villa Wesendonck
im Zürcher Vorort Enge

Am 5. September kommt es zum seltsamen, »historischen« Zusammentreffen dreier Frauen an Wagners
Tisch: seiner Gattin Minna, der von ihm glühend geliebten Mathilde Wesendonck sowie seiner späteren
Gattin Cosima, geborener Liszt, die sich soeben mit
ihrem Gemahl Hans von Bülow, einem begeisterten
»Wagnerianer«, auf Hochzeitsreise in Zürich aufhält.
Wagner liest aus *Siegfried* vor. Gegen Ende des Jahres
komponiert Wagner fünf Gedichte Mathilde Wesen-
doncks, die ihr völliges geistiges und seelisches Eindringen in Wagners Welt zeigen.

1858   Arbeit an *Tristan und Isolde*, wachsende Spannungen
durch die immer enger werdende Beziehung Wagners
zu Mathilde, von ihm im Rückblick verharmlosend *nach-
barliche Verwirrung* genannt. Am 17. August Flucht
Wagners aus dem »Asyl«, das Minna auflöst. Vorübergehende Niederlassung in Venedig.

1859   Am 28. März trifft Wagner im Luzerner Hotel »Schwei-
zerhof« ein, wo er am 6. August die Partitur von *Tristan*

und Isolde vollendet. Gegen Mitte September Niederlassung in Paris, wo Minna am 17. November eintrifft.

1860 Amnestie Wagners in Deutschland (außer Sachsen); er betritt am 12. August zum ersten Mal seit mehr als elf Jahren wieder deutschen Boden. Ende September fährt er nach Paris, um die Aufführung seines *Tannhäuser* vorzubereiten.

1861 Die denkwürdige, im Skandal fast untergegangene Aufführung des *Tannhäuser* in der Pariser Oper am 13. März. Wagner zieht nach weiteren zwei ebenfalls stark gestörten Aufführungen das Werk zurück. Am 11. Mai hört Wagner in Wien bei einer Probe seinen *Lohengrin* zum ersten Mal, am 15. Mai wird er bei der Aufführung stürmisch bejubelt. Wagner über Zürich, Karlsruhe nach Paris, dann nach Deutschland (Weimar, Nürnberg, München) und schließlich nach Salzburg, Wien, Venedig und zurück nach Wien. Am 1. Dezember trifft Wagner im Mainzer Verlagshaus Schott zu Verhandlungen mit dessen Inhaber Franz Schott ein; Weiterreise nach Paris.

1862 Auch dieses Jahr ist von stärkster Unrast gezeichnet. Niederlassung in Biebrich, Fahrten nach Karlsruhe, wo *Tristan und Isolde* uraufgeführt werden soll. Wagner dirigiert (in Frankfurt, am 12. September) zum ersten Mal selbst seinen *Lohengrin*. Reisen nach Leipzig, Dresden (wo er Minna trifft, von der er endgültig getrennt scheint), Wien (wo der Kritiker Eduard Hanslick sich bei einer Lesung der *Meistersinger von Nürnberg* in der Figur des Beckmesser persönlich angegriffen fühlt und von nun an Wagners Feind wird).

1863 Wagner publiziert das im Vorjahr verfaßte *Vorwort zur Herausgabe der Dichtung des Bühnenfestspiels Der Ring des Nibelungen*, in dem er den Festspielgedanken von neuem aufgreift und sich dafür eine *minder große* Stadt wünscht, wo ein Festspielhaus zu errichten und u. a. mit einem das Orchester verdeckenden Graben auszustatten sei. Nachdem er einige Jahre zuvor einen solchen Plan nur im Zusammenhang mit einer Revolution, einem »neuen Publikum« denken wollte, soll er

nun durch private Stiftungen oder einen Fürsten verwirklicht werden; seine politische Wandlung hat
längst eingesetzt. Wagner dirigiert in Wien Konzerte
mit eigenen Werken, darunter Teilen des *Rings*, von
denen besonders der *Walkürenritt* ungeheuren Jubel
hervorruft. Konzerte in Prag und Rußland, Rückreise
über Berlin, Wohnsitz in Penzing bei Wien. Konzerte
in Budapest, Prag, Karlsruhe. Am 28. November in
Berlin, Spazierfahrt mit Cosima von Bülow, gegensei-
tiges Liebesgeständnis. Dramatische Verschlechterung
der finanziellen Lage.

1864   In höchster Not tritt *das Wunder* (auf das er, laut einem
Brief an den Komponisten Peter Cornelius, gewartet
hat) tatsächlich ein: Am 3. Mai überbringt ihm in
Stuttgart ein Abgesandter des jungen Bayernkönigs
Ludwig II. die Einladung nach München und verwandelt so das Leben des sich völlig gescheitert Fühlen-
den in das eines stolzen Siegers. Am 4. Mai erfolgt die
Begegnung zwischen Monarch und Künstler, aus der
eines der großartigsten Mäzenate und eine der seltsam-
sten Künstlerfreundschaften aller Zeiten hervorgeht.
Wagner übersiedelt nach München, dessen National-
theater die Weisung zur Uraufführung von *Tristan und
Isolde* empfängt.

1865   Diese Uraufführung, eine der folgenreichsten der Musikgeschichte, findet am 10. Juni statt. Enge Beziehung Wagners zu Cosima, die mit ihrem Gatten – dem
Dirigenten der *Tristan*-Uraufführung – nach München
gezogen ist. Ihr und Wagners erstes Kind, die Tochter
Isolde, wird geboren. Wagner schreibt für den König
einen Prosaentwurf zu *Parsifal*. Wagners Stellung
wird durch sich verstärkende öffentliche Angriffe,
trotz der Treue Ludwigs zu seinem Schützling, unhaltbar, am 10. Dezember verläßt er München und läßt
sich, von Ludwig unterstützt, in Tribschen am Vierwaldstätter See nieder.

1866   Minna stirbt einsam in Dresden. Cosima zieht endgültig zu Wagner. Vorübergehende Verstimmung zwischen dem König und Wagner.

Tribschen am Vierwaldstättersee
Wagners Wohnsitz für die Jahre 1866 bis 1872

1867   Arbeit an den *Meistersingern von Nürnberg*. Zeitwei-
        ser Aufenthalt in München, wo *Lohengrin* neu einstu-
        diert gegeben wird.

1868   Festliche Uraufführung der *Meistersinger von Nürn-
        berg* am 21. Juni im Hof- und Nationaltheater Mün-
        chen. Stürmische Huldigungen an Wagner, der den
        Ovationen von der Königsloge aus dankt. Sofortige
        Rückkehr nach Tribschen. Reise mit Cosima nach Ita-
        lien. Freundschaft mit Nietzsche.

1869   Wagner vollendet die Partitur-Reinschrift des zweiten
        Aktes von *Siegfried* am 23. Februar und beginnt am
        1. März die Kompositionsskizze zum dritten Akt.
        Diese wird am 14. Juni fertiggestellt, am 25. Juni be-
        ginnt die Orchesterskizze des dritten Akts, in der be-
        reits in großen Linien die künftige Instrumentation

vorweggenommen ist, ein Arbeitsvorgang, wie ihn nur Wagner kennt, am 25. August dessen Partitur. Im Oktober werden erste Kompositionsskizzen zur *Götterdämmerung* gemacht. Cosima erlangt von Bülow die Scheidung. Am 22. September wird gegen Wagners heftigen Widerstand – da er eine Gesamtaufführung des *Ring des Nibelungen* wünscht – auf König Ludwigs Befehl *Das Rheingold* im Münchener Hoftheater zum ersten Erklingen gebracht. Wagner bleibt fern. Zu Weihnachten weilt Nietzsche in Tribschen, wo Wagner seinen Entwurf des *Parsifal* vorliest.

1870   Wagner beschäftigt sich intensiv mit *Götterdämmerung*: Am 2. Juli wird die Orchesterszkizze des ersten Akts abgeschlossen. Am 26. Juni läßt Ludwig II. nun auch *Die Walküre* in seinem Hoftheater uraufführen, obwohl Wagner auf das schärfste protestiert hat.
Am 25. August werden Wagner und Cosima in der protestantischen Kirche in Luzern getraut. Am 25. Dezember führt Wagner seine Orchesterkompositionen *Siegfried-Idyll* zu Ehren Cosimas und ihres kleinen Sohnes Siegfried in der Halle des Tribschener Hauses auf. Wachsende Verstimmung Liszts.

1871   Am 5. Februar beendet Wagner die Partitur des dritten (letzten) *Siegfried*-Akts. Im April reist er mit Cosima über Nürnberg nach Bayreuth, wo er zwar das alte Markgräfliche Opernhaus für seine Zwecke ungeeignet findet, aber Landschaft und Ortscharakter ihn so ansprechen, daß er sich vornimmt, hier sein erträumtes Festspielhaus zu errichten. Am 12. Mai kündigt Wagner von Leipzig aus öffentlich die Abhaltung der ersten Bayreuther Festspiele für den Sommer 1873 an. Von Juli bis November arbeitet Wagner, nun wieder in Tribschen, am zweiten Akt der *Götterdämmerung*.
Am 7. November stellt die Stadt Bayreuth Wagner einen Platz für sein künftiges Festspielhaus zur Verfügung. Am 4. Dezember schenkt Wagner König Ludwig eine Abschrift der Orchesterskizze des zweiten Aktes der *Götterdämmerung*. Im Dezember besichtigt Wagner das Terrain des kommenden Festspielhauses

»Haus Wahnfried« in Bayreuth

in Bayreuth, Rückkehr nach Tribschen am 22. Dezember.

1872   Am 4. Januar beginnt Wagner die Kompositionsskizze des dritten Akts der *Götterdämmerung*. Er erwirbt den Baugrund für seine Bayreuther Villa (»Wahnfried«). Vom 9. Februar bis 10. April schreibt Wagner an der Orchesterskizze und vollendet die Kompositionsskizze der *Götterdämmerung*. Ende April trifft die Familie Wagners zur dauernden Niederlassung in Bayreuth ein. Vom 15. Juni bis 22. Juli vollendet Wagner die Orchesterskizze der *Götterdämmerung*. Anfang September reist das Ehepaar Wagner nach Weimar, um sich mit Cosimas Vater, Franz Liszt, auszusöhnen, der im Oktober den Besuch in Bayreuth erwidert. Viele Reisen durch Deutschland, um die ersten Festspiele vorzubereiten.

1873   Weitere Reisen. Am 17. Januar in Berlin Lesung der *Götterdämmerung*. Am 3. Mai Beginn der Partitur des ersten Aktes der *Götterdämmerung*, die am 24. Dezember vollendet wird.

Das Bayreuther Festspielhaus »auf dem grünen Hügel«

1874 König Ludwig bessert die in Schwierigkeiten gerate-
nen Finanzen des Festspielunternehmens durch einen
Kredit von 100 000 Talern auf. Am 28. April bezieht
Familie Wagner »Haus Wahnfried« in Bayreuth. Am
26. Juni Vollendung des zweiten Akts der *Götterdämmerung* in Partitur. Anschließend vier Wochen lang
Vorstudien und -proben zum *Ring des Nibelungen* mit
einem Kern der künftigen Hauptdarsteller. Am 10. Juli
beginnt Wagner die Partitur des dritten Akts der *Götterdämmerung* und vollendet am 21. November
(1874) den gesamten *Ring des Nibelungen*.

1875 Wagner und Cosima auf zweimonatiger Reise in Wien
und Budapest, dann in Leipzig, Hannover, Braunschweig
und Berlin. Am 4. Mai erneut in Wien, wo bereits das
dritte Konzert in diesem Jahre stattfindet. Vom 1. Juli bis
12. August Solisten- und Orchesterproben für die *Ring*-
Aufführungen, die als Eröffnung des Festspielhauses
nun endgültig für 1876 angesetzt sind. Triumphale
Tannhäuser- und *Lohengrin*-Aufführungen in Wien.

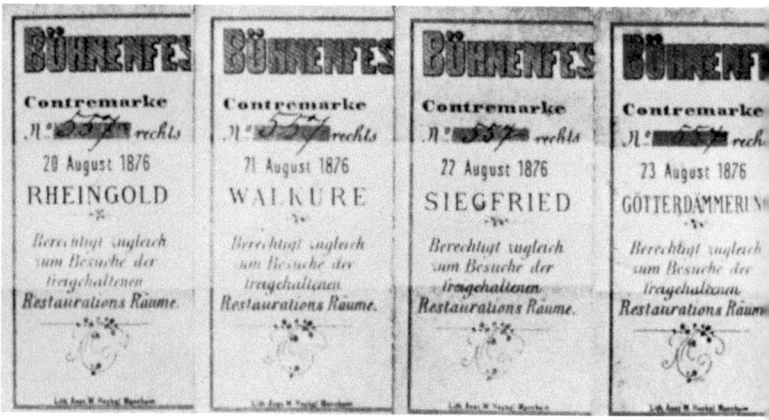

Eintrittskarten zum 2. Zyklus des ersten Festspielsommers –
1876 – in Bayreuth

1876   Am 3. Juni Beginn der Proben im Festspielhaus, am
1. August Ankunft Liszts, am 6. August König Ludwigs in Bayreuth. Am 6. August Generalprobe des
Rheingold, am 7. der »Walküre, am 8. des *Siegfried*,
am 9. der *Götterdämmerung*. Abreise Ludwigs am 10.
Feierliche Eröffnung des Festspielhauses am 13. August mit *Rheingold*. Am 14. *Die Walküre*, am 16. *Siegfried*, am 17. *Götterdämmerung*. Höhepunkt von
Wagners Leben, Feste, Bankette, Ehrungen, illustre
Zuhörer. Zweiter Zyklus vom 20. bis 23. August. Dritter Zyklus, der letzte in Wagners Leben, vom 27. bis
30. August. Am 14. September Aufbruch nach Italien,
von wo Wagner und Cosima am 20. Dezember nach
Bayreuth zurückkehren.

1877   Zweiter Prosa-Entwurf für *Parsifal*, dann Urschrift der
Dichtung, die am 19. April vollendet wird. Im Mai
acht Konzerte in London. Im Herbst Kompositionsarbeit an *Parsifal*.

1878   Arbeit an *Parsifal*. Am 25. Dezember erstes Erklingen
des *Parsifal*-Vorspiels in Wahnfried.

1879 Arbeit an *Parsifal*. Am 31. Dezember Aufbruch nach Italien.

1880 Aufenthalt in Neapel bis 7. August, dann in Rom und Venedig. Anwesenheit in München am 7. November bei einer *Tristan*-Aufführung, am 10. November geschlossene Vorstellung des *Lohengrin* für König Ludwig, nur Wagner in dessen Loge anwesend. Am 12. November dirigiert Wagner für den König allein das Vorspiel zu *Parsifal*. Heimkehr nach Bayreuth am 17. November.

1881 Am 5., 6., 8. und 9. Mai erste zyklische Aufführung des *Rings* außerhalb von Bayreuth: im Berliner Viktoria-Theater durch die reisende Wagner-Truppe Angelo Neumanns; der Zyklus wird viermal wiederholt. Am 1. November Abreise nach Italien.

1882 Wagner vollendet am 13. Januar in Palermo die Partitur des *Parsifal*. Im April Rückreise über Acireale, Messina, Neapel und Venedig. Am 2. Juli Beginn der Proben zum zweiten Festspiel: *Parsifal*, der am 26. Juli uraufgeführt wird. Am 29. August dirigiert Wagner einen Teil des dritten *Parsifal*-Akts bei der letzten 16. Aufführung (die von Hermann Levi geleitet wurde). Am 14. September Abreise nach Venedig, wo am 18. Wohnung im Palazzo Vendramin am Canale Grande bezogen wird. Liszt zu Gast von November bis Januar 1883.

1883 Tod Wagners am 13. Februar im Palazzo Vendramin in Venedig. Überführung der Leiche am 16., Ankunft und Beisetzung in Bayreuth am 18. Februar im Garten von Haus Wahnfried.

Die Bühnenwerke Richard Wagners

Die Feen: dreiaktige romantische Oper, Text von Wagner nach Gozzis *La donna serpente* (»Die Frau als Schlange«). Komponiert 1833.

Das Liebesverbot: Oper mit Text von Wagner nach Shakespeares *Maß für Maß.* Komponiert 1834–1836, einmalige Aufführung: Magdeburg, 29. März 1836.

Rienzi, der letzte der Tribunen: große tragische Oper in fünf Aufzügen. Text von Wagner nach dem gleichnamigen Roman von Edward George Bulwer-Lytton. Erster Gedanke 1837, Dichtung und Beginn der Komposition 1838/39 in Riga, Vollendung im November 1840 in Paris. Uraufführung in Dresden am 20. Oktober 1842 unter der Leitung von Karl Reissiger.

Der fliegende Holländer: romantische Oper in drei Akten (laut einem Entwurf: in einem Akt). Text von Wagner unter Verwendung einer Erzählung von Heinrich Heine. Erster Gedanke wahrscheinlich 1838 in Riga, textliche Ausarbeitung 1839/40 in Paris. Endgültige Dichtung: Paris, 1841. Komposition noch im selben Jahr. Uraufführung in Dresden am 2. Januar 1843 unter Leitung von Richard Wagner.

Tannhäuser und der Sängerkrieg auf Wartburg: große romantische Oper in drei Akten, Text von Wagner unter Verwendung alter deutscher Volkssagen. Erster Gedanke: Paris, 1841. Erster Entwurf (*Der Venusberg*): Teplitz, 1842. Dichtung: Dresden, 1843. Komposition: 1844/45. Uraufführung: Dresden, 19. Oktober 1845 unter Leitung Wagners. Zweite Fassung (Ausbau der Venusberg-Szenen, teilweise Neuinstrumentation), sogenannte Pariser Fassung, für die dortige Aufführung vom Mai 1861.

Lohengrin: romantische Oper in drei Akten, Text von Wagner. Erster Entwurf: Marienbad, 1845. Noch im selben Jahr Vollendung des Textes. Beendigung der Komposition: Dresden, 1848. Uraufführung: Weimar, 28. August 1850 unter Leitung von Franz Liszt. Wagner, im Schweizer Exil, hört sein Werk erst am 15. Mai 1861 in Wien.

Tristan und Isolde: Nach dichterischen Vorarbeiten Ausführung des Textes im August und September 1857 in Zürich. Hier Beginn der Komposition des I. Akts noch im selben Jahr. Fortsetzung in Venedig und Luzern, dort Beendigung am 6. August 1859. Uraufführung in München unter Leitung von Hans von Bülow am 10. Juni 1865.

Die Meistersinger von Nürnberg: Oper in drei Aufzügen. Erster Gedanke: 1845. Vollendung der Dichtung: Januar 1862, der Partitur: 24. Oktober 1867. Uraufführung in München unter Leitung von Hans von Bülow am 21. Juni 1868.

Der Ring des Nibelungen: Ein Bühnenfestspiel für drei Tage und einen Vorabend, Text von Richard Wagner.

I. *Das Rheingold*: gedichtet 1852, komponiert 1853/54, Uraufführung auf Befehl König Ludwigs II. in München am 22. September 1869, gegen den Willen Wagners, der den Zyklus im gesamten aufgeführt wissen will. Erstaufführung im Rahmen des Gesamtwerkes: Bayreuth, 13. August 1876, als Einweihung des Festspielhauses.

II. *Die Walküre*: gedichtet 1852, komponiert 1854. Uraufführung, gegen Wagners Willen, am 26. Juni 1870 in München. Erstaufführung im Rahmen des Gesamtwerkes: Bayreuth, 14. August 1876.

III. *Siegfried*: entworfen als *Der junge Siegfried*, gedichtet im Mai 1851, zu komponieren begonnen am 22. September 1856. Unterbrochen am 26. Juni 1857 (zugunsten von *Tristan und Isolde*), der zweite Akt 1865, der dritte 1869 vollendet, die Partitur am 5. Februar 1871 abgeschlossen. Uraufführung im Rahmen des Gesamtwerks bei den ersten Bayreuther Festspielen, am 16. August 1876.

IV. *Götterdämmerung*: Als *Siegfrieds Tod* Keimzelle der *Nibelungen*-Tetralogie. Dichtung im November 1848 in Dresden, umgeformt 1852, komponiert 1869–72, Vollendung der Partitur am 21. November 1874. Uraufführung bei den ersten Bayreuther Festspielen am 17. August 1876, wie der gesamte *Ring des Nibelungen* unter der Leitung von Hans Richter.

Parsifal: ein Bühnenweihfestspiel in drei Aufzügen. Erster Gedanke: April 1857 in Zürich. Prosaskizze für König Ludwig II.: August 1865. Dichtung: 1877. Beendigung der Partitur: 13. Januar 1882. Uraufführung unter Leitung von Hermann Levi bei den zweiten Bayreuther Festspielen am 26. Juli 1882.

OPERN DER WELT

Jeder Band enthält nicht nur das Libretto, sondern erläutert auch die Musik und die Handlung der Oper. Kurt Pahlen beleuchtet außerdem die Entstehungsgeschichte des Werkes und bietet biografische Hintergrundinformationen sowie wichtige Quellentexte. Jeweils Broschur, 12 x 19 cm.

BEETHOVEN
Fidelio
ISBN 978-3-254-08001-1
SEM 8001

BIZET
Carmen
ISBN 978-3-254-08002-8
SEM 8002

HUMPERDINCK
Hänsel und Gretel
ISBN 978-3-254-08045-5
SEM 8045

MOZART
Così fan tutte
ISBN 978-3-254-08004-2
SEM 8004
Don Giovanni
ISBN 978-3-254-08005-9
SEM 8005
Die Entführung aus dem Serail
ISBN 978-3-254-08006-6
SEM 8006

Le nozze di Figaro
ISBN 978-3-254-08007-3
SEM 8007
Die Zauberflöte
ISBN 978-3-254-08008-0
SEM 8008

MUSSORGSKIJ
Boris Godunow
ISBN 978-3-254-08044-8
SEM 8044

PUCCINI
La Bohème
ISBN 978-3-254-08012-7
SEM 8012
Madame Butterfly
ISBN 978-3-254-08013-4
SEM 8013
Tosca
ISBN 978-3-254-08014-1
SEM 8014
Turandot
ISBN 978-3-254-08015-8
SEM 8015

ROSSINI

Der Barbier von Sevilla
ISBN 978-3-254-08016-5
SEM 8016

WAGNER

Der fliegende Holländer
ISBN 978-3-254-08028-8
SEM 8028

Lohengrin
ISBN 978-3-254-08030-1
SEM 8030

**Die Meistersinger
von Nürnberg**
ISBN 978-3-254-08031-8
SEM 8031

Parsifal
ISBN 978-3-254-08032-5
SEM 8032

Tannhäuser
ISBN 978-3-254-08035-6
SEM 8035

Tristan und Isolde
ISBN 978-3-254-08036-3
SEM 8036

Der Ring des Nibelungen
4 Bände im Paket
ISBN 978-3-254-08053-0
SEM 8053

Einzeln lieferbar:
Das Rheingold
ISBN 978-3-254-08033-2
SEM 8033

Die Walküre
ISBN 978-3-254-08037-0
SEM 8037

Siegfried
ISBN 978-3-254-08034-9
SEM 8034

Götterdämmerung
ISBN 978-3-254-08029-5
SEM 8029

VERDI

Aida
ISBN 978-3-254-08019-6
SEM 8019

Don Carlos
ISBN 978-3-254-08020-2
SEM 8020

Ein Maskenball
ISBN 978-3-254-08023-3
SEM 8023

Nabucco
ISBN 978-3-254-08041-7
SEM 8041

Othello
ISBN 978-3-254-08024-0
SEM 8024

Rigoletto
ISBN 978-3-254-08025-7
SEM 8025

La Traviata
ISBN 978-3-254-08026-4
SEM 8026

Der Troubadour
ISBN 978-3-254-08027-1
SEM 8027